名师工作室成果文库

群文阅读 写作转化

——统编初中语文教材"读写转化"策略

杨淑芬 著

QUNWEN YUEDU XI EZUO ZHUANHUA
——TONGB I AN CHUZHONG YUWEN J I AOCA I"DU XI E
ZHUANHUA"CE LVE

光明日报出版社

图书在版编目（CIP）数据

群文阅读 写作转化：统编初中语文教材"读写转化"策略 / 杨淑芬著. --北京：光明日报出版社，2019.10

ISBN 978 - 7 - 5194 - 5544 - 6

Ⅰ.①群… Ⅱ.①杨… Ⅲ.①中学语文课—教学研究—初中 Ⅳ.①G633.302

中国版本图书馆 CIP 数据核字（2019）第 203622 号

群文阅读 写作转化：统编初中语文教材"读写转化"策略
QUNWEN YUEDU XIEZUO ZHUANHUA：TONGBIAN CHUZHONG
YUWEN JIAOCAI "DUXIEZHUANHUA" CELUE

著　　者：杨淑芬			
责任编辑：章小可		责任校对：赵鸣鸣	
封面设计：中联学林		责任印制：曹　净	

出版发行：光明日报出版社

地　　址：北京市西城区永安路106号，100050

电　　话：010 - 67078251（咨询），63131930（邮购）

传　　真：010 - 67078227，67078255

网　　址：http://book.gmw.cn

E - mail：zhangxiaoke@gmw.cn

法律顾问：北京德恒律师事务所龚柳方律师

印　　刷：三河市华东印刷有限公司

装　　订：三河市华东印刷有限公司

本书如有破损、缺页、装订错误，请与本社联系调换，电话：010 - 67019571

开　　本：170mm×240mm			
字　　数：314千字		印　　张：17.5	
版　　次：2019年10月第1版		印　　次：2019年10月第1次印刷	
书　　号：ISBN 978 - 7 - 5194 - 5544 - 6			
定　　价：68.00元			

目　录
CONTENTS

潘新和教授推荐语 ∙∙ 1

序言：读写转化，可以走一步，再走一步 ∙∙∙∙∙∙∙∙∙∙∙∙∙∙∙∙∙∙∙∙∙∙∙ 2

绪论　读写转化策略总说 ∙∙∙∙∙∙∙∙∙∙∙∙∙∙∙∙∙∙∙∙∙∙∙∙∙∙∙∙∙∙∙∙∙∙∙∙ 9

第一讲　阅读文本"转"为备用素材六策 ∙∙∙∙∙∙∙∙∙∙∙∙∙∙∙∙∙∙∙∙∙ 9

第二讲　备用素材"化"为写作内容六策 ∙∙∙∙∙∙∙∙∙∙∙∙∙∙∙∙∙∙∙∙∙ 15

第三讲　读写转化策略精细加工操作步骤 ∙∙∙∙∙∙∙∙∙∙∙∙∙∙∙∙∙∙∙ 21

第一章　自然感悟 ∙∙∙ 28

第一讲　课内文本转为备用素材 ∙∙∙∙∙∙∙∙∙∙∙∙∙∙∙∙∙∙∙∙∙∙∙∙∙∙∙ 28

1 号素材：《春》/七上第一单元 ∙∙∙∙∙∙∙∙∙∙∙∙∙∙∙∙∙∙∙∙∙∙∙∙∙∙ 28

2 号素材：《济南的冬天》/七上第一单元 ∙∙∙∙∙∙∙∙∙∙∙∙∙∙∙∙ 30

3 号素材：《雨的四季》/七上第一单元 ∙∙∙∙∙∙∙∙∙∙∙∙∙∙∙∙∙∙ 31

4 号素材：《猫》/七上第五单元/链接：《小狗包弟》 ∙∙∙∙ 32

5 号素材：《动物笑谈》/七上第五单元 ∙∙∙∙∙∙∙∙∙∙∙∙∙∙∙∙∙∙ 33

6 号素材：《三峡》《与朱元思书》《短文两篇》/八上第三单元 ∙∙∙∙∙∙ 35

7 号素材：《沁园春·雪》/九上第一单元 ∙∙∙∙∙∙∙∙∙∙∙∙∙∙∙∙ 37

8 号素材：《岳阳楼记》/九上第三单元 ∙∙∙∙∙∙∙∙∙∙∙∙∙∙∙∙∙∙ 38

9 号素材：《醉翁亭记》/九上第三单元 ∙∙∙∙∙∙∙∙∙∙∙∙∙∙∙∙∙∙ 39

10 号素材：古诗十二首/七上第一单元/八上第三单元/九上第三单元 ∙∙∙ 40

第二讲　群文文本转为备用素材 ∙∙∙∙∙∙∙∙∙∙∙∙∙∙∙∙∙∙∙∙∙∙∙∙∙∙∙ 42

1 号素材：《荷塘月色》/人教版高中教材 ∙∙∙∙∙∙∙∙∙∙∙∙∙∙∙∙ 42

2 号素材：《前赤壁赋》/人教版高中教材 ……………………… 43

3 号素材：《我与地坛》/人教版高中教材 ……………………… 45

4 号素材：《再别康桥》/人教版高中教材 ……………………… 47

5 号素材：我读《游东山记》/读后感写作/八下第三单元 ……… 47

6 号素材：野菊花之恋/中考阅读文本 ……………………… 51

7 号素材：倾听草木的声音/中考阅读文本 ………………… 53

8 号素材：片片蝶衣生/中考阅读文本 ……………………… 54

9 号素材：《面朝大海 春暖花开》/链接歌词《春暖花开》 …… 55

10 号素材：歌词《蜗牛》 …………………………………… 57

第三讲　备用素材化为写作内容 …………………………… 60

　一、待升格文例解与评析 ………………………………… 60

　二、化用素材修改与升格 ………………………………… 62

　三、策略运用与升格训练 ………………………………… 64

第二章　成长记忆 ……………………………………………… 66

第一讲　课内文本转为备用素材 …………………………… 66

　1 号素材：《秋天的怀念》/七上第二单元 ……………… 66

　2 号素材：《散步》/七上第二单元 ……………………… 67

　3 号素材：《从百草园到三味书屋》/七上第三单元 …… 68

　4 号素材：《再塑生命的人》/七上第三单元 …………… 71

　5 号素材：《走一步，再走一步》/八上第二单元 ……… 73

　6 号素材：《藤野先生》/八上第二单元 ………………… 75

　7 号素材：《列夫托尔斯泰》/八上第二单元 …………… 78

　8 号素材：《背影》/八上第四单元 ……………………… 80

　9 号素材：《故乡》/九上第四单元 ……………………… 82

　10 号素材：《孤独之旅》/九上第四单元 ……………… 85

第二讲　群文文本转为备用素材 …………………………… 88

　1 号素材：《合欢树》/人教版高中教材 ………………… 88

　2 号素材：《普通人》/人教版高中教材 ………………… 91

　3 号素材：《记梁任公先生的一次演讲》/人教版高中教材 …… 94

4 号素材:《我将无我 不负人民》/央视快评 ⋯⋯⋯⋯⋯⋯⋯⋯⋯ 96

5 号素材:《那些无用的美好》/中考阅读文本 ⋯⋯⋯⋯⋯⋯⋯⋯ 98

6 号素材:《世界还很年轻》/中考阅读文本 ⋯⋯⋯⋯⋯⋯⋯⋯⋯ 100

7 号素材:《拔掉心底的篱笆》/中考阅读文本 ⋯⋯⋯⋯⋯⋯⋯⋯ 101

8 号素材:《碎暖》/中考阅读文本 ⋯⋯⋯⋯⋯⋯⋯⋯⋯⋯⋯⋯⋯ 103

9 号素材:《老枣树下的斑驳流年》/中考阅读文本 ⋯⋯⋯⋯⋯⋯ 105

10 号素材:来自影视歌诗网络等各类文本 ⋯⋯⋯⋯⋯⋯⋯⋯⋯⋯ 108

第三讲 备用素材化为写作内容 ⋯⋯⋯⋯⋯⋯⋯⋯⋯⋯⋯⋯⋯⋯⋯ 109

一、待升格文例解与评析 ⋯⋯⋯⋯⋯⋯⋯⋯⋯⋯⋯⋯⋯⋯⋯⋯⋯ 109

二、化用素材修改与升格 ⋯⋯⋯⋯⋯⋯⋯⋯⋯⋯⋯⋯⋯⋯⋯⋯⋯ 112

三、策略运用与升格训练 ⋯⋯⋯⋯⋯⋯⋯⋯⋯⋯⋯⋯⋯⋯⋯⋯⋯ 115

第三章 志趣情怀 ⋯⋯⋯⋯⋯⋯⋯⋯⋯⋯⋯⋯⋯⋯⋯⋯⋯⋯⋯⋯⋯ 116

第一讲 课内文本转为备用素材 ⋯⋯⋯⋯⋯⋯⋯⋯⋯⋯⋯⋯⋯⋯⋯ 116

1 号素材:《最后一课》/七下第二单元 ⋯⋯⋯⋯⋯⋯⋯⋯⋯⋯⋯ 116

2 号素材:《叶圣陶先生二三事》/七下第四单元 ⋯⋯⋯⋯⋯⋯⋯ 120

3 号素材:《陋室铭》/七下第四单元 ⋯⋯⋯⋯⋯⋯⋯⋯⋯⋯⋯⋯ 122

4 号素材:《生于忧患,死于安乐》/八上第六单元 ⋯⋯⋯⋯⋯⋯ 124

5 号素材:《桃花源记》/八下第三单元/《你是人间的四月天》/
         九上第一单元 ⋯⋯⋯⋯⋯⋯⋯⋯⋯⋯⋯⋯⋯⋯⋯⋯⋯⋯⋯ 126

6 号素材:《诗词五首》/八上第六单元 ⋯⋯⋯⋯⋯⋯⋯⋯⋯⋯⋯ 127

7 号素材:《我爱这土地》/九上第一单元 ⋯⋯⋯⋯⋯⋯⋯⋯⋯⋯ 129

8 号素材:《祖国啊,我亲爱的祖国》/九下第一单元 ⋯⋯⋯⋯⋯ 129

9 号素材:《月夜》/九下第一单元/链接:《致橡树》 ⋯⋯⋯⋯⋯ 131

10 号素材:《风雨吟》/九下第一单元 ⋯⋯⋯⋯⋯⋯⋯⋯⋯⋯⋯⋯ 133

第二讲 群文文本转为备用素材 ⋯⋯⋯⋯⋯⋯⋯⋯⋯⋯⋯⋯⋯⋯⋯ 135

1 号素材:《橘颂》/人教版高中教材 ⋯⋯⋯⋯⋯⋯⋯⋯⋯⋯⋯⋯ 135

2 号素材:《读书是一种修炼,无关节日》/中考阅读文本 ⋯⋯⋯ 136

3 号素材:《人为什么要善良》/中考阅读文本 ⋯⋯⋯⋯⋯⋯⋯⋯ 138

4 号素材:《心远地自偏》/中考阅读文本 ⋯⋯⋯⋯⋯⋯⋯⋯⋯⋯ 141

5 号素材：《低到尘埃的愿》/中考阅读文本 ················ 144

6 号素材：《利剑总是对精神俯首称臣》/中考阅读文本 144 146

7 号素材：《闲敲棋子落灯花》/中考阅读文本 ············· 147

8 号素材：歌词《我相信》 ·························· 151

9 号素材：歌词《半城烟沙》 ························· 152

10 号素材：来自影视微信杂志等各类文本 ·············· 153

第三讲　备用素材化为写作内容 ······················· 157

一、待升格文例解与评析 ························· 157

二、化用素材修改与升格 ························· 158

三、策略运用与升格训练 ························· 163

第四章　社会人生 ······························ 164

第一讲　课内文本转为备用素材 ······················· 164

1 号素材：《邓稼先》/七下第一单元/《南仁东》/新华社 ···· 164

2 号素材：《老王》/七下第三单元 ··················· 170

3 号素材：《游山西村》/七下第五单元 ················ 172

4 号素材：《假如生活欺骗了你》/链接歌词：《别忘了》 173

5 号素材：《社戏》/八下第一单元 ··················· 177

6 号素材：《回延安》/八下第一单元 ················· 179

7 号素材：《北冥有鱼》/八下第六单元/链接：《上李邕》 ··· 182

8 号素材：《水调歌头》/九上第三单元 ················ 184

9 号素材：《满江红》/九下第一单元/《木兰诗》/七下第二单元 186

10 号素材：《孔乙己》/九下第二单元 ················· 187

第二讲　群文文本转为备用素材 ······················· 189

1 号素材：《红春联》/中考阅读文本 ················· 189

2 号素材：《清凉琐忆》/中考阅读文本 ················ 191

3 号素材：《在精神中生长》/泉州文化人特写序言 ········ 192

4 号素材：《生命的选择》/中考阅读文本 ·············· 194

5 号素材：《种种有情》/现代散文 ··················· 197

6 号素材：《偶遇》/中考阅读文本 ··················· 199

7 号素材:《鸥小姐》/中考阅读文本 ················ 202

8 号素材:《门前》/现代诗 ····················· 205

9 号素材:歌词《生活不止眼前的苟且》 ············ 206

10 号素材:来自影视微信杂志等各类文本 ··········· 209

第三讲　备用素材化为写作内容 ·················· 210

一、待升格文例解与评析 ····················· 210

二、化用素材修改与升格 ····················· 212

三、策略运用与升格训练 ····················· 216

第五章　思想光芒 ·························· 217

第一讲　课内文本转为备用素材 ·················· 217

1 号素材:《时间的脚印》/八下第二单元 ··········· 217

2 号素材:《应该有格物致知的精神》/八下第四单元 ··· 219

3 号素材:《庄子与惠子游于濠梁》/八下第六单元 ····· 220

4 号素材:《敬业与乐业》/九上第二单元 ··········· 222

5 号素材:《论教养》/九上第二单元 ·············· 224

6 号素材:《精神的三间小屋》/九上第二单元 ········ 228

7 号素材:《怀疑与学问》/九上第五单元 ··········· 232

8 号素材:《山水画的意境》/九下第四单元 ········· 236

9 号素材:《一滴水经过丽江》/八下第五单元 ········ 236

10 号素材:《驱遣我们的想象》/九下第四单元 ······· 237

第二讲　群文文本转为备用素材 ·················· 239

1 号素材:《重新创造艺术的天地》/人教版高中教材 ··· 239

2 号素材:《精神明亮的人》/中考阅读文本 ········· 240

3 号素材:《涵养几分静气》/中考阅读文本/《诫子书》/

七上第四单元 ················ 243

4 号素材:《翻开动漫书还要关上》/中考阅读文本 ····· 245

5 号素材:《人生因阅读而气象万千》/中考阅读文本 ··· 246

6 号素材:《阅读是有重量的精神运动》/中考阅读文本 ·· 249

7 号素材:《可以"低头",别丧失专注》/人民日报 ···· 249

8 号素材：苏轼/梭罗/一例多用 ……………………………… 252

9 号素材：《流浪地球》中的"中国文化元素"/影评 ………… 254

10 号素材：思辨类文本 …………………………………… 256

第三讲 备用素材化为写作内容 ……………………………… 259

一、待升格文例解与评析 …………………………………… 259

二、化用素材修改与升格 …………………………………… 261

三、策略运用与升格训练 …………………………………… 264

后 记 ……………………………………………………… 267

潘新和*教授推荐语

杨淑芬的《群文阅读　写作转化——统编初中语文教材"读写转化"策略》，从"表现—存在论"语文学理念看，堪称优秀中学语文校本课程教材。

该教材以"写作本位"为指导思想，对"阅读本位"的部编版教材加以重组、改造，读以悟写，涵养、应用并重，较好地解决了长期困扰语文教师教学的低效、无效难题，有点石成金之效。

该书教育智慧表现为：课程理念从"阅读本位"到"写作本位"转向，以"指向写作"为宗旨，确认了阅读是手段、写作是目的的认知，致力于建构由读到写"转化"的"三步走"（互文领悟、"转"为素材、"化"为内容）策略，达成"阅读文本与现实生活全方位链接"，极大提高了教学的有效性、高效性。

该教材代表了语文课改应立足于培育"言语生命"意识与动机，以人格、精神、心灵建构为本的正确方向，其内容具有普适性，便于学习、实践及拓展、延伸，极具推广价值。

---

*　潘新和：福建师范大学文学院教授，《语文世界》副主编。中国写作学会副会长，福建省写作学会会长，中国现代写作学研究会副会长。福建省教育厅基础教育课程改革实验专家组成员、学科指导组顾问。著有《中国现代写作教育史》《写作：指向自我实现的人生》《语文：表现与存在》等。

序言：读写转化，可以走一步，再走一步

从事语文教学多年，年年遇到同类困惑。家长问：孩子读了不少书，为什么作文还是写不好？学生问：为什么我的作文分数总到不了一类文或更好一点？教师问：怎么才能让学生把积累的素材灵活运用到作文中去？

一路困惑，一路求解。决定从"读写转化"角度寻求路径，是从一个案例得到的启发。

《红楼梦》"香菱学诗"就是一个"读写转化"的成功案例。

香菱向林黛玉讨教作诗。林黛玉说："你若真心要学，我这里有《王摩诘全集》。你且把他的五言律读一百首，细心揣摩透熟了，然后再读一二百首老杜的七言律，次再李青莲的七言绝句读一二百首。肚子里先有了这三个人作了底子，然后再把陶渊明、应玚，谢、阮、庾、鲍等人的一看。你又是一个极聪明伶俐的人，不用一年的工夫，不愁不是诗翁了！"

这里，从教师引导的角度看，林老师要求学生做一件事，那就是"深厚积累"。五律一百首、七律一二百首、七绝一二百首，这是在数量积累上要有厚度；读了王维、杜甫、李白后再读陶潜等人的诗，这是在范围积累上有广度；"细心揣摩透"，这是要求行文积累上要有深度。

不久，学生读完与林老师交流说，"还有'渡头余落日，墟里上孤烟'：这'余'字和'上'字，难为他怎么想来！我们那年上京来，那日下晚便湾住船，远远的几家人家做晚饭，那个烟竟是碧青，连云直上。读了这两句，倒像我又到了那个地方去了"。

这里，从学生实践的角度看，学生做的是"深度阅读"。香菱不但细心揣摩，且入情入境地体会诗意，并展开联想和想象，才会在回忆中有身临其境之感。

林老师回复说："你说他这'上孤烟'好，你还不知他这一句还是套了前人的来。我给你这一句瞧瞧，更比这个淡而现成。"说着便把陶渊明的"暧暧远人村，依依墟里烟"翻了出来，递与香菱。香菱瞧了，点头叹赏，笑道："原来

'上'字是从'依依'两个字上化出来的。"

这里，从教师点拨学生领悟的角度看，教与学的关键点落在"读写转化"上。香菱悟出"套"用之妙，老师点拨创造性地"化"用更得佳句。

从这个教与学的案例中，我们可得这样的启示：读写之间有条路径，就是深厚积累→深度阅读→创造化用。

这条路径貌似并不新鲜，因为多数老师都在教学中或多或少走过。问题是，多数老师可能只引学生走到这一步：有所积累→有所阅读→摘抄引用。而这个案例恰非此意。第一，积累要深厚，怎么深厚？"读什么"与"读多少"，甚至先读什么后读什么，是需要明确引路的。第二，阅读要深度。怎么有深度？是要引导学生"入情入境"，在文本与自我之间往返几个来回的。第三，创造化用如何达到？从"套用"到"化用"的距离有多远？是要给予清晰的剪裁加工路径的。

这就是"读写转化"还需要"再走一步"的原因。

要解开来自家长、学生、教师的困惑，"读写转化"只要再走一步，就有可能踩出一条走向纵深的路径。这条路径给了语文教师极大的尝试与挑战的空间。

要再走一步，最难的是找到一个清晰的入口。

一、入口的清晰始于八年前阅读福建师范大学潘新和教授的文章《从阅读本位到写作本位语文：指向言语人生、诗意人生——我的表现论"语文"乌托邦》。文章至少从两方面更新了我对"读写"关系的认识。

第一，"以读促写"的功能需要完善。"促"是推动前行之意，一定数量与质量的阅读，对写作有促进的功能。在这里，阅读是吸收，写作是倾吐，一定的吸收才能有效地促进倾吐。但是，阅读之于写作的功能，并非一个"促"字了得。潘教授提出，阅读的"吸收"不是终极目的，没有人学习语文仅仅是为了一辈子当一名读者。而一个人不论未来将从事何种职业，只要想得到一定程度的发展，他学习语文的主要目的必将是指向言语的"表现"功能。人的自我成就、自我实现和人的本体发展等，都离不开言语的表现。[1]

在这之前，我和多数语文教师一样，把阅读教学本身当作目的，为阅读而教阅读，而写作教学虽在观念上重视，在实践中却常常成为阅读教学中派生出来的一个程序。我们会在解读文本时让学生从文本中汲取更多的营养，期待学生吸收充足的营养直到能够笔下生风。我们在阅读与写作之间做得最多的一件事，就是让学生多读、多摘抄，多积累，鼓励学生在写作中多运用。这就是"以读促写"。但从长期的实践来看，这样的"读写"关系的认知显然不够完善。语文教学中的阅读不等同于生活中的阅读，在语文课堂里，阅读本身不是目的，而是提升语文素养的手段与过程。如果阅读教学的终极目标止于"吸收"，哪怕吸收得再好，都无法解决另一个问题，那就是"万卷人谁不读，下笔未必有神"的问题。这里的"未必"，说的就是，有部分人能在阅读与写作之间实现能量转换，但还有相当一部分人，苦于转换路径不明而困在原地。"会写的不用怎么教就很会写，不会写的怎么教还是写不好"，这是大多数语文老师心中永远的尴尬。

第二，"以写带读"的功能需要强化。潘教授在文章指出，写作对阅读的作用，一是阅读的感想和心得，只有透过语词化（写作），才能有真正清晰、深刻的印象和体悟。二是写作活动兼容了阅读活动。写作会促使人去读更多的书，引导人们去有目的地读书和思考，形成写、读、思的良性循环[2]。

在这之前，我和多数语文教师一样，以写作为目的引导阅读，常止于这一步：有好词好句，于写作有用，要求记背；有精巧构思，于写作有用，要求摹仿。无计可施之时，就说：再多读名著，多读课外美文吧。至于要怎么读，读了要怎么用，读用之间的路径在哪里，教师自己也常不及细想。"以读促写"努力过了，"以写促读"也努力过了，美好的愿望遇到的现实是，所读的东西最后多数是"穿肠而过"了。

所以，"以读促写"不够，"以写促读"也不够，读写之间，还可再走一步来达成"深厚积累→深度阅读→创造化用"这个目标。这个入口可以是"以写带读"。

"以写带读"，"带"是率领，是引导，是带动。它意味着要用写作的眼光去审视文本，它必定要经历一段心路历程：初读、深读、破译、选择、剪裁、调整、置换、嫁接、运用；它必定是每读必用，凡所可用，无所不用。这个过程，作为读者的老师与学生，始终都要有"我"这个阅读主体的存在，我阅读、我参与、我进入、我发现、我选择、我利用、我改造、我创造。正如文章所述：写作是直接对原生态的素材的破译和选择，是独立的发现和原创。

承于这样的启发，带着这样的思考，我找到了通向"读写转化"的入口。我研读大量学生习作，归纳思维与表达的种种现象与问题，基于丰富的案例分析，逐渐形成"读写转化"的一系列操作策略，在各地县市学校开设"读写转化"专题讲座约百场，一路碰撞，一路改进，一路走来，师生受用，普遍认可。

二、实践的思路在《普通高中语文课程标准（2017版）》关于语文学科核心素养的阐释中得到理论支撑。要点有三：

第一，语文学科核心素养包含四个方面：语言建构与运用、思维发展与提升、审美鉴赏与创造、文化传承与理解。

第二，北京师范大学中文系、课标组王宁老师这样诠释这四个要素的关系："语言建构与运用"是"语文核心素养的基础"。"语言建构与运用是带动其他三项核心素养——思维发展与提升、审美鉴赏与创造、文化传承与理解——的第一要义。"

第三，聚焦"语言建构与运用"。普通高中课程标准较之于义务教育课程标准的表述，有所发展。

语文课程应注重引导学生多读书、多积累，重视语言文字运用的实践，在实践中领悟文化内涵和语文应用规律。[3]

——《义务教育语文课程标准（2011 版）》

学生在丰富的语言实践中，通过主动的积累、梳理和整合，逐步掌握祖国语言文字特点及其运用规律，形成个体的言语经验，在具体的语言情境中正确有效地运用祖国语言文字进行交流沟通的能力[4]。

——《普通高中语文课程标准（2017 版）》

我们可以发现并关注其中的区别。关于"语言实践"，从"重视"到"主动"，程度上有所加强。从"实践"到"积累、梳理和整合"，表述更为具体；关于语言实践功能的表述，从"领悟文化内涵和语文应用规律"的"领悟"二字，到"运用祖国语言文字进行交流沟通"的"运用"二字，功能有所强化。

王宁教授说："语文核心素养是学生在积极主动的语言实践活动中构建起来、在真实的语言运用情境中表现出来的个体言语经验和言语品质。"[5] "读写转化"策略，正是聚焦语言的建构与运用而展开的积极而丰富的语言实践活动，将阅读文本转为备用素材，再将备用素材化为写作内容，整个过程始终在做一件事：围绕真实的具体的情境进行语言的积累、梳理、整合、转化和创造。

三、至于书稿的撰写体例，思路来自省特级教师、三明市梅列区教师进修学校教研员刘菊春老师的良策建言。2019 年 1 月 19 日，我应三明市梅列区教师进修学校刘菊春老师之邀，在三明市刘菊春名师工作室的专题研讨暨三年工作总结会上开设"读写转化策略"讲座。后与刘老师谈及"读写转化"实践多年也许可以成书。当时的撰写思路是，从统编版教材阅读文本中整合若干主题，在每一主题下选择十个文本，文本主要采用人教版高中语文教材、近年各地市中考阅读等文本来例解读写转化的操作策略。刘老师在了解我的基本思路后提出："书的读者是初中语文教师与学生，化用初中教材，是否更有意义？也更切合教与学的实际？"

这句话给予了我极大的启发，可以说，完全颠覆了我的撰写思路。"一切为了有用、实用"，于是思路调整为：从统编版教材阅读文本中整合五大主题，在每一主题下选择二十个文本，其中，十个文本从统编教材中选择，另十个文本从人教版高中语文教材、近年各地市中考阅读等文本中选择。思路既定，埋头创作一个月，将阅读文本转为备用素材，做100个文本的素材转化，计220个转化示例。220个示例里，有50例，是采用引用精华和调整情境策略，即引用原文佳句，并为这些句子梳理出运用方向转为备用素材。这类素材转化操作较为简单，也就是大多数老师常止步于此的"素材积累与归类"。所以重点在之外的170例，是在深度阅读文本之后，综合采用链接生活、调整情境、借鉴笔法、拓展组合、群文延伸等策略所进行的大改造与再创造。

220个示例，我摹拟一个中学生的视角，将阅读文本与现实生活全方位链接，展示当代中学生的生活画卷——

（220个示例思维导图）

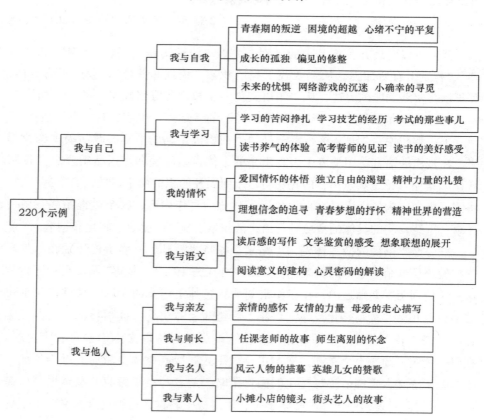

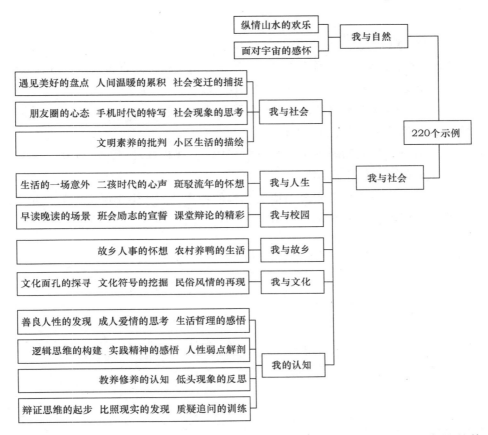

　　将阅读文本转为备用素材，再将备用素材化为写作内容，再呈现完整的修改升格过程，就是本书的核心内容。这些内容来源于阅读，诞生于创造，是基于五大主题下统编版教材及各类文本的阅读、基于初高中的衔接、基于对素材的深度阅读、基于阅读与表达学习力的训练、基于阅读视野的全面拓展、基于语文学科核心素养的培养而创造。

　　我心中的愿景是：

　　一个语文老师，在学期初，讲讲"读写转化十二策略"；在阅读教学中，讲讲书中的示例；在作业与作文点评中，讲讲策略运用得失的"那些事儿"，"读写转化"从此有了清晰的路径。

　　某个学生，在学期初，学学"读写转化十二策略"；在课文学习与课外阅读中，读读书中的示例；在作业与作文中，尝试用用那些策略，从此练就了一双在所有文本中"淘宝"以致用的眼光，言语表达力增强了，思维能力发展了，审美鉴赏力提升了，文化理解力开发了，人生的视野拓展了，从此因为语文温润了华年，温润了生命，此生受益。

参考文献：

［1］［2］潘新和. 从阅读本位到写作本位语文：指向言语人生、诗意人生——我的表现论"语文"乌托邦［EB/OL］.

［3］中华人民共和国教育部. 义务教育语文课程标准（2011 年版）［S］. 北京：北京师范大学出版社，2012.

［4］中华人民共和国教育部. 普通高中语文课程标准（2017 年版）［S］. 北京：人民教育出版社，2018.

［5］王宁. 语文核心素养与语文课程的特质［J］. 中学语文教学，北京：首都师范大学出版社，2016 – 11 – 02.

绪论　读写转化策略总说

第一讲　阅读文本"转"为备用素材六策

　　阅读是吸收，写作是倾吐，但阅读多的人作文并不一定好，这是许多教师、家长及学生长久以来的困扰。语文老师为了在阅读与写作之间搭起桥梁，付出诸多实践。这些实践主要有两种：一是引导学生从各类阅读中摘抄句段，归纳句段在写作中的运用方向，分门别类以备用；二是通过带领学生领悟阅读文本中文字表达的奥妙，发现语言运用的技巧，归纳写作的规律以期到达桥梁的彼岸；

　　两种教学实践都有一定局限：一、摘抄下来的句段是从特定的主题和情境中剥离出来的，如果缺少了对它们的转变和改造，学生只能"照搬"于作文中而难免生硬别扭；二、从阅读文本中习得的"妙招"，如果缺少"运用"的具体策略指导，这些"文法"常成"隔靴搔痒"。由于多数教学实践止步于将阅读的知识经验"图式"迁移到写作上，导致多数写作思维处于中等水平的学生，最终只能站在桥梁的这一端，跌跌撞撞地冲向彼岸，而彼岸的风景还是可望不可及。

　　为了突破横在"阅读"与"写作"之间的这个"梗"，笔者在长年实践中摸索出阅读文本"转"为备用素材之六策，着力于从"语言的建构与运用"，"思维的发展与提升"两方面，探求将学生从此岸送到彼岸的道路。

一、策略解释

　　"转"阅读文本为备用素材，即引导学生将课内阅读文本与课外阅读文本（包括高中教材、名家著作、古今诗文、杂志报刊、微信微博、歌词台词、试卷练习中的记叙文阅读、议论文阅读、非连续性文本阅读、出自影视歌诗网络等的各类阅读文本），先"转"为各类写作素材积累下来，建立素材仓库，以此来驱动写作实现储备功能的"大换血"。

"转"，就是根据写作需要对文本剪裁加工，对文本语言重新建构、梳理、整合。

首先，"转"要遵循"六原则"：合时代、合地域、合身份、合生活、合情境、合主题。即合乎时代特征、不同的地域特征、人物的身份特征、生活的现实特征、文章的具体情境、文章的主题需要。以此为标准来决定对阅读文本剪裁加工、梳理整合的尺度。

在"六合"基础上运用策略。"转"的策略有六：

第一策，链接生活。阅读文本中的句段，都是为表现特定的背景和主题服务的。若抽离语境简单地挪用，就有"生搬硬套"的别扭感。通过链接现实生活中相似的背景、情境，或与现实生活进行比照，将这些句段置换到与现实生活相联的背景和情境中，这些句段就有了适合自己生存的"土壤"，被激活的句段，就成为写作中的备用素材。

第二策，借鉴笔法。一切文本皆有可用之处，只要深度阅读，开动思维，皆可淘为写作的宝。文本的立意、选材、构思、语言等一切具备亮点与特色的笔法，都可借鉴为写作的灵感与思路。

第三策，调整情境。"调整"指根据"六合"原则，通过删改词句、增补过渡、或调整运用方向三种方式，将文本"转"为符合学生作文表达所需的备用素材。其中，"调整运用方向"有别于传统的"归纳运用方向"，"归纳"是就原意概括归纳出句段的运用方向，"调整"是在归纳基础上针对实际运用中种种表达的需要进一步调整和梳理出"可能"的运用方向。

第四策，引用精华。1. 引用精华。直接摘录文本中情感真挚、感悟深刻、或表达精彩的句段，即传统积累概念中的好词好句作为备用素材。2. 浓缩精华。将文本所述的故事当作精华通过概括浓缩成一个片段作为备用素材。

第五策，拓展组合。为适应写作情境、主题或表达的需要，拓展素材积累的内容，如"成语＋解释"组合；"古诗＋鉴赏"组合；"古文＋翻译"组合；"好句＋含义"组合；"歌词＋MV 镜头"组合；"引句＋注释"组合等。

第六策，群文延伸。群文阅读是围绕一个或多个议题选择一组文章，师生围绕议题进行阅读和集体建构，最终达成共识的过程。针对中学生写作的需要，这里的群文延伸阅读，有两种表现形式：一是围绕一个核心主题展开，以"一篇带多篇""课内带课外""一种媒介带多类媒介"，进行同一主题下的群文延伸；二是围绕某一作文命题展开与命题关键词相关的文本素材搜索。

二、策略例说

1. 以阅读文本《断头树也有春天》"转"备用素材为例解说。

此文本为厦门市 2016 年中考阅读题。文章描写了一棵在"9·11"恐怖袭击事件中唯一幸存的豆梨树，一次次起死回生，成为世贸中心遗址上唯一幸存的生命的故事，从中寄寓"读懂树的语言，感悟生命力量"的主题。作为中考阅读文本，自然是文质兼美之作，教师如果引导学生用"淘宝者"的眼光来进一步审视文本，会发现文中处处可"淘"出"转"为写作的"宝贝"素材。

综合运用四策，此文本可"转"为以下五个素材。

①2016 年中秋与国庆，台风接二连三袭击了福建。台风肆虐之处，枝断树残，路涝桥塌，满目疮痍。一棵并不是枝肥叶茂的小树，被风吹折后被扶起，加固之后艰难地活下来。

②读懂树的语言，感悟生命力量。

③（在我们的校园里，有一棵树，见证了我们的一段岁月）我喜欢那棵××（豆梨）树。夏日午后，当微风穿过枝丫，我仿佛听到了它的呢喃低语。叶儿轻轻摆着，边歌边舞，那是它为我精心设计的演出。<u>刮大风的时候，我会牵着它的臂膀，随它一起在风中摇晃。</u>

④每当我徘徊在一棵大树下时，我总是惊叹于树里隐藏了多少岁月的故事，那展臂迎风的树枝经受了多少载的风雨，还有那多到无法数清的树叶，有多少歌儿要吟唱。

⑤据说有一棵在"9·11"恐怖袭击事件中唯一幸存的豆梨树，叫作"幸存者"。被埋在倒塌的双子塔下，被水泥碎块砸得"身首异处"，被大火烧焦了树干，被移植到纽约公园的苗圃又遭受过一场可怕的风暴，却一次次起死回生，成为世贸中心遗址上唯一幸存的生命。

素材①用"链接生活"之策。文本内容与一场"大灾难"的背景有关，但现实生活中学生没有这样经历，简单把句段从语境中抽离出来就难以备用。于是启动"链接生活"之策，由一棵树在一场大灾难后一次次起死回生的经历，链接到 2016 年福建遭遇的大台风，台风后同样树断枝残，同样可探求某棵树起死回生的故事。找到这个链接点，就给此文本里的多数语句找到运用的背景。

素材②用"借鉴笔法"之"借鉴主题"之策。"感悟生命力量"是写作常用主题，但通过"读懂树的语言"来感悟生命，角度更脱俗，这个亮点与特色，可以借鉴为写作备用主题。

素材③用"调整情境"之策。（1）补：句子描写"我"与"树"的亲密关系。如果要备用在一篇表现"校园生活"的作文里，则需要在句子前增补上一个过渡句，如"在我们的校园里，有一棵树，见证了我们的一段岁月"，以此过渡到校园生活的回忆。（2）改：多数学生不认识"豆梨树"。根据"六合"中"合生活实际合地域特征"的原则，不同学生可根据自己的生活经验或地域特点，将"豆梨树"改为自己熟悉的"××树"以备用。（3）删：如果学生觉得自己真实生活中和树之间的亲密程度有限，感情的表达如果过于强烈，反而失去真切感，则可以把划线句"牵着它的臂膀，随它一起在风中摇晃"的表达删掉。（4）调：归纳此句段运用方向为表达与树的亲密。为了扩大句子的适用范围，进一步调整新的备用方向为：以"树"为载体，表达对某段生活的回忆和怀念。

素材④⑤运用"引用精华"之策。素材④为"精华"句，全部摘录以备用；素材⑤，鉴于文本故事感人而真实，可以将全文主体内容概括浓缩为一个"精华"段以备用。

通过这种忠于现实生活、忠于内心情感的改造和加工，素材拥有了一种"艺术的真实"，这些经过转化的素材，到了写作的运用环节，就能产生真实的"代入感"和感染力。这样，原文的句段就转成为自己量身定做的素材。

这样，这篇中考阅读文本就根据实际运用中种种可能的需要成功地"转"为写作的备用素材。

2. 以阅读文本《离天堂最近的地方》"转"备用素材为例解说。

此文本为 2015 年厦门中考阅读题。跨界人才"冯唐"在文中回忆了自己喜爱读书的系列故事。

综合运用两策，此文本可"转"为以下素材。

①运用方向：形容读书、学习时专注投入忘我的样子。

七八页书看过，人一阵恍惚，掉进书里，周围的人消失，周围的墙消失，周围的窗户全部打开，周围的一切变软，从固体变成液体，再变成空气，混沌在四周，不知今夕何夕。

②运用方向：表达读书带来的精神享受。

我沿着宽大的楼梯往上走、往上看，明晃晃的阳光，一架架的纸书，每本纸书仿佛是一个骨灰盒，每个骨灰盒里都有一个不死、不同、不吵的灵魂，进进出出、自由自在、无始无终。一切都是一副人间天堂的样子。

③运用方向：表达对读书的意义的思考。

是的，架子上的每一本书，都像一个盒子，每个盒子里住着一个灵魂，一个鲜活的、个性的、能与我们的内心安静对话的灵魂。当我们的精神在一页页书间自在游弋，那便是一种如在人间天堂般的享受。

素材①②一句写得美，一句悟得深，用"引用精华"策，全句摘录以备用；用"调整情境"之"调整运用方向"，归纳①在原文中的运用方向为：表现热爱读书的细节，调整新的备用方向为：形容读书、学习时专注投入忘我的样子；同时归纳②在原文中的运用方向为：表达读书带来的精神享受。

素材③则用"拓展组合"之策。

素材②的表达新颖而深刻，所以中考阅读题在素材②处设了"句子的含义"题。作为备用素材，要考虑到如果引句在作文中直接引用，会有过于"隐讳"之感。如果运用"好句＋含义"的组合，置于行文中就有锦上添花之效。

所以对引句的含义作一下拓展感悟。审视这个含义题答案："我看到一架架书，想到其中有不羁的灵魂在与你自由地交流，整个人都觉得被带到了天堂。"把这个答案与原句连接起来看，会发现由于答案表述过简导致句意跳跃，不甚连贯。若要"转"为备用素材，可以拓展思考和改造答案。比如思考"骨灰盒"的比喻，思考"不死、不同、不吵""进进出出"等几个关键词的含义：书形如"盒"，"骨灰"对应"灵魂"，"不死、不同、不吵"对应"鲜活、个性、与我们的内心安静对话"，依次解读这些词的含义后再仿照原句的句式再造一个句子，也就创造了素材③。句②句③若是组合连用，可以表达对读书的意义的思考，就可相得益彰，横溢才思。

这样，这篇阅读文本就根据实际运用中种种可能的需要成功地"转"为写作的备用素材。

3. 以同一主题下的不同媒介文本"转"备用素材为例解说。

教读课内文本《生于忧患　死于安乐》，则可以"奋斗""梦想"为主题，运用"群文延伸"之策，搜索同一主题下的各类文本素材。

①我们赤着脚在自己的生命里行走/沿途无数的荆棘在等着你向前冲/它们在你的身上划出一道道伤口/让你痛，让你懂，教你怎样继续走。

《夏至未至》郭敬明

②他是天才，但无奈天妒英才；他屡屡倒下，但他从未放弃；他有一个脆弱的膝盖，更有一颗坚强的心．他说自己不会轻易倒下，因为他是罗纳尔多。

《天下足球》

③现在，青春是用来奋斗的；将来，青春是用来回忆的。

习近平

④新时代是奋斗者的时代，幸福都是奋斗出来的，奋斗本身就是一种幸福。

习近平

⑤我来的时候，这里什么都没有，我来了，就要证明我来过。打赢硬仗才叫酷，苦尽甘来才够爽。我的未来，我自己来，我们的未来，一起来，拥抱你的时代，你的奋斗终将伟大。

央视网 2018.12.20 微视频《奋斗》

⑥"岁月不居，时节如流。"我们都在努力奔跑，我们都是追梦人。新征程上，不管乱云飞渡、风吹浪打，我们都要以坚如磐石的信心、只争朝夕的劲头、坚韧不拔的毅力，一步一个脚印把前无古人的伟大事业推向前进。

习近平 2019 年新年贺辞

这里，与"奋斗""梦想"主题相关的素材来自课文、电视节目、名人言论、微视频等各种媒介，素材内容有表达"正面"的，如习近平的相关言论；也有表达"反面"的，如"苦其心志""劳其筋骨""行拂乱其所为""无数的荆棘""一道道伤口""屡屡倒下"等。它们共同为表现"奋斗与梦想"的主题而"相聚"在一起，转为一组备用素材。

三、策略综述

《普通高中语文课程标准（2017 版）》提出语文学科的"核心素养"，第一层是语言的建构与运用。包括能在已经积累的语言材料间建立有机的联系，能通过梳理和整合，将自己获得的言语活动经验逐渐转化为丰富有个性的具体的语文学习方法和策略[1]。第二层是思维的发展与提升。包括能运用批判性思维审视言语作品，提高语言运用的能力和思维的深刻性、灵活性、敏捷性、批判性、独创性[2]。

基于语言的建构与运用，以上六策，针对性地提取文本中有思想价值、语言价值的元素，通过对文本精华内容的概括、转述与转化，对文本所传递思想的提炼、归纳与拓展，进一步训练梳理和整合语言信息、重构语言意义的基本能力，并为学生提供清晰的写作材料剪裁加工的思维路径。

基于思维的发展与提升，以上六策，引导学生在做完阅读题、或阅读各类文本后对文本素材二度思考。其中，"引用、调整、借鉴、链接"是在和现实的对比贯通中建构思维；"拓展、延伸"是在对文本的深度挖掘中建构思维。这样，传统意义上"积累素材"的概念升格为"转化素材"的概念，多了这个"转"的过程，就不仅仅是手在动，记忆在动，更是思维在动。

美国教育家苏娜丹戴克有言:"告诉我,我会忘记。做给我看,我会记住。让我参与,我就会理解。"在这之前,阅读文本无法真正内化为写作素材的思维障碍,在于那些由教师或各类媒体"告诉"学生的美文、"做给"学生看的故事,以及让学生"摘抄"的语段,使学生对写作材料的接受止步于观望的、浅表的层面。而将文本"转"为素材的过程,正是为了让学生主动"参与"到写作材料的思维建构上。这六个超越了"记忆"的素材积累策略,是具有一定思维品质的加工建构,它不仅能使学生积累共性的备用素材,更有可能在后续的实践中形成各具思维特质的个性化备用素材,为学生从阅读桥梁的此岸到达写作桥梁的彼岸,提供更大的可能性。

(载《新校园》2017 年第 6 期,有改动)

参考文献:

[1] [2] 中华人民共和国教育部 普通高中语文课程标准(2017 版)[S]. 北京:人民教育出版社,2017:42.

第二讲 备用素材"化"为写作内容六策

笔者曾就某校初三年段一次考场作文中的一百篇同题作文做过学情调查。调查发现,三类文要升格到二类文,二类文要升格到一类文,一类文要进一步升格,都有各自过不去的那个"梗"。这个"梗"体现在三类文章都不同程度存在着"凡"与"俗"。凡,是立意的平凡与肤浅;俗,是选材的俗假与寡味。针对"凡""俗"问题,笔者从"读写融合"的角度提出素材化用之六策,基于语文学科核心素养之"语言的建构与运用""思维的发展与提升"两个层面,引导学生创造性地化用各类素材,多维度地更新写作选材中那些烂俗的桥段、现成的套路,让学生作文在一定程度上达到超"凡"脱"俗",在以阅读驱动作文升格的同时,使思维品质也随之升格。

一、策略解说

(一)第一策:直接化用。

写作中对素材的"直接化用"最常见。但"直接"并不意味着简单粗暴地把句段往行文某处一放就可以。何时推出素材句,推出后如何进一步抒写,都是提升策略效度的要素。

①六年，真的很快，明年会有新的人坐在新的教室里，而我们这一班人，再也不可能同坐一间教室，读同一篇课文，听见同一个下课铃。带着童年和懵懂，带着一点无奈，一丝惶恐，一份期待，这一次，我们一同下了一趟时光的火车。

②塞上耳机，传来熟悉的音乐，我哼着小调儿，看着火车往未来驶去。

③栀子花开，如此可爱/挥挥手告别，欢乐和无奈/光阴好像，流水飞快/日日夜夜，将我们青春灌溉。

④挥挥手，告别的有那些可爱的人，欢乐的时光，告别的还有那份不舍与无奈。我们从这里离开。又从这里出发，去迎接我们如水一样涌动的青春。

《挥手自兹去》

以回忆小学生活为素材的作文，常落入"你追我赶、吵架和好、生病关心、考差鼓励"之类的俗套。通过对鲜活素材的化用，可使内心的感受有别样的表达。例文第③段（划线句）是对备用素材歌词《栀子花开》的直接化用。分三步：

1. 明确素材句的运用方向与文章主题的契合度和对表现主题的有效性。此素材句表达的是：怀念流逝的时光，抒发成长的感悟。可据此判断出与主题相契合。

2. 创设引出素材句的特定情境。一是扣素材句的内涵而作的情境铺垫。如①段扣歌词"回忆与告别青春"的内涵，以回忆小学六年的生活作情境铺垫。二是为素材句的推出而作的必要的情节过渡。如②段以"听耳机"的情节为过渡，使歌词的推出显得自然而不突兀。

3. 提取与主题相关的素材关键词，做化用后的定向思考，并据此深度点题。例文提取"可爱""欢乐""无奈""青春"等词，在创造性表达对歌词理解的同时，已然深度点题。

这样，素材句虽然是直接化用，却自然地不着痕迹地成为行文的一个有机组成部分，使文章在一定程度上达到"脱俗"之效。

（二）第二策：穿梭化用。

"穿梭"本义，是指如织布梭子来回穿梭于织网中 A 点、B 点甚至 C 点之间。对备用素材可以如梭子一样往来化用。

记得那时候我们很喜欢学校那棵大榕树，特别是夏日午后，当微风穿过枝丫，我们仿佛听到了它的呢喃低语，我们在树下打闹追逐，只记得那树叶儿轻轻摆着，边歌边舞，仿佛那是它为我们精心设计的演出。

毕业两年多，偶然重回榕树下，想到这棵树迎来和送走了多少如我一般的孩子，期间又见证了多少人的多少个童年的记忆。在这一段精神的洄游中，我惊叹于树里隐藏了多少岁月的故事，那展臂迎风的树叶经受了多少载风雨，还有那多到无法数清的树叶，有多少歌儿要吟唱……

《洄游》

穿梭化用：指同一个备用素材穿梭用于同一文章的二至三个不同情境中。即从同一素材中提取若干个有效部分，自然地分散地嵌入同一文章的开篇、铺垫或逆转等环节中，成为提升文章不俗气质的元素。

2016年厦门市中考记叙文阅读文本是《断头树也有春天》，例文三处划线句是从这一文本中提取并改造过的备用素材。将来自同一文本的三个备用素材句穿梭于行文情节推进的两个片段中，灵动地表达在一段精神的洄游中得到精神成长的感悟。

（三）第三策：铺垫化用。

在素材备用阶段，如果有精彩句烂熟于胸，对其运用方向也烂熟于胸，那么这两树"在胸"的"成竹"，就有可能成为写作思路困阻时的灵感，构建行文思路时的支点。

六年后，我锁起了舞鞋，藏起了舞裙，变成了一只贪婪的饿狼不断地寻找食物——十六岁的我，变得肥胖。

"你看她，长那么胖还跳舞？哈哈哈我都能登月了！"

"天啊！她这么胖啊？可以当球踢了！"

我的心瞬间被人揉捏成了一团。无心再嚼那些食物，仿佛认定了它们就是我体重的罪魁祸首。我把自己囚禁在黑暗的角落里，连挣扎都觉得困难。

……

不，没有什么可以阻挡自己最初的梦想！

生活中总会有段改变方向的路程，就算你被失望拖进深渊，被挫折践踏得体无完肤，就算你被嘲笑，被讽刺，被讨厌，被怨恨，被放弃。但请别放弃自己，找回自己的那条路，勿忘初心。

铺垫化用：1. 以素材句的关键词为构思支点，将其化成一个故事或分解为一个个细节、心理描写，在化用前做足铺垫。2. 化用时可单独成段在醒目的位置推出素材句。

划线句是用电影《小时代》一经典台词改造成的备用素材。前文"变得肥胖"的情节设计、"被嘲笑被讽刺"的语言描写、"陷入黑暗"的心理描写，都是从素材句中"改变方向、深渊、践踏、嘲笑、讽刺"等关键词演化和分解而来。于是一句备用素材的铺垫化用，撑起了一篇文章的支架，并深化了文章的立意。

（四）第四策：拼接化用。

在服装设计艺术里，有一种"拼接"工艺，将不同材料和款式拼接搭配，使服装带给人艺术感、层次感的美感体验。在写作中也可以对不同类型的备用素材拼接出层次感与美感。

"嘿！你还记得你最初的梦想吗？""当然，××一中。""那，现在的你，想过放弃吗？""我……肯定不会。可是当我翻过一座座山寻找那片海时，却发现山的那边依然是山，山那边的山啊，铁青着脸，给我的幻想，打了零分。"①

一次次的放纵，让我离心中的那片海越来越远，越来越远……

可是我心中最初想找到的那片海呢？

那片海一定还在那里，只是她一定在等待那些以坚定而安静地脚步走向她的人。好吧，就在今天、此刻，手机里的"王者荣耀"，身边的死党ABC，让我姑且放下一会儿。书本、笔记、提纲，又摆在眼前。于是，七八页书翻过，人一阵恍惚，掉进书里，周围的人消失，周围的墙消失，周围的窗户全部打开，周围的一切变软，从固体变成液体，再变成空气，混沌在四周，不知今夕何夕。②

"生活不止眼前的苟且/还有诗和远方的田野"，③我渴望，那个梦想能赐予我更久远的力量，让我为找到心中的那片海，不顾一切……

《为了心中的那片海》

拼接化用：将多类素材拼接在同一文章中，分别设置为"反面铺垫"和"正面逆转"两种情节中的转折点和关节点。

文章选材于学习生活，此类选材的情节设计难免落入"面对起起落落的学习成绩，思想和行动从灰心到振作的过程"的俗套。如果未能免于此俗，那么可以尝试从化用"表达灰心的新鲜素材"和"引发思想转变的新鲜素材上"来力求脱俗。

划线句分别是课内文本《在山的那一边》（①）、2015年厦门市中考记叙文阅读文本《离天堂最近的地方》（②）、许巍《生活不止眼前的苟且》歌词（③）改造后的备用素材。素材①表达失望与不甘的灰色心情，是反面情节铺垫的节点；素材②③呈现了思想和行动的逆转过程，是正面情节的转折点和关节点。拼接化用，使行文呈现如服装拼接艺术一样的层次感，使语言展现出时尚典雅的美感，使文章在一定程度上实现超"凡"脱"俗"。

（五）第五策：想象化用。

有一类备用素材来自某个人的言说。在充分了解说话人身份、性格、思想的基础上，启动想象，能突出言说句蕴含的智慧和美好。

"我长大了要去流浪，要去看远方。"十三岁时，我对身边的人宣称。妈妈说："你给我老老实实学习。"爸爸说："将来像我们一样考公务员，有份稳定的工作。"外婆说："你这辈子就待在福建，过安稳日子。"是的，这是老辈人的期待，可我却有一颗长着翅膀会飞的心！

作为一个十三岁的小孩，我有着冲破牢笼的向往，对未知未来的惶恐，还有着害怕能力不够，只能埋藏梦想，一生苟活的忧虑……

可每次想到那些流浪的人们，勇敢的人们，我的热血和心又开始沸腾和跳跃。我的偶像三毛，正穿着红艳的长裙，握着一支笔，站在异乡的土地上，对着我笑：<u>"无论去哪儿，什么天气，记得带上自己的阳光，跟着自己的心走吧。"</u>

《我的田野，我的远方》

想象化用：根据对素材句的说话人身份、学识、性格、思想等的理解，合情合理地想象说话人言说时特定的肖像、神态、动作等，再推出素材句。

文章表现成长的主题。此类选材难免落入"自己当一回家，独立完成一件事、经历某事而更懂事"这样的俗套，例文却突破这种简单思维，表达青涩的梦想，冲动的念头、对未来的惶恐与期待。再辅以化用的素材，更表现出成长真实的美好。

划线句是从三毛的《岁月》中提取的备用素材。作者了解三毛，并想象她言说时特定的衣着、动作和神态，再推出"带上阳光，跟着自己的心走"的素材句，更赋予文字画面感，赋予句子丰富的内涵，赋予行文清新脱俗的气质。

（六）第六策：背景化用。

有一类备用素材，言说的内容、表达的思想来自特定的语境，特定的背景，剥离运用可以自成一语，结合相关背景化用，更有深意。

翻开《城南旧事》最后一篇，英子参加完小学毕业典礼回家，接到父亲病逝的消息，成长就在那一瞬间，她"从未有过这样的平静……"；后来，她坐上车前往医院。在那一天，她彻底地向童年娇气"挥手自兹去"。

我注视着书中的一段：是啊，<u>总是有人要我当大人，兰姨娘和那个四眼狗</u>

上车时说："英子，你大了，别再惹你妈生气了"，宋妈走时说："英子，你是大孩子了，别老向爸爸告弟弟的状"，草地里那个人说："等你长大了，我们去看海"。

一切的变化，都因为，你，长—大—了……

《挥手自兹去》

背景化用：1. 在推出素材句之前，交待与素材相关的故事或背景，让读者更解其中深意。2. 交待背景时须简洁明了，为表现主题服务。

划线句是从课内教材《爸爸的花儿落了》改造成的备用素材。例文化用时，紧扣"成长，意味着告别"这个主题，交代了素材主人公英子如何告别童年的娇气的相关经历，再引出素材句，更引人深思。

二、策略综述

备用素材化用之六策，尝试在阅读与写作之间搭建让学生可以独立行走的桥梁。左手抓住阅读，右手抓住写作，通过写作主体的介入性转换和二度创作，使"独立行走"成为最终的可能。

1. 操作层面。六个素材化用策略，从操作层面实现了阅读与写作的有机结合。从读的角度看，六策丰富了"读"的内涵，提升了"读"的效度。黄厚江曾就"读对写的直接作用"这一话题说道："读书时要善于为写作考虑，或者说立足写作的立场读书：哪里可以为我所用？哪里可以说明什么样的问题？"[1]潘新和教授曾在一个访谈中指出："语文教育中的阅读不同于生活中的阅读，在语文课堂里，阅读本身不是目的，而是提高言语表现素养、写作素养的手段与过程。"[2]区别于"为阅读而阅读"的教学，六策使阅读增加了"为驱动写作升格而阅读"这个功能，并使积累的阅读素材以各种形式跃动于作文当中，实现了素材积累的写作价值；从"写"的角度看，六策操作的过程避免了读与写简单生硬地结合。六策化用的对象是各类素材，这决定了作者必须以写作的眼光来审视素材，基于对素材的深度解读，并根据写作的情境需要和实际需要，从素材中"淘"出可以驱动写作升格的一切元素，使素材自然而智慧地"化"作了作文的有机组成部分。六策操作的意义，就在于使阅读成果向写作素养的有效转化成为可能。

2. 语言层面。"语文学科的核心素养"的理念，第一层是语言的建构与运用。包括能在已经积累的语言材料间建立有机的联系，能通过梳理和整合，将自己获得的言语活动经验逐渐转化为丰富有个性的具体的语文学习方法和策略，并能在语言实践中自觉地运用。六策中化用的过程，就是写作素材"内化"的过程。"内化"是对语言的概括、转述与转化，对语言所传递思想的提炼、归纳与拓展，是学生主动"参与"到写作材料的思维建构与运用的过程。

3. 思维层面。语文学科的核心素养，第二层是思维的发展与提升。包括能运用批判性思维审视言语作品，提高语言运用的能力和思维的深刻性、灵活性、敏捷性、批判性、独创性。周国平曾说："任何有效的阅读，不仅是吸收和接受，同时也是投入和创造。"[3]可以说，六策化用的实质，就是对阅读的"投入和创造"。它引导学生以审视的眼光分析判断和提取阅读信息，并创造性地使用和转化信息，以策略的操作来推动思维的发展与提升。可以说，运用"读写转化"六策而创造的这些超"凡"脱"俗"之作，正是学生思维品质提升的实证。

（载《福建基础教育研究》2017 年第 8 期）

参考文献：

[1] 黄厚江. 你也可以这样教写作 [M]. 南京：江苏凤凰教育出版社，2014：258.

[2] 潘新和. "写作本位"：读写观念的重构 [EB/OL].

[2012 - 02 - 08]. http：//blog. sina. com. cn/s/blog _ 48945cc60102w9gr. html

[3] 周国平，窦小莞. 周国平：人与书之间 [J]. 当代职校生，2016 （12）：28 - 29.

第三讲　读写转化策略精细加工操作步骤

"为什么你读了很多美文，可你的作文还是没有进步？"这是许多语文教师从"读写转化"角度付出诸多教学实践后依然存在的困惑。语文教师深知，在学生的写作水平与美文之间横亘着深长的沟坎，需要在写作教学中给学生搭建写作的支架和进步的阶梯。可是当阅读的结果要转化为写作表达时，却往往不尽如人意。吕叔湘先生有言："语文的使用是一种技能、一种习惯，只有通过正确的模仿和反复的实践才能养成。"[1]为了突破横在阅读与写作之间的"沟坎"，为了引导学生养成语言运用特别是写作素材运用的一种技能、一种习惯，笔者在长年实践中摸索出对写作素材进行精细加工，从而将素材成功转化为写作内容的四个步骤，从语言的建构与运用，思维的发展与提升两个层面，来探求以阅读驱动写作升格的可操作性策略。

一、策略要点

在素材积累阶段，为了提高考场记叙文写作的水平，学生常通过摘记名言、背诵诗词或抄录某些语段素材来积累写作素材。当素材积累得多了，就会产生凌乱；凌乱之时，教师常进一步指导学生去梳理和归类，当前的大多数教学常止步于此；而如果仅仅止于这一步，你会发现，你只是引导学生把这些写作素材分放在一个个格子里，做了一个原始隔断，于是那些躺在格子里的素材，就成了一种冷冰冰的结构，就处于一种割据的状态。这种物理性的采集，难以达成激活的效果。

到了素材运用的阶段，阅读与写作的种种链接失误就出现了。作为素材的使用者——学生，由于在积累阶段没有与素材之间进行深刻的对话，发生深刻的"热反应"，就难以完成对素材个性化的"占有"。因此，对素材的浅阅读、加上对素材运用操作步骤的"无意识"，导致素材运用过程的粗糙与生硬。也就是说，当学生拿起积累的名言、诗词或语段素材进入作文时，常带着对素材的粗浅理解简单粗暴地把它们往行文某处一放就不管了。素材进入作文后，无法更好的成为行文的有机组成部分。这种粗糙的复制移植，没有真切地再现自己的生活，没有灵动地表达自己的思考，学生难以从中真正获得写作的能力并提升写作的素养。

因此，对写作素材深度解读，才能根据写作情境的实际需要对语言进行意义的二度建构；对写作素材进行精细加工，对加工过程形成清晰的步骤意识，才能让素材内容有机地与行文化为一体，有理有节地突出和深化主题。

对写作素材进行精细加工可分四步。

1. 铺垫。提取素材中的关键词，进行深度品读，紧扣关键词与作文所要表达的主题，从正面或反面做相应的心理、环境、背景和情境铺垫。铺垫部分要求渲染充分，引人入胜。

2. 引出。为使素材句成为行文自然流畅的有机组成部分，须设计合情合理的情节作为过渡，再引出素材句，避免造作感和突兀感。

3. 思考。有别于素材引用后就丢开的简单作法，强调"引后思考"：第一，对素材中的关键词作出解读、抒写感想，或交代素材句的特定背景，为思考的展开蓄势，思考要以主题为切入点，结合素材句主体的特点等做定向思考；第二层，由思考素材主体的特点转到思考"自我"，将"自己"呈现于铺垫部分的种种表现与主题、与素材句结合，做真诚的反思。思考部分要突出层次感与真切感。

4. 感悟。创造一个句段，将故事情节特征词、素材关键词，主题关键词这三个要素"三合一"结题与点题。感悟部分追求深度和力度。

二、策略例说

1. 精细加工一个素材：以学生习作《既已溯洄，何顾道阻》为例解说。

以下待加工的素材来自某校一高考励志视频中的文字材料：

> 挥汗如雨有时/兀自冲锋有时/梦有时/醒也有时/成有时/败也有时/既已溯游从之/何顾道阻且右。

先紧扣关键词解读此素材。"挥汗""冲锋"是"奋斗的状态"；"梦""醒""成""败"是"痛苦的煎熬"；"既已……何顾"是"迎难直上的勇气"。之后对素材进行精细化加工。

> 七点五十分，八点十五分……时间飞快地流逝。一方书桌，稿纸与笔，脑中空空，我正痛苦地与一篇作文对峙。
>
> 为时间的流逝，为尚无头绪的思路，我心急如焚。
>
> 小A不合时宜地一会儿拉着我聊八卦，一会儿嚷嚷着一起校对考卷。我正苦思冥想，终于暴喊"烦死了，别吵我！"
>
> "什么态度！"她愣了一下，悻悻地甩了一句，出去了。

这是加工素材第一步，铺垫。深度品读素材句，扣"挥汗如雨""兀自冲锋"，作"与作文痛苦对峙"的心理铺垫；扣"道阻且右"，作被"小A"搅扰得焦躁发作思路难以为继的情境铺垫。情绪的反面渲染充分有力，引人入胜。

> 时针动了一格。我像一只勤勉而焦急的蚂蚁翻着书寻求素材与灵感。突然，我的目光停留在一行文字上：
>
> 挥汗如雨有时/兀自冲锋有时/梦有时/醒也有时/成有时/败也有时/既已溯游从之/何顾道阻且右。

加工素材第二步，引出。凭空推出素材句定然显得突兀。既然故事起因是"作文之苦"，那么"翻书寻求素材与灵感"就是合情合理的安排，由此而"遇见"素材句也成了顺理成章的安排。于是素材句自然引出。

> ①"溯洄从之，道阻且右。"我默念着这八个字。这是诗经《蒹葭》中的

文字，表达主人公对爱情的执着追求和求而不得的惆怅心情。在歌曲《在水一方》中则是："我愿逆流而上，依偎在她身旁。无奈前有险滩，道路又远又长。"

②是啊，一篇佳作好比是佳人，要得到它必经过艰难的酝酿和思考。既已溯洄从之，何顾道阻且右？怎能因一时的思绪堵塞，就让之前的挥汗如雨、兀自冲锋半途而废？怎能因一刻的焦虑不安，就情绪失控，大发脾气？

这是加工素材第三步，思考。①段先提取素材关键词"溯洄从之，道阻且右"，再联想到关键词在《蒹葭》和《在水一方》中的语境义，为进一步思考蓄势；深度解读素材句的含义后，②段马上"由彼及我"地将自己"挥汗如雨""思绪堵塞"的细节，"情绪失控""焦虑不安"的细节与素材句结合，以两句"怎能"带出真诚而深刻的反思，给人以代入感与真切感。

①深呼吸，铺好新的稿纸，沿着新的思路，我开始了寻找"佳人"的旅程。分针旋转，不多时，工工整整三页文章已成。

②既已溯洄从之，何顾道阻且右。我将把握好那份勇气与坚持，那份坦然与自信，重新上路。

这是加工素材第四步，感悟。从①段看，故事情节在经历了开端、铺垫、高潮之后交代了一个结局，使情节完整；从②段看，再次提取素材关键词表达感悟，并将"何顾"二字的含义解读为"勇气与坚持，坦然与自信"，从而深度点题，完美作结。

2. 精细加工两个素材：以学生习作《五月花开》为例解说。

在行文中引用并加工一个素材，算是完成了对某个素材的个性化"占有"。这时可以再进一步，让素材与素材之间发生某种聚合反应，让素材与素材相遇，从而建构新的意义。王开岭道："我对素材的占有，从来都是一串一串的。它们要么是精神同类项，要么是精神对立面。"[2]也就是说，可以让同类素材相遇，在文中形成气场和拓展，也可以让正反对立的素材相遇，达成强化和突出的效果。

以下待加工的"核心素材"，称一号素材；辅助素材称二号素材。核心素材，指在行文重要位置推出的素材，通常是引发情节发生逆转的素材；辅助素材是指为核心素材出现前而作铺垫（正面铺垫或反面铺垫）的素材，或在核心素材出现后作拓展思考的素材。

以下为待加工的一号素材：

一记者问科比成功的秘诀，科比反问："你见过凌晨四点的洛杉矶吗？"又说："我每天都看到。"每日四点起来练球，多年过去，洛杉矶凌晨四点黑暗不改，科比的球技却悄然蜕变。

（选自媒体故事《凌晨四点的洛杉矶》）

二号素材：

当你想要放弃了，一定要想想那些睡得比你晚，起得比你早，跑得比你卖力，天赋还比你高的牛人……

（来自马云语录）

深度解读两个素材后可以发现，一号素材中的科比，正对应了二号素材中的"睡得比你晚，起得比你早，跑得比你卖力，天赋还比你高的牛人"，此二素材为同类素材。发现其联系点之后对素材进行精细化加工。

"当你想要放弃了，一定要想想那些睡得比你晚，起得比你早，跑得比你卖力，天赋还比你高的牛人……"我冷脸看着马云的心灵鸡汤，恨不得向手机吐唾沫，脑海内两个大字在旋转——天赋。

期考后，我开始对那些有天赋的人抱着隐藏极深的恶意，原因简单：我每晚挑灯夜读，与题海缠斗，却依然考得难以直视。

"这题好难，给我讲一下？""一点也不难呀，我才用了五分钟，哈哈……"听完，"天赋"二字在头顶轰鸣，哗啦一下，脑洞中那"努力一定成功"的观点碎了一地。

这是加工素材第一步，铺垫。引出一号核心素材之前，先引二号素材（划线句），然后并不顺着句子的本意从正面展开，而是结合学生对"心灵鸡汤"带有逆反心理的现实，"故意"从反面作多层铺垫。素材中的关键词"天赋"二字成为故事展开的线索。

"看看我给你发的那个信息。"妈妈弱弱地提醒。我不情愿的拿起手机——就知道，老妈一焦躁一操心就给我灌心灵鸡汤。

《凌晨四点》——嗯，好题。我看了下去，越看越不是滋味。

故事很短。一记者问科比成功的秘诀，科比反问："你见过凌晨四点的洛杉矶吗？"又说："我每天都看到。"每日四点起来练球，多年过去，洛杉矶凌晨四点黑暗不改，科比的球技却悄然蜕变。

这是加工素材第二步：引出。为引出一号素材《凌晨四点》，作者以妈妈"一焦躁一操心就给我灌心灵鸡汤"的情节来过渡，合情合理；更以"我""不

25

情愿"的逆反心理来使素材句的引出反而更显自然真切。

①"天赋"二字重新打乱组合。那些天赋超群的人是只凭天赋成功的吗？他们此刻还在卖力奔跑吗？也许是我忽略了什么——我在努力，别人也是，我对天才的怨恨不甘，是被失败迷了心智而生的借口罢了。迷茫之后，我有了一种轻松释然之感。

②也许我没有过高的天赋，但我有着可以盛放的青春。五月，花开的季节，而我也该积蓄光和热了，只为花开骄傲炽烈的那一天。

加工素材第三、第四步：①段的思考，紧扣二号素材中的"天赋"这一线索，再扣一号素材中科比凌晨四点苦练的细节，"由彼及我"地展开"反问、思索、释然"的心理历程；②段的感悟，创造了一个句段，将故事（我曾对"天赋"怀有恶意的事）、素材（马云的话和牛人科比的段子）、主题（题目"五月花开"，喻为了梦想开始奋斗）三个要素成功地"三合一"，从而深度点题。

三、策略综述

对记叙文写作素材进行精细加工的策略，实质上是一种可操作的写作技术。这里的"写作"，针对的是中学生的"考场应试性写作"，与创作性写作有所不同。王开岭曾就此提到："考场作文，本质上是一种'急就'，是拿着昔日储备在规定时间、规定地点所做的兑换和变现。"[3]和纯粹的写作不同，考场写作是可以有技巧的。

因此，从写作技巧的角度审视对记叙文写作素材进行精细加工的四个步骤，就具有一定的可操作性。它尝试引领学生跨越沟坎，在阅读与写作之间搭建阶梯。而它之所以又不等同于一般的名言警句的摘抄引用，不等同于一般的优美词句的句式化用，在于它是基于语文学科核心素养的真正内化而构建。

2017版普通高中新课标提出"语文学科核心素养"的概念，它包含四个层面：语言的建构与运用、思维的发展与提升、审美的鉴赏与创造、文化的传承与理解[4]。课标同时指出："语文学科核心素养是学生在积极的语言实践活动中积累与建构起来，并在真实的语言运用情境中表现出来的语言能力及其品质。"[5]

高中新课标关于学科核心素养概念和内涵的阐释同样适用于初中语文的教与学。

第一，基于语言的建构与运用层面，四个步骤引导学生深度解读积累的语言材料，提取语言的核心意义，并与现实生活、写作主题建立有机的联系，这种联系首先唤醒素材，使之成为一种"生产力"，再通过对素材的情境建构和创造运用，完成一定程度上的意义"重构"，这种"重构"带来的力量，使素材的能量达到峰值，更使学生在真实的语言运用情境中形成语言能力，从而达成阅读的成果向写作素养的有效转化。

第二，基于思维的发展与提升层面，四个步骤引导学生以审视的眼光分析、判断和提取阅读的信息，再创造性地转化和使用信息，以策略的四步操作来推动思维的发展与提升。其中，"铺垫和引出"是在和现实生活的正向反向联系中建构思维；"思考与感悟"是在对语言材料和现实生活的整合分析中发展思维。

《程氏家塾读书分年日程》道："读书如销铜，聚铜入炉，大鞴扇之，不销不止，极用费力。作文如铸器，铜既已销矣，随模铸器，一冶即成，只要识模，全不费力。所谓劳于读书，逸于作文者也。"在这里，阅读之劳若要真正逸于作文，前提是阅读之"劳"已达到"铜销"程度。"铜销"的过程，不仅是对阅读内容进行简单的信息输入、存储和提取，更是新旧知识经验的冲撞、互动的"热反应"过程。学生正是通过这种化学"热反应"，将阅读内容转为写作素材，并将写作素材的语言、思想、艺术等精华，内化为写作的有机组成，这个复杂的内化过程，引发了言语结构的重构，更提升了思维的深刻性、灵活性、批判性和独创性。

（载《福建基础教育研究》2018 年第 7 期）

参考文献：

［1］吕叔湘. 关于语文教学的两点基本认识［J］. 文字改革，1963（4）：42—45.

［2］［3］王开岭. 素材的个性占有与拓展［J］. 语文学习，2017（12）.

［4］　［5］中华人民共和国教育部　普通高中语文课程标准（2017 版）［S］. 北京：人民教育出版社，2017：42.

第一章

自然感悟

选材依据：收录表现人们亲近自然（水、空气、山脉、河流、生物、植物、动物、地球、宇宙等）产生的感想和体会的课内文本与群文文本。

第一讲　课内文本转为备用素材

1号素材：《春》/七上第一单元

策略：朱自清在《春》里构建了春天的美丽世界。因为是经典，太过于耳熟能详，在进行写作积累时更需要进行素材的加工和改造。用"拓展组合""调整情境""借鉴笔法"等策略，转为备用素材。

示例一：若要描写"春风春雨"而不落俗套，可用"原句＋注释＋鉴赏"组合，即结合课文对某些句子的注释，再组合以相关的鉴赏，调整情境，表达全新的感受。

设置某个情境，两人（同学、师生、母子等）一同春游，描写完春风春雨后，可以有这样的对话，来提升文章的典雅不俗的内涵（划线句为课文原句和注释）。

南宋志南和尚曾有《绝句》："沾衣欲湿杏花雨，吹面不寒杨柳风"。

你知道吗？

为什么春雨是杏花雨？为什么春风是杨柳风？

因为清明时节正是降雨之时，时值杏花盛开，所以春雨就作"杏花雨"。

又因古人把应花期来的风，称为花信风，从小寒到谷雨共二十四候，每候应一种花信，总称"二十四花信风"。其中清明节尾期的花信是柳花，这时的风就叫柳花风，也称杨柳风。

你看，阳春三月，杏花开放，<u>绵绵细雨仿佛是故意要沾湿游人的衣裳</u>，多情地下个不停；<u>轻轻吹拂人面的暖风带着杨柳的清新气息</u>，令人心旷神怡。

示例二：运用拓展组合之"原句＋鉴赏"、调整情境策略，用以下片段来表达通过阅读美文解读作者的心灵密码，以及产生的种种美好感受。

好文章读多了，我渐渐能走进作者的内心，透过那些文字，读到那些用心灵酿造出来的一幅幅艺术图画，读到那图画中隐藏着的作者的心灵密码。

当我读《春》，我解开了朱自清的一串串心灵密码。

那句"盼望着，盼望着，东风来了，春天的脚步近了"，我读到三九严冬后切盼春归的殷殷之情；

那句"山朗润起来了，水涨起来了，太阳的脸红起来了"，透过"朗润""涨""红"，我读到一种生命的光泽洒脱；

那句"小草偷偷地从土里钻出来，嫩嫩的，绿绿的"，透过"钻"，我读到生命的一枯一荣与生生不息；

那句"花里带着甜味儿"，透过"甜"，我读到了生命的怒放和青春的芬芳；

那句"鸟儿将窠巢安在繁花嫩叶当中，高兴起来了，呼朋引伴地卖弄清脆的喉咙，唱出宛转的曲子，与轻风流水应和着"，透过"应和"，我读到了生命的和谐与欢愉；

那句"他们的房屋，稀稀疏疏的，在雨里静默着"，透过"静默"，我读到了岁月的安宁与静好；

那句"舒活舒活筋骨，抖擞抖擞精神，各做各的一份事去。'一年之计在于春'，刚起头儿，有的是工夫，有的是希望"，透过"刚起头儿"，我读到了一个"追梦人"的美好愿景。

示例三：同样的片段，转换一个情境，可用来表现某个人（老师、同学、长辈等）的个人魅力。

×××读书从来都不是"浅浅地"读。他常常说，读文章，要能走进作者的内心，透过那些文字，读到那些用心灵酿造出来的一幅幅艺术图画，读到那图画中隐藏着的作者的心灵密码。

听他讲朱自清的《春》，他一直在问我们，你们能解开文字背后的一串串心灵密码吗？

那句"盼望着，盼望着，东风来了，春天的脚步近了"，你能读到三九严冬后切盼春归的殷殷之情吗?

……（以下均用"你能读到……吗?"句式，内容与示例二同。）

示例四:文本中"风里带来些新翻的泥土的气息，混着青草味儿，还有各种花的香，都在微微润湿的空气里酝酿"一句意蕴深厚。深度阅读，展开想象，借鉴"风传春味"笔法，调整情境，可以化为自己"陶醉于春天气息"的细节描写。

坐在雨后的树下，摊开一本诗集，细细品味幽幽的叶香，细细沐浴暖暖的阳光;偶然拾起悄然落下的花瓣，又细细回味黛玉葬花的诗意，领会起《朝花夕拾》的寓意……这时，张开双臂，深呼一口气，草味儿、花味儿、泥土味儿、雨味儿、书香味儿，还有幸福的味儿，一点一点地融入了天地，似乎也把我融入了幸福的春意。

就在这一个三月的雨后，就在这一个瞬间，我的心充满了一种深深的幸福。

2号素材:《济南的冬天》/七上第一单元

策略:老舍《济南的冬天》中景物描写的一大特色，是"景有情，人有意"。如果没去过济南，又不一定写冬天，那么保留写景"有情有意"的特色，再运用"调整情境"之策略，灵活地且合情合理地重设情境，可以创造新的写景佳句。

原文片段:

小山整把济南围了个圈儿，只有北边缺着点口儿。这一圈小山在冬天特别可爱，好像是把济南放在一个小摇篮里，它们安静不动地低声地说:"你们放心吧，这儿准保暖和。"真的，济南的人们在冬天是面上含笑的。他们一看那些小山，心中便觉得有了着落，有了依靠。他们由天上看到山上，便不知不觉地想起:"明天也许就是春天了吧?这样的温暖，今天夜里山草也许就绿起来了吧?"就是这点幻想不能一时实现，他们也并不着急，因为这样慈善的冬天，干啥还希望别的呢!

示例:冬季怕冷，所以作者突出济南的"温晴"。按这样的思路，假设描写的是某公园、或某小区的夏季，那么夏季怕热，景物的可爱反在于"清凉"。据此调整情境转为素材。

小区并不大，大大小小的高高低低的知名不知名的树把小区围了个圈儿，只在一些地方错落有致地缺着些口儿。这一圈小树在夏天特别可爱，好像是把小区放在一个小摇篮里，它们时而微微摇摆时而安静不动地低声地说："你们放心吧，这儿准保清静凉爽。"

真的，小区的人们在夏天是不急不躁面上含笑的。他们一看那些小树，心中便觉得有了着落，有了依靠。他们由天上看到树上，便不知不觉地想起："明天也许就可以入秋了吧？这样的清凉，今天夜里也许可以下场大雨了吧？"就是这点幻想不能一时实现，他们也并不着急上火，因为这样小树依着傍着，何愁没有清凉一夏呢！

策略说明：根据"六合"原则，调整情境时，"山围济南"转为"树围小区"，"暖和"转为"清凉"，"盼望春天"转为"期待下雨"。

3 号素材：《雨的四季》／七上第一单元
策略：《雨的四季》一文最大的特点是唤醒五官感觉来描写雨的四季情致与风韵。选择较能体现雨的季节特征的句子，可以"引用精华"之策，直接摘录。
示例
春雨过后：

每一棵树仿佛都睁开特别明亮的眼睛。树枝的手臂也顿时柔软了，而那萌发的叶子，简直就像起伏着一层绿茵茵的波浪。水珠子从花苞里滴下来，比少女的眼泪还娇媚。

夏雨浇灌：

经过几场夏天的透雨的浇灌，大地就以自己的丰满而展示它全部的诱惑了。一切都毫不掩饰地敞开了。花朵怒放着，树叶鼓着浆汁，数不清的杂草争先恐后地成长，暑气被一片绿的海绵吸收着。而荷叶铺满了河面，迫不及待地等待着雨点，和远方的蝉声，近处的蛙鼓一起奏起了夏天的雨的交响曲。

秋雨静临：

忽然，在一个夜晚，窗玻璃上发出了响声，那是雨，是使人静谧、使人怀想、使人动情的秋雨啊！天空是暗的，但雨却闪着光；田野是静的，但雨在倾诉着。顿时，你会产生一脉悠远的情思。

冬雨造访：

当雨在头顶上飘落的时候，似乎又降临了一种特殊的温暖，仿佛从那湿润中又漾出花和树叶的气息。那种清冷是柔和的，没有北风那样咄咄逼人。远远地望过去，收割过的田野变得很亮，没有叶的枝干，淋着雨的草垛，对着瓷色的天空，像一幅干净利落的木刻画。而近处池畦里的油菜，经这冬雨一洗，甚至忘记了严冬。

4号素材：《猫》／七上第五单元／链接：《小狗包弟》

策略：郑振铎的《猫》和巴金的《小狗包弟》，都表达对人性弱点的忏悔、解剖、反省和感悟。借鉴笔法之"主题"，群文延伸，表达深度阅读后对"人性"的感受和思考。

示例：按"概括故事→引原文关键句→表达感悟"的思路转为备用素材（划线句为课文原句）。

郑振铎不太喜欢养的第三只猫，又因误会是这只家猫吃了芙蓉鸟，不分青红皂白棒打猫，以致它后来忽死在邻家屋脊上。

后来他写道："我的良心受伤了，我没有判断明白，便妄下断语，冤苦了一只不能说话辩诉的动物。想到它的无抵抗的逃避，益使我感到我的暴怒，我的虐待，都是针，刺我的良心的针！"

也许那些辗转的深夜，作者常被那根针刺破梦境而惊醒吧？我深切体会到，当作者说"永不养猫"这四个字时，内心一定有把自责与痛悔的刀划过，痛彻心扉。

后来，我读巴金的《小狗包弟》，又有些不得其解：巴金一家在那场浩劫中尚且不能保全自己，又如何能保全一只狗呢？何至于在无奈伤心之后还要如此痛苦的"自我解剖"？

先是有"一种甩掉包袱的感觉"，后深夜难眠，反而感觉背上了"更加沉重的包袱"；再往下，他继续解剖自己："不能保护一条小狗，我感到羞耻；为了想保全自己，我把包弟送到解剖桌上，我瞧不起自己，我不能原谅自己！"

两位作家，都讲了一个被冤亡的生灵的故事给读者听，都将痛苦拿出来反复咀嚼，无情地剖析自己的内心，这样的勇气让人震撼！我对有良知的正直的知识分子充满深深的敬意。

策略说明：群文阅读之一，是将写作对象或主题相似的不同作家的文章比照着读，知其异，求其同，从而得出新的阅读感悟。这个过程，语文学科核心素养之语言的建构与运用、思维的发展与提升、审美的鉴赏与创造等有机融合。

5号素材：《动物笑谈》／七上第五单元

策略：阅读《动物笑谈》之后，如果与当下的现实生活链接，会发现在"我与动物"或"我与宠物"这个话题上有可借鉴之处。运用"链接生活""调整情境""引用精华"等策略，转为备用积累。

原文片段：

我因此得到一个颇为清晰的结论：如果我要小凫跟着我走，我得学母凫一样叫才行。"他在脖子上挂个铃铛，嘴里发出哞哞的叫声，小牛就以为他是母牛。"布什的诗句正是这种情况的最佳写照。

于是我立刻着手去做这个实验。就在复活节后的第七个星期天，我把一窝待孵的水鸭蛋放在人工孵卵器里。小凫一出壳，羽毛刚干，我就学着母水鸭的叫声，不停地唤着它们。果然，这一次这些小鸭子一点也不怕我，它们信任地望着我，挤成一堆，听任我用叫声把它们带走。我的猜想因此完全得到证实：新出世的雏凫只对母凫的叫声有本能的反应，却不知道母亲该像什么；只要会像母鸭一样叫唤，不管是只肥胖的北京鸭还是一个更胖的人，都成了它们的母亲。

不过，这个代替物却不能太高。在实验开始时，我原和小鸭子一样匍匐在草中，后来我逐渐换成坐的姿势。可是，等我一旦站起来试着带它们走，它们就不动了；它们的小眼睛焦急地向四周探索，却不会朝上方看，没有多久，就像被弃的小鸭子一般，发出细细的尖叫，哭起来了。因此，为了要它们跟着我，我不得不蹲着走，这自然颇不舒服。尤其糟的是，做母亲的水鸭子得时刻不停地叫唤，只要有半分钟的时间忘了"呱格格格，呱格格格"地唱着，小凫的颈子就拉长了，和小孩子拉长了脸一样。要是这时我不继续叫唤，它们就要尖声地哭了。好像只要我不出声，它们就以为我死了，或者以为我不再爱它们了？这真是值得大哭特哭的理由呢！

示例：设置这样一个情境，老家在农村、或遇上农村的某亲戚朋友家养鸭，某天目睹养鸭的母亲（外婆、奶奶、某大婶等）"御鸭有术"的样子，心有所乐又心有所悟。

老妈说，婶婆是养鸭能手，我们家族的亲戚朋友，每年都常收到她的礼物，她养的"土鸭子"，肥美健硕，老妈常说"有钱买不到""可遇不可求"。

三月份的一个周末，我们在婶婆家作客，聊着聊着婶婆说："我带你们去看看，不得了，这回高产了一窝土鸭啦！"

我们跟着婶婆到小土坡，推开围栏，我一看见那一窝嫩黄嫩黄小鸭子，就像小宠物一样，可爱得不得了，我就站在那里对着小黄鸭"嘎—嘎—嘎"地叫起来。小黄鸭仿佛都有反应，身子摆动了一下，我走动起来，试着带它们走，它们就不动了；它们的小眼睛焦急地向四周探索，却不会朝我这上方看，没有多久，就像被弃的小鸭子一般，发出细细的尖叫，好像哭起来了。

"婶婆，你家的小鸭子这么不听话，我好有挫败感啊。"我悻悻地说。

只见婶婆一笑，"看我的！"

她半蹲下来，对着小鸭群开始召唤，那叫法跟我可不太一样："呱格格格，呱格格格——"说来也怪，鸭群像被招了魂一样，它们信任地望着婶婆，挤成一堆，听任她用叫声把它们带走。

婶婆说："刚出生的小鸭子怕生，但新出世的雏鸭只对母鸭的叫声有本能的反应，只要会像母鸭一样叫唤，不管是只肥胖的北京鸭还是一个更胖的人，小鸭子们就都当成了它们的母亲啦。"

"还有啊"，婶婆接着说，"我这个当妈的可不容易哦。因为它们的眼睛不会向上看，所以我得常常蹲下来，蹲得我这老腰啊，是又酸又痛。做母亲的鸭子还得时刻不停地叫唤，只要有半分钟的时间忘了"呱格格格，呱格格格"地唱，它们的颈子就拉长了，和你们小孩子拉长了脸一样。要是这时我不继续叫唤，它们就要尖声地哭了。好像只要我不出声，它们就以为我死了，或者以为我不再爱它们了。大哭特哭呢！"

我怔怔地听着，大脑仿佛经历了一场风暴。

风暴一："他在脖子上挂个铃铛，嘴里发出哞哞的叫声，小牛就以为他是母牛。"德国诗人布什的诗句正是这种情况的最佳写照。

我明白了自然万物，都有它自己独特的生命规律。而这个规律，你要去读懂它，尊重它，才能驾驭它。就像婶婆读懂了刚出生的小黄鸭的语言一样。

风暴二：我彻底明白了"熟能生巧"四个字的意义。婶婆并不是生物学家，她只是在长期的养鸭劳动中形成了这样的经验。这启发我在今后的各种学习中，不能浅尝辄止，而要浸润其中，才能得其奥妙，并融会贯通。

策略说明一：设定"婶婆"的角色，更有"真切感"，如果是"妈妈"的角色，可能会对"妈妈"养鸭的事熟视无睹。这个角色设定与备用素材中其他调整过内容一样，都是根据情境需要所做的增删或置换。这是"调整情境"之策。

说明二：以"调整运用方向"之策，将文章表现"科学工作者求真务实的专业精神"的主题转换为"从婶婆养鸭的故事中悟出一些生活、学习的道理"的主题，据此来调整原文表达的顺序。

6号素材：《三峡》《与朱元思书》《短文两篇》/八上第三单元

策略：文言文单元，最常用的策略是"拓展组合"，即"原句＋翻译"、或"原句＋注释"；对于无法直接化用的素材，再"链接生活"，"调整情境"（划线句为课文原句）。

示例一：《三峡》

1. 只见两岸高山连绵，全无中断；悬崖层叠，峭壁层排，果然是"两岸连山，略无阙处。重岩叠嶂，隐天蔽日"。

2. 夏季，江水漫上山陵，江流正急，我们的游船顺流而下，以"朝辞白帝彩云间，千里江陵一日还"的气势一路劈浪向前，"虽乘奔御风，不以疾也"。

抓着船栏，我们饱览风景。只见白色急流回旋着清波，碧绿潭水倒映着树影。高峰之上，松柏千奇万状，悬泉瀑布，在山峰之间飞流冲荡。果是"素湍绿潭，回清倒影。绝巘怪柏，悬泉瀑布，飞漱其间"。

3. 果然，我们一路上看见了一群群猿猴，它们或跃高跳低，或抓耳挠腮，或悠闲小憩，一副安适自在和谐生趣的样子，可惜我们没有始终没有听到一句猿猴的鸣叫声，丝毫没有感受到渔民的歌谣所唱的："猿鸣三声泪沾裳"的凄凉，倒是像极了《西游记》里花果山的那群嬉戏逗闹的猴子那般欢悦自在。

策略说明：按照"六合"原则，三峡的风光穿越时光至现在，如"猿鸣的凄惨鸣叫"对游客来说，已难经历。就可从"现实中没有，回忆书上有"的角度来转为备用积累。

示例二：《答谢中书书》

只见巍峨山峰耸入云端，明净溪流清澈见底。两岸石壁色彩斑斓，一会儿是青葱林木、一会儿是翠绿竹丛。不禁让人想起那句"高峰入云，清流见底。两岸石壁，五色交辉。青林翠竹，四时俱备"。

示例三：《记承天寺夜游》中苏轼的"闲"有复杂的内因。链接中学生生活中可能有的"苦闷"，再调整情境，拓展组合（原句＋翻译），转为素材（划线句为课文原句)。

我和 A 同学住在一个新建的住宅小区里，小区风景幽美，适宜散步。但小区邻居们散步的时候，却是我们灯下苦读之时。所以，我和 A 常常是在夜自习后，挤出二十来分钟的时间，相约在楼下散步，让那颗为了成绩和排名压抑烦躁的心灵静下来，在悠闲一刻中得到清零而归于安宁。

今日夜自习回家，见"<u>月色入户</u>"，我和 A 同学就"<u>欣然起行</u>"。一起到小区中庭散步。果见庭院中的月光宛如积水那样清澈透明，好像是水藻、水草纵横交错一样，其实那是庭院里的竹子和松柏树枝的影子。想起那句"<u>庭下如积水空明，水中藻荇交横，盖竹柏影也</u>"，心里好佩服苏子的妙笔如花。

"<u>何夜无月？何处无竹柏？但少闲人如吾两人者耳</u>"，是啊，哪一个夜晚没有月亮？哪个地方没有竹子和柏树呢？只是缺少像我们两个这样压力和浮躁之外懂得寻求清闲的人罢了。

策略说明：苏轼此文中的精华是"积水空明"的比喻和"闲人"的点睛之笔。首先，链接学生的现实生活，可以先把苏轼"因苦闷而寻欢愉"的心境调整为"因学习压力烦闷浮躁而寻求心灵的清闲安静"；以此为背景，再化用"积水空明"的比喻入文就合情合理。

示例四：《与朱元思书》

我们沿江而下，颇有"<u>从流飘荡，任意东西</u>"的恣情与潇洒。

只见水色青白，清澈到可以看见千丈之底，清澈到可以直视游动的鱼儿和细小的石头。夹江两岸的高山上，寒树丛生；山势高峻，争着往高处和远处伸展；正是"<u>夹岸高山，皆生寒树。负势竞上，互相轩邈；争高直指，千百成峰</u>"。

又见泉水飞溅在山石之上，发出清悦泠泠的响声；美丽的鸟儿相互和鸣，鸣声嘤嘤，和谐动听。正是"<u>泉水激石，泠泠作响；好鸟相鸣，嘤嘤成韵</u>"。

所谓"<u>鸢飞戾天者，望峰息心；经纶世务者，窥谷忘反</u>"，我们虽不是文中所描写的那种"追名逐利"之人，可我们难道不曾在学习成绩上、在与人攀比中迷失过自己吗？

所以，当我们在美景中流连忘返，唯愿我们的心能得到哪怕是短暂的平静，然后，带着这一份平静，我们再重新出发。

"读万卷书，行万里路"，我终于明白，来一场"说走就走的旅行"，是多么有意义的事了。

策略说明：《与朱元思书》的精华是对美景的描绘和对美景的感悟。美景部分可以用"拓展组合"之策积累；感悟部分，可以通过找到文中的"古人"与"我们"的相同点与不同点来打开链接。相同点是，都在"追名逐利"，不同点是，文中所指的"名利心"更重，而现实生活中的"我们"，程度较轻，只是"有时"迷失而已。以此认识为基础，调整情境来转为素材。

7 号素材：《沁园春·雪》/九上第一单元

策略：《沁园春·雪》是经典词作。经典作品备用积累可以有两个角度。一是从鉴赏角度，读出作品的美，作为表现"读书学习"一类作文的备用素材；一是通过置换情境，使它成为合乎现实生活的素材。

示例一：设计一情境，引发对词句的鉴赏（划线句为课文原句）。

×××是学霸，且素有"凌云之志"。

走进×××的书房，见书桌一面墙上挂的一幅书法很是醒目，×××告诉我，那是他刻意摹仿毛泽东的字体写的行草。"哇，膜拜膜拜。"我揖手，一面细看："北国风光，千里冰封……"但见仿写的"毛体"字大大小小，奇奇正正，粗细结合，浓淡相宜，单个字看，好像还不是很特别，整体看，却给人形断意连，气脉畅通之感。

目光游走字里行间，仿见毛泽东登高远望，望见一个冰天雪地、广袤无垠的世界；一种胸怀天地、纵横万里的豪迈气概扑面而来。

古人曰：书者，如也，如其志，如其学，如其才。

我相信毛泽东这一位伟人所作的一首词，正穿越历史来到今天，传递了一份凌云之气给了今天的有志、有学、有才之人。我被×××的这份才情与豪气震撼。

示例二：置换为"班级辩论赛"情境，使词句融入情节之中。

这是班级的一场辩论赛。辩题是："文"重要还是"理"重要。

正方一辩："俗话说，得语文者得高考。当然是文更重要！"

反方二辩马上怼过去："听闻对方辩手是语文高手，可是，你的数理化成绩可差远了。请问，哪怕你语文得满分，你又怎么得中考和高考之天下？"

一语落地，激起正反方好一场唇枪舌剑……

一番激战后，评审团发言人总结陈辞：

"梦想如此多娇，引无数英雄竞折腰。毛泽东曾经在词里批判：

惜秦皇汉武，略输文采/唐宗宋祖，稍逊风骚/一代天骄，成吉思汗/只识弯弓射大雕。

可见，偏文废理或偏理废文，都不可取。数风流人物，还看今朝。希望我们所有人能够在中学时代兼顾文理，打好基础，然后再谋求学有所长，那么我们就有可能成就一代风流。"

8号素材：《岳阳楼记》／九上第三单元

策略：文言文经典名篇，可运用拓展组合、调整情境等策略，转为备用积累。

示例一：浏览长江或其它江河，运用"原句＋翻译"来描写景物（划线处为课文原句）。

洞庭湖包含远方的山脉，吞吐着长江的流水，浩浩荡荡，宽阔无边，清晨湖面上撒满阳光、傍晚又是一片阴暗，景物变化无穷无尽。正如书上所写：衔远山，吞长江，浩浩汤汤，横无际涯；朝晖夕阴，气象万千。

策略说明：文中地名"洞庭湖""长江"等，可根据自己的经历与行文的需要变换。

示例二：描写春天某江景从傍晚到入夜的变化，运用"翻译＋赏析"来表现遇见美景的感受。

我们对着午后的斜阳，饱览一江春景。

此时春风和煦、阳光明媚，湖面波平浪静，天色湖光相接，一片碧绿，广阔无际；沙洲上的白鸥，时而飞翔时而停歇，美丽的鱼儿或浮或沉；岸上的小草，小洲上的兰花，香气浓郁，颜色青翠。

渐渐地，夕阳西下了，湖面上的大片烟雾完全消散，皎洁的月光一泻千里，湖面上微波荡漾，浮动的月光闪着金色；静静的月影像沉在水中的玉璧。

我们沉醉了，无语。不知为什么，对着此景，我总是会想起一首古曲《春江花月夜》，那委婉质朴的旋律，流畅多变的节奏，巧妙细腻的配器，丝丝入扣的演奏，尽显月夜春江的迷人景色。在平静、轻柔的旋律中，有时还配上歌者的演唱：江楼上独凭栏/听钟鼓声传/袅袅娜娜散入那落霞斑斓/一江春水缓缓流/四野悄无人/惟有淡淡袭来薄雾轻烟……

此曲只应天上有，人间哪得几回闻。

此景只应天上有，人间哪得几回遇。

遇见美景，幸甚至哉！

策略说明：深度阅读，展开想象，将原文的翻译与赏析转为一幅山水画《一江春景》，再联想古曲《春江花月夜》及歌者的演唱，这样，欣赏自然美景与欣赏山水画、以及聆听音乐的感受就融会贯通了。一篇新的"美文"因阅读产生的美感而创造。这里有语文学科素养的培养，也有艺术素养的渗透。

示例三：还可以"经典句"来比照现实，来表达内心的反省。

不以物喜，不以己悲？要做到这一点，太难了。我们总是因着生活中的得与失，学习上的进与退，心情起起落落，忽喜忽悲。又何处去安放一颗难以宁静、宠辱不忘的心？我一时难以自解。

9 号素材：《醉翁亭记》/九上第三单元

策略：文言文经典名篇，可运用链接生活、拓展组合、调整情境等策略，转为备用素材。

示例一：国内大多数风景名胜，都有山有泉有亭，故凡游山胜，例如"泉州清源山"等，都可通过调整情境，转为素材。

望之蔚然而深秀者，泉州北山也。山行四五里，渐闻水声潺潺而泻出于两峰之间者，孔泉也。峰回路转，有塔翼然临于岩上者，弘一法师之舍利塔也。

示例二：名句入文，可"链接生活""调整情境"，例如将"醉翁之意不在酒"一句置换情境为"老妈拐弯抹角问成绩"，转为备用素材。

月考排名公布那天，回到家。

老妈先是把我的表情读了好一会儿，估计是读不出是阴是晴，又不忍直问，于是一连串的顾左右而言它：

"你们今天的课后任务多吗？

"你那几个好同学今天心情怎样？

"你等会儿吃饭还要听歌吗？要点哪一首？"

我终天忍不住了，说："妈，您就别醉翁之意不在酒了。不就是想让我主动汇报月考排名吗？"

老妈顿时一脸尴尬。

示例三：还可用"场景句"比照现实，来表达社会的变化、文化内涵的变化或者自己内心的思考。

总觉得古人出游，多了一份从容与高雅。

你看欧阳修笔下的滁人游，"负者歌于途，行者休于树，前者呼，后者应，伛偻提携，往来而不绝"，是那么恣意畅快，和谐欢愉。而现在呢？一到节假日出游，没有"负者"，少见"行者"，因为都开着车出游了；不见"前者呼，后者应"，只见一辆辆车前拥后堵，我们闻着前车的汽油味随着车流蜗速前移。

你再看，古人的宴酣之乐，"非丝非竹，射者中，弈者胜"。我有时跟着父母一起参加聚会，有觥筹交错的，有起坐喧哗的，有颓然乎其间的，有时候聚会完还会去 K 歌。也很热闹，也很尽兴，可是人人如此，场场如此，就只是一份"俗趣"。古人聚会，或有丝竹管弦，或有投壶游戏，或有对弈之乐，何其"雅趣"！

策略说明：将古文描写的场景与当前现实的比照，求其同，再求其异，对生活对社会的变化和发展就会有新的发现。这就是因阅读而拓展写作素材，这就是以读带写。

10 号素材：古诗十二首/七上第一单元/八上第三单元/九上第三单元

策略：依据作文的不同情境需要，可选取古诗中的写景句，梳理运用方向，用"拓展组合"之策转为备用素材。

示例一：拓展组合之"诗句 + 翻译 + 鉴赏"，表达观江河湖海时的感受。

1. 果见海水宽阔浩荡，山岛高高地挺立在海边。这一幕，正如曹公所写"水何澹澹，山岛竦峙"。《观沧海》

2. 正是潮水上涨，两岸辽阔；海风吹来；白帆高悬。这一幕，正如王湾所写"潮平两岸阔，风正一帆悬"。《次北固山下》

示例二：表达观海上之日月时的感受。

想起"日月之行，若出其中/星汉灿烂，若出其里"，仿佛遥见当年曹公临海而展臂，如大海容纳万物一般，把天下纳入自己怀抱的大气磅礴。《观沧海》

示例三：通过"链接生活"与"调整情境"，多数古诗句可在新的语境中获得新生。

1. 望秋天落日表达自己因某事而内心彷徨不知所依的心情（"东皋"二字可根据实际需要置换为其他地点）。

傍晚时分，望着层层树林都染上秋天的色彩，重重山岭披覆着落日的余光。

我徘徊不定不知该归依何方，真是"东皋薄暮望/徙倚欲何依/树树皆秋/山山唯落晖"啊。《野望》

2. 表现校园荣誉榜上的风云更替。

路过那个荣誉廊，"恰同学少年"几个红色大字下是一排排人物头像，各种大考、各类大赛榜上有名的，常常是那几个熟悉的面孔，只是再也不见了××
×的名字和相片。

沉浸手机，迷失在游戏里，游走在海量的可有可无的信息中，亢奋于不痛
不痒的微信调侃中，纵然偶尔高登榜首，成为一时的风云人物，可是一次之后，
就无力为继，"昔人已乘黄鹤去，此地空余黄鹤楼"，而今只留下"黄鹤一去不
复返，白云千载空悠悠"的悔叹。《黄鹤楼》

3. 表现对自己视野见识狭小的感叹。

我像一只井底之蛙，除了日复一日穿梭于学校和家两点一线之间，为学业
所困，几乎没有出过门。什么"大漠孤烟直，长河落日圆"的壮丽浩瀚，什么
"山随平野尽，江入大荒流"的气势恢宏，我只能拼力地想象，却无法亲历。我
所见过的，无非是如"几处早莺争暖树，谁家新燕啄春泥"的小门小户小家碧
玉之景罢了。

所以，能出游，能有朝一日去看大江大河甚至大草原大沙漠之景，是我心
中的一份诗意和远方。《使至塞上》《渡荆门送别》《钱塘湖春行》

4. 表达面对学习上的瓶颈，从"前路漫漫的困阻"到"决心迎难前行"的
内心变化过程。

有很长一段时间了，我好像困在原地，动弹不得，前行之路寸步难移。

常常"停书投笔不能习，拔足四顾心茫然"，总是"欲渡黄河冰塞川，将登
太行雪满山"。这是否就是老师常说的"学习的瓶颈"？

也许此时的我，需要拿一份李太白的豪气与胆识，纵使"行路难"、纵使
"多岐路"，也要相信终有"长风破浪会有时，直挂云帆济沧海"的那一天。
《行路难》

5. 表达想付出努力又害怕不能实现愿望，纠结无眠的状态。

沉迷手机太久了，放纵自己太久了，我也想回头，可是，"我欲乘风归去，
又恐琼楼玉宇，高处不胜寒"，我现在回头，还来得及吗？

就这么思考着，纠结着，直到月上窗头，"转朱阁，低绮户，照无眠"我辗转反侧。

也许，思想的巨人，行动的矮子，说的就是我吧？

与其临渊羡鱼，不如退而结网。这才是我当下要做的事。《水调歌头》

第二讲　群文文本转为备用素材

1号素材：《荷塘月色》/人教版高中教材

策略：《荷塘月色》一大特色是对美景、对矛盾心绪精彩细腻的描写。引用精华、链接生活、调整情境或拓展组合，转为备用素材。

示例一：表达自己暂时摆脱琐事、压力、烦躁偶然可以享受独处的自由。

这一片天地好像是我的；我也像超出了平常的自己，到了另一个世界里。我爱热闹，也爱冷静；爱群居，也爱独处。像今晚上，一个人在这苍茫的月下，什么都可以想，什么都可以不想，便觉是个自由的人。白天里一定要做的事，一定要说的话，现在都可不理。这是独处的妙处。

示例二：表达静夜闻香（不一定是荷花）愉悦安适的心情。

微风过处，送来缕缕清香，仿佛远处高楼上渺茫的歌声似的。

示例三：表达"有点缺憾也很美"的感受。

虽然是满月，天上却有一层淡淡的云，所以不能朗照；但我以为这恰是到了好处——酣眠固不可少，小睡也别有风味的。

示例四：表达某个夏夜因某件事而心情落寞烦乱。

树缝里也漏着一两点路灯光，没精打采的，是渴睡人的眼。这时候最热闹的，要数树上的蝉声与水里的蛙声；但热闹是它们的，我什么也没有。

示例五：引用精华之"概括精华"，表达因某件事而心情烦乱的心理。

有一种心情，叫作来到月下荷塘的心情。朱自清因为"心里颇不宁静"，来到月下荷塘赏美景，独享到一份自由与安宁后，又发现"热闹是它们的，我什么也没有"。求静而出游，我们真的能得到想要的宁静吗？

策略说明：前两句关于"月下荷塘的心情"，是对原文精华内容的概括。以此概括引发能否"求静得静"的思考。

示例六：表达去某地游览泛舟江湖嬉笑玩闹的畅快与陶醉；或表达青春年少的美好（划线句为课文原句）。

这是一个青春的季节。

我们泛舟湖上，虽没有苏轼"纵一苇之如，凝万顷之茫然"的恣意豪放，却有着暂时忘却俗世纷扰，纵情山水的一份畅快。

忽然想起梁元帝《采莲赋》里那句："夏始春余，叶嫩花初，恐沾裳而浅笑，畏倾船而敛裾。"

一群少女泛舟湖中，一会儿担心着水珠溅湿衣裳，低低浅笑，一会儿害怕船倾倒了湿了裙子，又赶紧提一提裙裾的场景，恍如就在眼前。

多么美好的一幕啊，想到这里，觉得青春正值芳华，岁月不负美景，不负韶光，心中怡然自足。

策略说明：一、用调整情境之"增补过渡"，在引出原文素材之前增补出游的情景作铺垫；二、拓展组合，将原文引《采莲赋》的句子与课文的注释组合，表达美景引发的美好联想；三、末段抒情，将面对良辰美景的感受置于青春和岁月的背景下去抒写，感悟就有了深度，也更添韵味。

2号素材：《前赤壁赋》／人教版高中教材

策略：《前赤壁赋》中，有太多经典句，可以直接摘录后再调整情境备用；用拓展组合之"原句＋翻译"，可转为新的备用素材。

示例一：调整情境。去某处名胜浏览（在山、水、月、船等的景物描写铺垫后），借用此句表达自己恣意畅快的感受。

清风徐来，水波不兴。举酒属客，诵明月之诗，歌窈窕之章。少焉，月出于东山之上，徘徊于斗牛之间。白露横江，水光接天。纵一苇之所如，凌万顷之茫然。浩浩乎如冯虚御风，而不知其所止；飘飘乎如遗世独立，羽化而登仙。

示例二：调整情境。假设描写学校元旦文艺会演的某个乐器演出节目（"洞箫"一词可换其它乐器，如"横笛"），或自己与同学为上节目演练的现场，或遇见某场演出的场景，表现乐声之美。

生有吹横笛者，倚歌而和之，其声呜呜然：如怨如慕，如泣如诉；余音袅袅，不绝如缕。

示例三：拓展组合之"原句＋翻译"，从对"主客问答"的疑惑和分析中完成自己对人生的一段思考。当因为某些事怀疑人生时，要用大胸怀大格局去完成自我的排解（划线句为课文原句）。

当纵情山水，极尽人生之乐时，却有人突然乐极生悲，因为他想到："<u>哀吾生之须臾，羡长江之无穷</u>。"

是啊，人生如此短暂，哪里比得上长江无穷无尽，淘尽时光呢？那么，对于人来说，又有什么才是永恒的呢？

所以，我太想知道屡次被"贬"的苏子，在怀疑人生之后还怎么为自己的人生排解困惑呢？

苏子先是这样答："<u>盖将自其变者而观之，而天地曾不能以一瞬；自其不变者而观之，则物与我皆无尽也。而又何羡乎</u>！"

在苏子看来，第一，短暂与永恒都是相对的。从变的角度看，人与长江、与自然万物，都在变，都是宇宙长河中的"一瞬"。第二，从不变的角度看，宇宙万物一直存在，又是无穷无尽的。所以不必羡慕，也无须自苦。

我明白了，如果不是超越了"渺小"的"个体"的我，苏子怎么能有如此感悟？实在是大气、大格局，内心点无数个赞！

可是，怎么解决当下的"短暂"之忧呢？

我又反复读，只见苏子又这样答：

"<u>惟江上之清风，与山间之明月，耳得之而为声，目遇之而成色。取之无禁，用之不竭。是造物者之无尽藏也，而吾与子之所共适</u>。"

原来，苏子是告诉我们，正如眼前的清风明月，我们要发现这些美、欣赏这些美、享受这些美，大自然的这些美是无穷无尽的，那么我们人生的宝藏也是无穷无尽的。

我有些似懂非懂，但有一点可以肯定，那就是，当眼前有苦有累有困惑有过不去的坎，一定要有大心胸大气魄如苏轼，才能完成自我的救赎。

策略说明：中学生要完成一段精神的成长，途径一是在生活和实践中历练，途径二是通过阅读，观照世界、社会、人生、自然与自我，让精神走向丰富与深刻。在阅读中，把自己的身心放进文本中去体验，去与文本的内容与作者的心灵对话，并把质疑与思考的过程表达出来，就完成了文本的再创造，同时，也完成了一段精神的涅槃。

3 号素材：《我与地坛》／人教版高中教材

策略：《我与地坛》描写一个被命运捉弄的人对母亲的思念和寻求希望的过程，表达处处"走心"。大多数中学生并没有作者那样悲苦的人生经历，但是"思念"与"求得新生"的情感却可以相通。链接生活、调整情境，转为备用素材。

原文片段一：

曾有过好多回，我在这园子里待得太久了，母亲就来找我。她来找我又不想让我发觉，只要见我还好好地在这园子里，她就悄悄转身回去，我看见过几次她的背影。我也看见过几回她四处张望的情景，她视力不好，端着眼镜像在寻找海上的一条船，她没看见我时我已经看见她了，待我看见她也看见我了我就不去看她，过一会我再抬头看她就又看见她缓缓离去的背影。

示例一：借鉴笔法、链接生活、调整情境，类似我为某事与父母吵架，一言不合就跑出去，然后"父母找我"的"桥段"，虽然有些烂俗，但如果能把父母"找我"的过程写出"多个层次"，也能表现青春期的挣扎与爱之深沉。据此转为备用素材。

曾有过好多回，我的情绪总是一触即发，与母亲一言不合就"出走"，跑出去，跑到公园里去。在公园里呆得太久了，母亲就来找我。她来找我又不想让我发觉，只要见我还好好地在这园子里，她就悄悄转身回去（第一层），我看见过几次她的背影。我也看见过几回她四处张望的情景，她视力不好，端着眼镜像在寻找海上的一条船，她没看见我时我已经看见她了（第二层），待我看见她也看见我了我就不去看她，过一会我再抬头看她就又看见她缓缓离去的背影（第三层）。在一次次的冷战和对峙中，我总是很骄傲地站在俯视的一端，望见母亲似乎躲闪和尴尬的眼神。

冷战持续中……

我是坚守我的骄傲呢还是向母亲主动求和呢？正纠结中，恍惚记得有位作家曾对这样的局面有过一番告诫，是谁呢？想了好一会儿，对，想起来了，是史铁生。

他在《我与地坛》里写到："母亲一个人在园子里走，走过我的身旁，走过我经常待的一些地方，步履茫然又急迫。我不知道她已经找了多久还要找多久，我不知道为什么我决意不喊她——但这绝不是小时候的捉迷藏，这也许是出于长大了的男孩子的倔强或羞涩？"

然而多年以后回头去想，他却这样告诫年轻人：

"但这倔强只留给我痛悔，丝毫也没有骄傲。我真想告诫所有长大了的男孩子，千万不要跟母亲来这套倔强，羞涩就更不必，我已经懂了，可我已经来不及了。"

策略说明：写亲情、写爱的付出、写青春期的特定心理，借鉴史铁生此文的笔法，可以有不俗的表达。第一，通过"多个回合""多个层次"的"视线交锋"展现自己的挣扎和母爱的深沉；第二，从对方的角度换位思考和体验对方的内心之苦；第三，从"多年以后"的时间角度去回想感悟当初不曾发现的深情。此外，可用"想起某作品的句子"的方式作为引发自己"想法改变"的"契机"。

示例二：如果写对自然、对"四季"的遐想和感悟，可选择以下句子直接摘录。

如果以一天中的时间来对应四季，当然春天是早晨，夏天是中午，秋天是黄昏，冬天是夜晚。

如果以乐器来对应四季，我想春天应该是小号，夏天是定音鼓，秋天是大提琴，冬天是圆号和长笛。

以艺术形式对应四季，这样春天就是一幅画，夏天是一部长篇小说，秋天是一首短歌或诗，冬天是一群雕塑。

以梦呢？以梦对应四季呢？春天是树尖上的呼喊，夏天是呼喊中的细雨，秋天是细雨中的土地，冬天是干净的土地上的一只孤零的烟斗。

示例三：拓展组合，引用精华，用以下片段代替表达"失败是成功之母""不经历风雨，怎么见彩虹"之类的"俗套"感受（划线句为课文原句）。

想想古人诗句："沉舟侧畔千帆过，病树前头万木春。""海日生残夜，江春入旧年。"

须知，沉舟虽停，有千帆竞过。老树虽病，有万木蓬勃；残夜消退，有海日东升。旧年逝去，有江露春意。

再看看太阳，"他每时每刻都是夕阳也都是旭日。当他熄灭着走下山去收尽苍凉残照之际，正是他在另一面燃烧着爬上山巅布散烈烈朝辉之时。"

4 号素材:《再别康桥》/人教版高中教材

策略:《再别康桥》中句句经典,选句直接摘录,再调整情境,转为备用素材。

示例一:当和某位亲朋告别,和某个承载自己故事的地方告别,和一段时光告别,和一段经历告别,和一种情绪告别,表达留恋、惜别、感伤以及对一份美好的珍藏。

轻轻的我走了/正如我轻轻的来/我轻轻的招手/作别西天的云彩。

我好想大声喊:再——见——

又怕纷扰了空气的宁静。

"但我不能放歌/悄悄是别离的笙箫/夏虫也为我沉默/沉默是今晚的康桥!"

悄悄的我走了/正如我悄悄的来/我挥一挥衣袖/不带走一片云彩。

示例二:走过有柳、有湖、有花草的地方,感受到风景的美好,引发美好的想象。

那河畔的金柳/是夕阳中的新娘/波光里的艳影/在我的心头荡漾

软泥上的青荇/油油的在水底招摇/在康河的柔波里/我甘心做一条水草!

那榆荫下的一潭/不是清泉,是天上虹/揉碎在浮藻间/沉淀着彩虹似的梦。

示例三:描写我作为"追梦人"的畅想。

我们都奔跑在路上,我们都是追梦人。

是的,当未来还未来,我们去追梦,带着年轻的心寻梦——

撑一支长篙/向青草更青处漫溯/满载一船星辉/在星辉斑斓里放歌。

5 号素材:我读《游东山记》/读后感写作/八下第三单元

《游东山记》是明代文杨士奇的散文。文章主要内容:明洪武二十八年,和隐士蒋隐溪老人、其子立恭、老友武昌左护卫李千户、一个道士、四五个童子,游东山,饮酒作诗弹琴跳舞题画,玩得很尽兴。当年冬天,八十多岁的隐溪先生去世。杨士奇和立恭痛哭哀悼,杨之后写下《游东山记》。

策略:链接生活、拓展组合、群文延伸,以"读后感写作"的形式,将散文转为备用素材。

示例：

一、"感"从何得到？

1. 静心阅读，捕捉最心动的点。即"感点"。

原文片段：

已而夕阳距西峰仅丈许，隐溪呼余还，曰："乐其无已乎？"遂与李及道士别。中道隐溪指道旁冈麓顾余曰："是吾所营乐丘处也。"又指道旁桃花语余曰："明年看花时索我于此。"

感点：当读到一群知己好友，不分老少主仆，在相聚狂欢之后或疾病或死亡或承受亲友离丧的痛苦之时，面对这样的人生的聚散生死，你的心会不会跟着有一点点疼？哪怕是一点点的心动？这个心动的点，可以是一个词，一句话，一个细节，一段描写或议论，就是感点。

2. 设身处地去追问。

（1）抓住感点，合理想象，化为镜头。

示例：

读至于此，忍不住回去再读隐溪老人游尽而归时的情景，恍见一素发如雪的老人乘着醉意，指一山脚对众人说：那是我将营建坟墓的地方；又指道旁桃花说，你们明年来看花时记得找我啊！

（2）提炼关键词追问：是什么？为什么？怎么样？

我不停地想，不停地问，隐溪老人说这两句话的时候会是怎样的心境？聚散之间，生死之际，隐溪老人到底是以怎样的襟怀面对？

二、"感"如何展开？

1. 相似情境多联想。

示例：联想各种著作中，相同主题的相关言论。

（1）黛玉的聚散论：在读此文之前，对于聚散生死，我印象更深的是林黛玉曾说，人有聚就有散，聚时欢喜，到散时岂不冷清？既清冷则伤感，所以不如倒是不聚的好。比如那花开时令人爱慕，谢时则增惆怅，所以倒是不开的好。又有那宝玉只愿常聚，生怕一时散了添悲，那花只愿常开，生怕一时谢了没趣；只到筵散花谢，虽有万种悲伤，也就无可如何了。

（2）苏轼的短暂与永恒观：只略懂其与苏子游赤壁时所作"惟江上之清风，与山间之明月，耳闻之而为声，目遇之而成色，取之无禁，用之不竭，是造物者之无尽藏也，而吾与子之所共适"，必有异曲同工之妙，必有灵犀相通之境！

操作说明：上述内容，还可联想相同主题的名言，如莎士比亚："生存还是死亡，这是一个问题"；联想相类故事，如史铁生的文章，一个以生病为职业的人，又是怎样看待生与死？

2. "代入"自我再联想。

示例：

再想想自己，在经历了一番个人的炼狱之后，现在的自己闲时常喜招朋引伴，唯愿常聚常欢，尽享人生之乐；而于独处时，又何尝不曾自悲运命多舛，至今举步维艰！此时再深味隐溪老人之两指两语，一番心动，更化为满腹心酸，几欲落泪！

操作说明：写作最大的"病"是无感。无感的原因是无论读到什么，看到什么，都没有"代入感"。多尝试"反躬自思"是展开思路的途径。例如某班级的教室"心愿墙"上，有学生将文言文与自己的诉求合为一体，这样写："淡泊以明志""尽吾志也而不至也，可以无悔矣，其孰能讥之乎？""欣于所遇，暂得于己，快然自足。"对这些学生来说，语文中的文言文，并不都是折磨人的文字，而是有热度有温度有生命的文字，可以和自己的生活体验联系起来。

三、"感"如何深化？
再回"感点"，换位思考，深层感悟。
示例：

不能自已，三读此文。

但见文中写到，隐溪老人"好道家书"，"意度阔略"而深居简出，"不妄交游"；与众人怡情山水之后，席间老人也欢乐高歌一曲《苏武慢》助兴，那么他散归时对众人的那两指两语，应是在兴致盎然之时，又带些许酒意吧？由此而推知，老人指论坟丘与桃花之时，更多的应是随适聚散的心境，淡然生死的襟怀吧？

啊！我想之前是我必定是浅读老人了！

想是老人之心早皈依道家，岂是我辈小阅浅之人能读尽的。

操作说明：如何换位思考？联系文中人物的经历、背景、当时的处境，身临其境地去体会人物当时的心境，去接近一个生命最真实的状态。

四、读后感中如何引用原文"边读边感"?

1. 直接摘录。如宝黛"聚散论"一段。

2. 间接引用。

(1) 同类信息,分别摘录,加以组合。如"始为好景怡人心动。那山、水、石、舟、松柏、草花、禽鸟、和风、丽日,乃至空中弥漫的香气"。

(2) 同类信息,分别概括,加以组合。如"再为人风淳厚心动。七十老叟将珍藏爱书慨然相赠造访之客,是真宅心仁厚!李千户遇友不下马,始而径驰而去,后偕道士来欢,是真率直豪爽!道士捧画求诗,不得复求,又酒醋告饶,是真憨厚可爱!更有隐溪老人先指丘为墓,后邀明年看花,是真旷达恬淡!更不必说其子立恭斗酒援笔赋诗,信手拈来,语奇意阔,极尽读书人之儒雅浪漫!"

(3) 背景概括。如"是年冬天,隐溪老人故去,次年寒食,作者与立恭欲扫墓而未果,又于立恭家中,共忆游东山之过往,相与恸哭"。

(4) 想象代替。如"读至于此,忍不住回去再读隐溪老人游尽而归时的情景,恍见一素发如雪的老人乘着醉意,指一山脚对众人说:那是我将营建坟墓的地方;又指道旁桃花说,你们明年来看花时记得找我啊!"

读后感全文示例

我读《游东山记》

午起薄茶,读到明代一散文《游东山记》,阵阵心动,不能自已。

始为好景怡人心动。那山、水、石、舟、松柏、草花、禽鸟、和风、丽日,乃至空中弥漫的香气,令深居难出的我心生无尽向往,想人不分古今,均会在某一时刻身心醉于自然,又有古人记此美景留与后人分享,油然而生感激!

后为雅士风流心动。良辰美景,岂能无赏心乐事!宴席间,士人即酒赋诗,八十老叟乘兴高歌,道士翩然起舞,童子拍手跳跃,故交琵琶数曲,好友折竹吹箫,亦觞亦歌亦舞亦诗亦画,宴尽人间雅趣风流,好个畅意人生!

再为人风淳厚心动。七十老叟将珍藏爱书慨然相赠造访之客,是真宅心仁厚!李千户遇友不下马,始而径驰而去,后偕道士来欢,是真率直豪爽!道士捧画求诗,不得复求,又酒醋告饶,是真憨厚可爱!更有隐溪老人先指丘为墓,后邀明年看花,是真旷达恬淡!更不必说其子立恭斗酒援笔赋诗,信手拈来,语奇意阔,极尽读书人之儒雅浪漫!想东山之好景,能与如此质朴和谐之人风相契,实如高山流水,得遇知音也!

是年冬天,隐溪老人故去,次年寒食,作者与立恭欲扫墓而未果,又于立恭家中,共忆游东山之过往,相与恸哭!读至于此,忍不住回去再读隐溪老人游尽而归时的情景，恍见一素发如雪的老人乘着醉意，指一山脚对众人说：那是我将营建坟墓的地方；又指道旁桃花说，你们明年来看花时记得找我啊！

我不停地想，不停地问，隐溪老人说这两句话的时候会是怎样的心境？聚散之间，生死之际，隐溪老人到底是以怎样的襟怀面对？

在读此文之前，对于聚散生死，我印象更深的是林黛玉曾说，人有聚就有散，聚时欢喜，到散时岂不冷清？既清冷则伤感，所以不如倒是不聚的好。比如那花开时令人爱慕，谢时则增惆怅，所以倒是不开的好。又有那宝玉只愿常聚，生怕一时散了添悲，那花只愿常开，生怕一时谢了没趣；只到筵散花谢，虽有万种悲伤，也就无可如何了。

曾经读《红楼》这一段，因为强烈的共鸣，潇湘妃子怡红公子的聚散论便感怀铭记于心。再想想自己，在经历了过一场炼狱之后，现在的自己闲时常喜招朋引伴，唯愿常聚常欢，尽享人生之乐；而于独处时，又何尝不曾自叹运命多舛，至今举步维艰！此时再深味隐溪老人之两指两语，一番心动，更化为满腹心酸，几欲落泪！

不能自已，三读此文。

但见文中写到，隐溪老人"好道家书"，"意度阔略"而深居简出，"不妄交游"；与众人怡情山水之后，席间老人也欢乐高歌一曲《苏武慢》助兴，那么他散归时对众人的那两指两语，应是在兴致盎然之时，又带些许酒意吧？由此而推知，老人指论坟丘与桃花之时，更多的应是随适聚散的心境，淡然生死的襟怀吧？

啊！我想之前是我必定是浅读老人了！

想是老人之心早皈依道家，岂是我辈小阅浅之人能读尽的。只略懂其与苏子游赤壁时所作"惟江上之清风，与山间之明月，耳闻之而为声，目遇之而成色，取之无禁，用之不竭，是造物者之无尽藏也，而吾与子之所共适"，必有异曲同工之妙，必有灵犀相通之境！

感悟及此，种种心动归于平静，心中释然而安。又想，作者于文末对读者说，此后的山水之游，"乐无加乎此"；而我也要这位杨翰林说，我读你著之《游东山记》，一番心潮起落，读罢口齿噙香，意犹无尽，亦是"乐无加乎此"啊！

微笑。

6号素材：野菊花之恋/中考阅读文本

策略：《野菊花之恋》是2018年江苏省徐州市中考阅读文本。文中大量引用古诗文或典故，盛赞野菊花的精神风貌。由物及人，引用精华或链接生活，调整情境，转为备用素材。

示例一：表达把自己逼上绝地超越自我。

1. 它绝不择地而生，枯草丛中，田间地头，高山土坡，悬崖峭壁，无论贫瘠，还是肥沃。它无处不在，质朴而又自然。

2. 给它一点阳光，它就灿烂，给它一点阳光，它就洒下满地的金黄。

3. 它没有"昨夜西风过园林，吹落黄花遍地金"的闲适，有的是"宁可枝头抱香死，何曾吹落北风中"的倔强和孤傲。越是悬崖峭壁之上，它越是努力开放，鲜艳而丰满。

4. 它从不后悔把自己逼上绝地，它完成了绝处逢生自我的超越，闪亮发光，香溢四射。

示例二：感悟自己必须蓄势而动，厚积薄发。

1. 初春，它悄悄地发芽，从不与百花争艳，从不在春风醉人的季节里过早地展露花枝招展的外衣。

2. 外表看来它就是草芥中的草芥，只有走近它，细细地品味，才知道它散发着与草芥不同的气息。

3. 它只是默默无闻地、努力地生长着，长好了茎叶，长好了身体，等待着秋风起，昂首怒放，花香四溢。

示例三：表达内心彷徨需要重燃斗志。

千年以前，夕阳西下的深秋，西风凛冽的古道旁，那个落第秀才黄巢，策马古道内心彷徨之际，忽然阵阵野菊花的幽香扑鼻而来，猛然间激发了他的豪情壮志："待到秋来九月八，我花开后百花杀。冲天香阵透长安，满城尽带黄金甲！"几年后揭竿而起，把偌大的唐王朝搅得天翻地覆。

示例四：借由草木关情表达对中国传统文化的热爱与陶醉。

1. 在古代文人的笔下，它有时是雅致之花。大才女易安居士婚后写给丈夫，曾对菊浅斟低唱："东篱把酒黄昏后，有暗香盈袖"，此时的菊，清新可人，雅致深情。

2. 在古代文人的笔下，它有时是悲情之花。靖康之变后，国破，家亡，夫死。这时看见那些菊花，才发觉花儿也已憔悴不堪，落红满地。独对着孤雁残菊，更感凄凉，连时间也觉得开始变慢起来。"满地黄花堆积。憔悴损，如今有谁堪摘？守着窗儿，独自怎生得黑？"此时的菊，沉郁凄婉，已然承载易安居士的半世悲情了。

示例五：表达心中无聊情绪低落消极倦怠，需要重新绽放活力。

它盛开在沸腾的茶水中：

一股暖流/冲进/干涸的心扉/沸水中/尽力舒展/僵枯的四肢/她/再一次/尽力绽放/赏心悦目的/美丽。

示例六：表达深感前路黯淡渺茫需要一场苦痛挣扎完成蜕变。

立冬之后，风霜雪雨，野菊花鲜艳的色彩逐渐黯淡下来。它义无反顾地融入大地的虚怀，等待中的一场野火，把腐朽的旧皮囊在"噼啪"中化为灰烬。

涅槃的根在坚硬的石缝或者如石的冻土中潜滋暗长，有些许已经迫不及待地破土而出，那毛茸茸的小耳朵，仿佛等待倾听春雷隆隆的声音，等待下一个春的来临，等待下一个秋的金黄。

7 号素材：倾听草木的声音/中考阅读文本

策略：《倾听草木的声音》是 2018 年江苏省南充市中考阅读文本。文章描写如何读三月草木的语言，语言优美灵动。借鉴笔法，调整情境，引用精华，转为备用素材。

示例一：表达身心与自然融为一体，心清如洗，灵魂得到净化的感觉。

1. 一个人，走遍院子的每一个角落，安静极了。听得见阳光落地的声音。浴在蓝色的光里，某些无可名状的情绪被洗净，身体与灵魂如水一样清透。

2. 轻轻踏在大地上，一步一步，踏稳了走，放慢了走。每一棵草木都在春阳中舒缓呼吸。行走草木间，总能看见自己的灵魂，干干净净。

3. 小时候盼望长成一棵树，长大才明白。人不能成为树不是因为不能像树一样高大，而是缺失树干净、坚守、温暖的灵魂。所以，先得学着好好做人，而后，学着做一棵向着阳光的树。

4. 夕阳从城市的高楼缝儿洒进来，院子沐浴在柔和宁静的光里，这光紧紧地包裹着院子的安宁与吉祥，外物难侵。

示例二：表现春天里的各种自然生命的美，表达与大自然同呼吸共生长的心声。

白玉兰：

1. 小院花欲燃，"燃"不单是梅的艳红，更是一种奔放热烈的开放姿态。白玉兰也在燃，花瓣舒展，花香浓烈，开得奔放，落得决绝。

2. 屈子"朝饮木兰之坠露兮，夕餐菊之落英"，以兰菊喻屈子高洁，是玉兰花之幸；"已向丹霞生浅晕，故将清露作芳尘"，玉兰花向晚霞借来淡紫红色，又带着清露堕入泥土，更兼具大雅大俗之美。

垂柳：

荷塘水畔的两株垂柳，嫩黄的颜色，已泛出春暖的绿，像正在成长的青少年。每一日都在变化，柳烟、柳色、嫩黄、嫩绿、黄绿，而今，已是蓬蓬勃勃的绿了。

鸟儿：

等着夏天来了，荷花会开，竹子也会青。鸟儿也不甘寂寞。它们在你看得见、看不见的地方鸣叫，叫出三月的小欢喜。

总写：

这是一个相生共荣的院子，花树、鸟鸣、沉默的大师们。这是小院的福气，更是我可以安居在小院的福气。我愿自己也是这里的草木，生长在三月的土地上，每天发出一节一节上拔的声音。哪怕一点点，一点点。

8 号素材：片片蝶衣生/中考阅读文本

策略：《片片蝶衣生》是 2018 年天津市中考阅读文本。深度阅读，链接生活，梳理出运用方向。

示例一：若写文章表达心灵对静美和安宁的渴望，通常需要在文首先做反面铺垫。

那日闲暇，独自一人到鼓浪屿游走。挨挨挤挤的游客们，成群结队涌向琴岛。耳畔不是那些错乱的碎步之音，便是天南海北的吆喝声。我在嘈杂之中，内心焦躁而又不安。

示例二：描写闽南地带皆有生长的蓝蝴蝶花，借鉴其中对色、状、态、香、动感的描绘。

它们的四片花瓣成对绽开，恰如一群翩翩起舞的蓝蝴蝶，生动，活泼。微风拂来，它们的翅膀随风颤动，飘来幽幽的香气，沁人心脾。微风吹动蓝色的花朵，花朵起伏，与那身披蓝衫的蝴蝶别无两样。

示例三：描写自然万物而能写得清新灵动，怎么做到？借鉴笔法。如以下 1 段，化物为人，细细描摹，就有了"情"；如 2 段，联想古诗与古人，就有了"韵"；如 3 段，此花与群芳对比，美出自己的特色，就不落"俗"；如 4 段，由物及人，紧逼现实，花性寓人性，就有了"理"。

1. 在这个微寒的南国之冬，这蝴蝶花，静守一处，花非花，蝶非蝶，宛若一群蝴蝶仙子，着一身微蓝的薄衫，是那样的惹人怜惜！

2. 我在这片蓝色的花海中徘徊，想起杜甫那首《江畔独步寻花》，想起眷恋芬芳的花间彩蝶，想起自由自在的欢啼黄莺。杜甫在饱经离乱之后，择一西郊草堂为安身之所，他在春暖花开时节，独自在江畔散步赏花，不正是源于他对生活的知足与热爱吗？

3. 眼前的这片蝴蝶花，生在鼓浪屿这片少人踏足的草地上，将点点微蓝开放在绿丛中。它们没有娇艳灿烂的三角梅那般耀眼夺目，也没有悬挂在枝头的曼陀罗那般高高在上，不似红粉的合欢那般寓意高雅，更不像月季那般千娇百媚。它们生来便如蝴蝶一般，长在花丛里，飞在绿叶间，在湿润的草地上，片片蝶衣生。

4. 我常常想，这世间的花不也和寻常的人一样吗？人有人性，花有花性。有的人生来不甘，总不愿栖息于荒芜之地，纵有迁徙，也难逃"枯萎"的命运；有的人知足惜福，不攀不比，即便生长在乡野间，也是一身正气。好比这蓝蝴蝶，它形貌小巧，生长于潮湿的山坡草地之中。它不俗不媚，凭一身高洁之色来示人，在一片淡然的幽香之中静默绽放。

9 号素材：《面朝大海 春暖花开》/链接歌词《春暖花开》

海子的《面朝大海 春暖花开》这首诗，可以关联起立意相似的歌词文本，用来表达对明天、未来、新生、梦想等的期待和愿景。

诗句：

1. 从明天起，做一个幸福的人/喂马、劈柴，周游世界/从明天起，关心粮食和蔬菜/我有一所房子，面朝大海，春暖花开。

从明天起，和每一个亲人通信/告诉他们我的幸福/那幸福的闪电告诉我的/

我将告诉每一个人

　　给每一条河每一座山取一个温暖的名字/陌生人，我也为你祝福/愿你有一个灿烂的前程/愿你有情人终成眷属/愿你在尘世间获得幸福/我只愿面朝大海，春暖花开

　　2. 那英《春暖花开》

　　如果你渴求一滴水/我愿意倾其一片海/如果你要摘一片红叶/我给你整个枫林和云彩/如果你要一个微笑/我敞开火热的胸怀/如果你需要有人同行/我陪你走到未来

　　春暖花开/这是我的世界/生命如水/有时平静 有时澎湃/穿越阴霾/阳光洒满你窗台/其实幸福/一直与我们同在/我的世界春暖花开

　　策略："引用精华"并不是简单粗暴地照抄原句。以深度阅读为基础，海子这首诗有一个由己及身边及亲人及万物及陌生人的递进的过程，要在理解的基础上去引用；那英的这首歌词，上阕强调的是愿意奉献爱，下阕强调的是因为付出爱而相信爱，相信春暖花开。理解词意的不同，才能对应不同的写作情境去选择与运用。

　　示例一：用在文章开篇。

　　1. 在这个万物复苏、春暖花开的季节里，我们告别了寒假生活，随即迎来的是新学期，新的挑战，我们将努力奋斗在初中生活的最后一个学期里，在这春暖花开、草长莺飞的季节里，尽自己最在努力，冲刺中考！奔赴明天的辉煌！

　　2. 当新的一年到来，我站在时间的交界点上，遥望六月的中考。我第一次，萌发了一份深深的期待，期待我能用奋斗，去书写一段不平凡的岁月。让我在人生的转折点上，迎来一次生命的春暖花开。

　　3. 曾经的我，一谈起学习，心就仿佛坠入寒冬，上面满是积雪覆盖。而今的我，一捧起书本，就如春风拂面，豪情满怀，整个世界春暖花开。

　　示例二：融入故事情节。

　　"春儿，春儿……"同桌花儿开始剧烈摇晃我的手臂。

　　"有事？"

　　"放学后一起去喝热奶茶好吗？"

　　"不去。"简洁的否定后，我又开始将精力全部集中，埋头于那一堆数学练习题中。尽管我看不懂那些疑难杂题，可还是不得已想倾尽"洪荒之力"开动大脑将它们一道道解开……

我用眼角顺势瞟了一眼身旁的花儿。她是"阳光型"的女孩。活泼、开朗、乐观、自信。总之所有积极情绪在她身上都表现出来了。至于我，就像很多人说的那样，我是忧郁与悲伤的共存体。而夏日炎炎始终跟寒冷冬日不太匹配，正如她说过她喜欢温暖的春天，而我则喜欢萧瑟的冬天。春天与冬天根本就是两个极点。

"春儿，给你。"花儿将一幅精美的图画交给我。画里草地上各色花朵肆意开放，右上角用行楷写着"春暖花开"。"什么？"很显然，我不了解她的含义。"这可是专程送你的，你不会浪费我的一番苦心吧。"

原来这份苦心是为了让我的生日远离忧郁，春暖花开。如果说我和花儿的关系有所改善的话，那便是从那个午后开始的。于是，我的世界便出现了一个叫"花儿"的女孩，她为我带来了整个春天。

看，花儿开了，整个春天都暖了呢。

示例三：用在文末点题。

我们母子俩披着同一件雨衣，骑着一辆摩托车出发。妈妈吃力地蹬着，不时回头问我："淋着了吗？把雨衣往下拽拽，盖住脚，别淋湿了鞋子。""知道了。"我有些不耐烦。妈妈试图扭过头看看我的脚淋着没有，可是雨衣挡住视线，她怕不安全，不敢朝后看了。

到了离学校近一百米的地方，我让妈妈停下，妈妈先撑开伞，递给我，又从我身上扒下雨衣，催促我赶快迈到高一点的地方，怕我湿了鞋，上课时被水泡着脚。我打着伞走到校门口时，回头看了眼，只见穿着雨衣的妈妈还站在大雨中，她的脚就淹在雨水里。她朝我挥手，意思是让我快进学校去。我看见妈妈的头发已经湿得贴在脸上，我心里一酸，扭头进了学校，我仿佛看到妈妈调转车子，那个小蓝点消失在茫茫雨幕中。

放学后，雨停了，风却更冷了。妈妈仍然来接我。寒风里，就这样靠在妈妈的背上。

闭上眼，仿若听到那英温暖的歌声穿空而来：如果你想要一滴水/我愿意倾其一片海/如果你想摘一片红叶/我给你整个枫林和云彩

就这样靠在妈妈的背上。我知道，春暖花开，就是我的世界。我的春天已不再遥远。

10 号素材：歌词《蜗牛》

策略：《蜗牛》的歌词温暖励志，引用精华，链接生活，调整情境，转为多

个备用素材。

歌词：

该不该搁下重重的壳/寻找到底哪里有蓝天/随着轻轻的风轻轻的飘/历经的伤都不感觉疼/我要一步一步往上爬/等待阳光静静看着它的脸/小小的天 有大大的梦想/重重的壳裹着轻轻的仰望/我要一步一步往上爬/在最高点乘着叶片往前飞/小小的天/留过的泪和汗/总有一天我有属于我的天/我要一步一步往上爬/在最高点乘着叶片往前飞/任风吹干留过的泪和汗/总有一天我有属于我的天

示例一：表达在逆境中、压力下挣扎、彷徨又坚忍。

该不该搁下重重的壳/寻找到底哪里有蓝天/随着轻轻的风轻轻地飘/历经的伤都不感觉疼

示例二：表达弱者在逆境中、压力下负重前行却依然心怀梦想。

我要一步一步往上爬/等待阳光静静看着它的脸/小小的天有大大的梦想/重重的壳裹着轻轻地仰望/我要一步一步往上爬/在最高点乘着叶片往前飞/任风吹干流过的泪和汗/总有一天我有属于我的天

示例三：讲述自己负重前行的励志故事。

重重的壳，轻轻地仰望

我仿佛是一只蜗牛，背着重重的壳，一步一步向上爬行在通向重点高中的山上。只是每每抬头仰望，总看不见山的顶端，看不见属于我的蓝天。

迷惘的时候，一次次地问自己：该不该搁下重重的壳，寻找属于我的那一片蓝天？

初三第一次月考，我一路披荆斩棘，好不容易杀到年段第 25 名，尽管不是很优异，我却挺欣慰。初一那年，我总在年段百名之外；初二那年，我在五十名的门口徘徊；而现在，我终于爬过山腰，接近山顶，山顶那扇象征着成功的大门好像正等着我对它呼唤：芝麻开门！那时，我的梦想就实现了！

就这样满心欢喜地回到家。没想到，一进家门，迎接我的，照例是"革命尚未成功，同志还须努力"的现实教育。"年段第一是几分？你看看，虽然有进步，但还差了别人家孩子 20 多分啊！"妈妈的口气里不无遗憾。

"你别高兴得太早，照这个成绩，上一中还很危险！"爸爸则一脸紧张。

"小 A 语文 135 分，一直就没下过 130 分。再看看你，怎么还是不稳定？要好好想办法！"

"可是，这次我数学考得不错啊！别人都退步了，我可是遥遥领先！"我很不服气。

"数学？我正要提醒你，你要小心最后一题压轴题，自己做个专门训练，这次做对不等于下次也能做对！"

"……"

我终于无语了。

闷闷地回屋呆坐床沿，只觉得后背上沉沉地压着什么东西，重地让我无法呼吸：为什么，为什么我拼尽全力一步一步向上爬，明明接近了山顶，被父母这么一说，却又好像离得更远了？那扇梦想的大门，还会等待我去开启吗？我要不要搁下这重重的壳，坚定地寻找属于我的那一片蓝天？

抬起头，目光落在对墙上贴着的各种奖状上。这是我的荣誉墙。一张张看过去，眼光就落在了那三张并排着的奖状上。从初一到初三的跳高奖状，名次依次是"第二名""第二名""第一名"。

我清晰地记得，跳高第一，那曾是我的梦想。初一学年我得第二，但我坚信只要发挥稳定，我能得第一，于是我告诉自己来年再拼；初二学年，我发挥稳定，实力提高，但我还是第二，因为跳高的难度增加了，但这反而激发了我的勇气和斗志，我下定决心来年还要挑战第一！初三，我又站在赛场上，是永远屈居第二，还是勇夺第一？我没停止过努力，没放下过信念，我终于得到了第一！

原来，赛场上的我曾经在不断加大的难度面前，坚守信念、勇于挑战，一年年不懈地努力，那么学习赛场上的我，为什么不能做到呢？父母说得没错，越接近山顶，意味着成功的难度越大，就不能躺在进步的成绩单上心满意足，停下挑战成功的脚步。良言逆耳，我何不把父母的担忧和质疑，化做攀登的动力，激发勇气和斗志，向着山顶的目标做最后一搏呢？

我要一步一步往上爬/等待阳光静静看着它的脸/小小的天有大大的梦想/重重的壳裹着轻轻地仰望。

每次想起周董的这首歌，心中便燃起奋斗的激情。虽然此时的我，依然背负沉重的压力，面临更艰难的挑战，但我将更坚定地仰望着，一步一步，爬上山顶，拥抱属于我的阳光，我的那一片蓝天。

策略说明：借鉴歌词笔法，将歌词化为自己负重前行的励志故事。一、紧扣歌词关键词"重重地壳""轻轻地仰望"；二、动词配套：背、重、爬、压着、搁下、接近、拥抱等；三、心理描写聚焦：迷惘、苦闷、坚定、激情、信念，详写怀疑自己是否失去挑战困难的勇气，是否失去对信念的坚持。

第三讲　备用素材化为写作内容

一、待升格文例解与评析

作文题：

林清玄说过："人不是向外奔走才是旅行，静静坐着思维也是旅行，凡是探索、追寻、触及那些不可知的情境，不论是风土，或是心灵，都是一种旅行。以"这也是旅行"为题，写一篇记叙文或议论文。

析题：

命题有四个要点：

1. "向外奔走"与"静坐思维"都是旅行。其中，"思维的旅行"因其"内在、隐性"的特点可能被忽略，用"也"字提出关注。

2. 凡探寻"不可知"的情境，都是旅行。"不可知"并非完全不知，可以包含：无知到初步感知、微知到进一步认知、已知到深知。"情境"二字，与情感认知有关的场景均可。这是"旅行"的价值。

3. "无论风土""心灵"，都是旅行。但这两种旅行前面有限制和界定，与"风土"有关的旅行和与"心灵"有关的旅行，目标或结果都指向"探寻不可知的情境"。

4. 要求以"这也是旅行"为题，"也"字隐含的意思是这种旅行不是指一般意义上的到某个地方去游玩，更多的是指心灵的旅行；即使是处出奔走的旅行，也要突出某种思考领悟和心灵成长的过程。

待升格文：

这也是旅行

①临近腊月，寒意逼人，鸟儿们已耐不住北方的刺骨寒风，纷纷成群地结伴往南方迁移，它们在路上，而我，却停在了原地……

②伴着铃响，同学们都像重生了一般涌出教室，而我却仿佛被书本抽光了最后一丝力气，繁重的初三生活让我喘息不得啊！我想放弃了，放弃努力，放弃挣扎，做一个不学无术、可以整天嬉乐的学生，那是多么乐得其所呀！

③走在去食堂的林荫小道上，那来自北言的寒风就如同凶恶的老巫婆一样要把我仅存的温暖吃干抹尽。孤独更让我深感凉意。此刻，雨后泥土散发出的缕缕幽香对我而言也是一股恶臭。猛然间，我听到了一曲自然的交响乐章，我不禁滞住了脚步，是惊喜吗？不错，太意外了，不止是意外，仿佛还有一种神奇的力量在我的身上凝聚，我闻声望去——四五棵不知名的大树后竟孕育着几十只森林音乐家——可爱的鸟儿啊，我像是穿过沙漠的旅人见到泉水一般，我欣喜若狂。

④这不平凡的鸟群中有着一只更不平凡的鸟儿，我们且称它为"小黑"吧——它长着一身乌黑的羽毛，腹部的小片白色羽毛显得格外醒目。它那浑圆透亮的眼睛搭配上那一张红色的小嘴儿，简直惹人怜爱。但不幸的是，这可怜的小家伙竟折了一条腿！我忍不住为它痛心。我停留了片刻，在我转身准备离开之时，这群鸟儿们也打算结伴而走了。它们的领头鸟飞在前端，其余则成扇形散开，队伍的最后，是断了一条腿的小黑。它努力挥舞着双翅，跟上大队伍。

⑤望着小黑远去的背影，我的视线一点点地模糊了，我似乎明白了什么。一只断腿的小鸟能在万般艰辛下不止地前进，那我呢？我怎么可以轻言放弃？稍做休息吧，然后继续上路。

⑥我的心似乎随着小黑在进行它的旅行，不停息地旅行，领略这大好河山，领略不同的心境，我一直在路上。

析文：

此文讲述因初三学习压力大想放弃，偶从"自然界"得到感悟（一只断翅的鸟儿坚持飞翔）而继续前行的故事。"面对压力，是放弃还是前行"，对这个问题的认知完成了一定程度的"探寻"。合乎题意，中规中矩。

但存在以下问题。

1. 逆转按一类套路出牌

"从自然中感悟"引发的情节逆转，常见套路有遇见团结的蚂蚁、结网的蜘蛛、顽强的小草、断翅的鸟儿、破茧的蝴蝶等。此文不能免俗。

2. 以"应酬模式"构思与行文

作文通过"表达"来交流思想和情感。正如人与人的交往，如果一开始启动的就是"应酬"模式，那么交际场上的表达就多了假话、套话、泛话、浅话。而作文却需要"真情、真心、真切"甚至"掏心掏肺"，才能达到使读者"走心""共鸣"的效果。

此文，假、套、泛、浅的话有：

（1）第①段，心情不佳时，必标配"寒冬腊月""寒风阵阵"；冬天一来，必标配"有鸟儿南飞迁移"。这是套话。

（2）第②段，写初三了我不得"喘息"想放弃。这是"大众化"的普遍体验，个人的"喘息感"具体来自什么？程度如何？表现在哪里？没写。这是泛话。

（3）第③④⑤段，写我在林荫道上遇到群鸟。

校园的林荫道上会有几十只鸟？须知当时是下课去食堂的路上，人来人往之时，就算真有那么多鸟儿，鸟群不怕人群的？

鸟儿既在"大树"上，那对"小黑"的外貌如何能看得那么仔细？

鸟群飞走时有领头鸟还排成扇形飞，这是什么鸟？大雁吗？可是"小黑"却有红色的小嘴啊！还有，如果是大雁，会在校园飞吗？

鸟儿飞了，我的视线模糊了。意思是作者哭了吗？是真的哭了吗？就算是真的，怎么还是觉得像是假的？等等。这是假话。

（4）第⑤⑥段，虽然表达从"断翅的鸟儿"身上我明白了不要放弃的道理，虽然点题"我的心在旅行"，但是，这个结尾点题段说的也是"大众化"的道理，没什么特别，令人一眼就望到头，少了"味道"，太淡，太浅。

修改升格方案：

1. 撤掉"断翅的鸟儿坚持飞翔"的"套路"段，从1号到10号阅读素材中选用适当的备用素材进入作文。

2. 将所有"俗、假、泛、浅"的词句删除或替换，从1号到10号阅读素材中选用适当的备用素材进入作文。

3. 引群文文本3号素材——史铁生《我与地坛》、6号素材《野菊花之恋》入文。

4. 运用"穿梭化用"策略，"拼接化用"策略。

二、化用素材修改与升格

升格文：

这也是旅行

临近腊月，即便是南方，寒意也渐逼人。教室、食堂、宿舍，这一段"七"字形的路，我一路走，走在泛黄的草地中间的石径上，大理石也透着寒意；走过不时飘落几片枯叶的榕树下，风也透着寒意；走到期末将至的时候，突然间，发现一场又一场考试也如这寒意一样咄咄逼近了！

这是初三的一段旅途。我正举步维艰。

　　修改说明：1. 删去原文"鸟儿成群结伴南飞"的俗假内容，突出描写在校园行走感受"寒意"的逼近。景物要合乎校园的、南方的季节特征，才能营造真切感。2. 题目是"旅行"，那么在校园每日往返的路就是初三这一段生活的"旅程"，是实写的"路"，也是初三特定阶段的心灵之"路"，以此点题。3. 下文要化用素材《我与地坛》入文，这里先作情境的铺垫。

　　伴着铃响，我初三的"战友们"都像重生了一般涌出教室，而我却仿佛被书本抽光了最后一丝力气，被人群带出了门。头重重的，背重重的，脚步却是虚浮的，轻飘乏力的。作业和考试一直都有，但成绩起起落落，似乎永远没有突破的那一天。繁重的初三生活早已让我喘息不得！我好想放弃，放弃努力，放弃挣扎，做一个不学无术、可以整天嬉乐的学生，那种放纵的感觉简直充满诱惑！

　　这样的念头一次次地冒出来。当我草草吃完饭从食堂出来时，不想马上去教室自习了，就在校园漫无目的地走。

　　修改说明：1. 强化我心情沉重的细节描写；2. 交代我"喘息"的具体原因，是"成绩起起落落，没有突破"；3. 把所有心理活动都放在"这条路"上，成为我心路历程的一部分，也将以"路"为线索贯穿全文；4. 时间改为饭后在校园走走，有利于展开心灵旅行。若如原文放在下课后去食堂吃饭路上，则应该是匆忙的，还能细细观看校园风景，就不现实。

　　其实，放纵的念头一旦滋生，一种负罪感马上尾随而来，何去何从？只觉心里一团乱，一团纠结，裹着我的脚步缓慢前行。我好想获得内心的清明与宁静。可是我知道，没有人能帮到我。

　　依然穿过泛黄的草地中间冰冷的石径走，来到操场的台阶前。偌大的操场，仿佛为一个失魂落魄的人把一切都准备好了。暮色渐沉，太阳循着亘古不变的路途正变成夕阳，它用残存的光安抚着空旷的操场。在弥漫的沉静光芒中，一个人更容易看到时间，并看见自己的身影。我想去操场走走，去默坐，去呆想，去推开耳边的嘈杂理一理纷乱的思绪，去窥看自己的心魂。

　　这一个冬天，校园操场被不能理解它的人淡漠地走过，幸好有些东西是经得住你坚贞地凝视的：譬如渐沉远山后的落日，寂静的残辉照到的一片，地上的每一寸在寒气里挣扎的草木都被映照得分明；譬如那在暮色中苍黑了的大榕树，你忧郁的时候它们镇静地站在那儿，你欣喜的时候它们依然镇静地站在那儿；譬如北风忽至，便有落叶或枯草或飘摇歌舞或坦然安卧，操场中播散着熨帖而微苦的味道……

于是我想起为了考试反复背诵的诗："沉舟侧畔千帆过，病树前头万木春"，还有那句"海日生残夜，江春入旧年"，再次咀嚼，沉舟虽停，有千帆竞过。老树虽病，有万木蓬勃；残夜消退，有海日东升。旧年逝去，有江露春意。

眼前的太阳，已然落山，只留下黑暗。史铁生在《我与地坛》里这样写太阳："他每时每刻都是夕阳也都是旭日。当他熄灭着走下山去收尽苍凉残照之际，正是他在另一面燃烧着爬上山巅布散烈烈朝辉之时。"

我瞬间自解。原来眼前的挣扎与黑暗，都是正常的！若你只见眼前黑暗，那你只能茫然不知所往；若你能想到，有太阳，所以有黑暗；有梦想，所以才会如此彷徨！那么你何必纠结，又何须自恼？走下去，走过去，就是了。

修改说明：将原文③④⑤段烂俗的桥段删掉，化用 3 号素材《我与地坛》入文。

运用"穿梭化用"策略，将来自同一文本（《我与地坛》）的备用素材，穿梭于情节推进的三个节点（暮色渐沉我进操场；夕阳残照令我沉思；太阳落山黑夜降临我瞬间自解）中，表达从挣扎纠结到感悟自解一段心路历程. 以上描写内容的变化须合乎从黄昏到日落的时间变化过程。

来到操场，独对残阳夕照，我完成了一场心灵和思维的旅行，一个原来不可知的世界在我眼前打开，我想通了，想明了。心清了，心静了。这个冬天依然寒意逼人，可是我不再举步维艰。

回到教室，就读之前，我捻一朵干菊花入杯，就着饮水机冲入热水，看菊花盛开在沸腾的茶水中：

一股暖流/冲进/干涸的心扉/沸水中/尽力舒展/僵枯的四肢/她/再一次/尽力绽放/赏心悦目的/美丽。

修改说明：将原文泛泛地点题删掉。1. "创造一个句段，将素材关键词（关于残阳下的操场的思考）、题目关键词（心灵的旅行）、故事情节特征词（冬于的寒意，举步维艰的现实）三合一"，深度点题。2. 化用 6 号素材入文，诗意表达感悟后的美丽新世界。

三、策略运用与升格训练

1. 以待升格文《这也是旅行》为例，若选用课内文本备用素材入文，将选用哪个素材？运用哪些策略？怎样修改升格？

2. 以待升格文《这也是旅行》为例，若选用群文文本备用素材入文，将选用哪个素材？运用哪些策略？怎样修改升格？

3. 若选用多个素材、或者自己积累的个性素材入文，将选用哪些素材？运用哪些策略？怎样修改升格？

（可片段训练，亦可成文）

第二章

成长记忆

选材依据：收录来自课内文本与群文文本的与成长记忆有关的亲人、朋友、师长、凡人的故事，或者关于故乡、读书生活、励志话语等的记录与回忆的文本。

第一讲　课内文本转为备用素材

1 号素材：《秋天的怀念》／七上第二单元

策略：《秋天的怀念》里有许多蕴含丰富情感的语句。如果转为备用素材，难点在于，大多数人没有史铁生特殊的人生经历，且文中的描写有特定的地点特定的时代。所以，采用"链接生活"与"调整情境"策略，唤醒素材。

原文片段：

双腿瘫痪后，我的脾气变得暴躁无常。望着天上北归的雁阵，我会突然把面前的玻璃砸碎；听着听着李谷一甜美的歌声，我会猛地把手边的东西摔向四周的墙壁。母亲就悄悄地躲出去，在我看不见的地方偷偷地听着我的动静。当一切恢复沉寂，她又悄悄地进来，眼边红红地看着我。"听说北海的花儿都开了，我推着你去走走。"

示例：将史铁生的经历置换成中学生可能有的生活情境，比如遭遇学习之困。

期中考后，我的脾气变得暴躁无常。语文成绩上来了，数学成绩又下去了，英语成绩记法无法完成 145 分的突破！不稳定的成绩，就如我不稳定的心情，我心里总有一腔的无名火，不知要向何处发泄。

望着电视机屏幕跳跃无常的画面，我会突然把手中的遥控器"啪"一声摔在地上；听着听着"加油少年"组合《青春修炼手册》炫酷的歌声，我会猛地把耳麦扯下来摔向书桌四周的墙壁。爸爸这时就悄悄地躲出去，在我看不见的地方偷偷地听着我的动静。当一切恢复沉寂，他又悄悄地进来，用近乎恳求的目光地看着我。"××公园那儿今晚灯光很美，我陪你去那儿的木栈道走走。"

策略说明：首先，调整运用方向，将史铁生的经历调整成中学生可能有的生活情境，比如遭遇学习困境时强烈反应。其次，为新的情境增补过渡句，形成第一段的铺垫。最后，根据需要合情合理地删改词句。改造素材原则：紧扣身份特征、年龄特征、时代特征。

2号素材：《散步》/七上第二单元

策略：《散步》一文的精华，是平淡细小的故事，朴实诗意的语言却蕴含丰富深刻的内涵。摹仿这样的风格，采用"借鉴主题"策略，可以仿写另一个家人出行感受温情的故事。

示例：

下楼

策略说明：标题借鉴"散步"，体现于平淡生活小事中寓深情的特点。

"出发了，去吃饭。"傍晚，父亲招呼着我。我们一家准备到小区门口的一家饭店吃饭。很快，我和母亲都穿好了鞋走出门。

父亲最后一个出门，他很快将门关好，然后迅速上前，搀住在最前头但行走不方便的母亲，（母亲因脚伤动过手术）开始下楼。楼梯很窄，我只能尾随其后。

母亲下楼梯和正常人不一样，只能左脚下一级，右脚跟着下一级，这样两步一级台阶地下。但父亲很耐心地扶着母亲，两人的步伐很有节奏，始终保持一致。我则是在后面一步一台阶地走，但速度只能放慢。

策略说明：借鉴原文对"母亲"又熬过一个严冬的背景交代。

我时常看过父母这样子一起出门。然而今天忽然有种不同的感觉。但我没说什么，只是静静地在后面跟着、看着。

很快，父亲似乎察觉到在后面缓步的我的不习惯，他转过头说："要不你先走前面吧。"

我一愣，但马上回答："不用，我不急。"

策略说明：借鉴原文关于"走大路"还是"走小路"的情节，以"走前面"还是"走后面"的角度体现家人间的关心。

五层楼的楼梯，这时候只下到了第四层。无聊之时，我开始也学着母亲，两步一级台阶地走。望着并不长的阶梯，我却觉得，这样子行走慢了很多。果然，走了没多久，走路一向大步流星的我开始有些不适应了。

母亲似乎知道跟在后面的我慢走得辛苦。笑着说："我的脚弯不了，要是像你那样能蹦能跳就好了。"

我听得出话语的无奈。同时，也让我想起了我时常在球场上不知疲倦满场飞奔的样子。原来，在健康快乐的日子里，我们总是忽略了还有一类人，像我母亲一样的一类人，时时在承受着伤病带来的折磨。

策略说明：借鉴原文关于走大路还是走小路内心纠结的心理描写，此处也从"换位思考"的角度展开心理描写。

心情也随着步伐开始沉重。但我没有更换脚步。我一直像母亲那样，两步一级慢慢走着。我能感觉到，母亲的步伐沉重缓慢。但，几十年来，她一直是这么跌跌撞撞走过。而后，父亲开始和母亲说笑着。我依然在后面走着，看着，听着。母亲似乎早已习惯了行走的感觉，父亲也始终耐心地陪着母亲缓缓向前。

窄小的楼梯原本很安静。现在，多了我们轻轻踱步的有节奏的声响，以及父母的谈笑。

望着墙壁上挂着二楼的标记，快到楼下了。

时间就这么稍纵即逝。父亲推开楼梯口的门，让母亲走了出去。我飞快地迈了一步，紧跟着出了楼梯。

这样，我们就在阳光下，向着不远处的小区大门走去。我们一家三人，慢慢地、稳稳地，走得很仔细，父母并排在前，我在后，好像圈成了一个倒三角形，这个倒三角形，稳稳地、坚实地圈成了一个世界。

策略说明：借鉴原文末段的点题句，再运用"调整情境之删改词句"策略，形成本文的一个点题段。

3 号素材：《从百草园到三味书屋》／七上第三单元

策略：《从百草园到三味书屋》是一篇描写幼年往事的优美回忆性散文。作者以如诗的笔触描绘了一个妙趣横生的童心世界。其中描写百草园"不必说……不必说……单是……"的句式，成为老师们训练学生仿写的好题材（从某个角度上说，"仿写"也是"调整情境"的一种类型）。仔细研读此片段，会发现除了语言之美外，其精华之处是把一个长满野草的荒园写得有声有色趣味盎然。这需要一颗童心、一份好奇心、一双发现美的眼睛。如果链接当下中学生的生活，不仅要问，当下中学生的"乐园"在何处？心中的"童趣""好奇心"还有几何？这样一想，此片段就与当下现实就形成了强烈的对比。

原文片段一：

不必说碧绿的菜畦，光滑的石井栏，高大的皂荚树，紫红的桑葚；也不必说鸣蝉在树叶里长吟，肥胖的黄蜂伏在菜花上，轻捷的叫天子（云雀）忽然从草间直窜向云霄里去了。单是周围的短短的泥墙根一带，就有无限趣味。油蛉在这里低唱，蟋蟀们在这里弹琴。翻开断砖来，有时会遇见蜈蚣；还有斑蝥，倘若用手指按住它的脊梁，便会啪的一声，从后窍喷出一阵烟雾。何首乌藤和木莲藤缠络着，木莲有莲房一般的果实，何首乌有臃肿的根。有人说，何首乌根是有像人形的，吃了便可以成仙，我于是常常拔它起来，牵连不断地拔起来，也曾因此弄坏了泥墙，却从来没有见过有一块根像人样。如果不怕刺，还可以摘到覆盆子，像小珊瑚珠攒成的小球，又酸又甜，色味都比桑葚要好得远。

长的草里是不去的，因为相传这园里有一条很大的赤练蛇。

示例一："链接生活""调整情境""拓展组合"等策略，将此片段转为与现实对比的素材。

初中了，课时总是满的，作业总是做不完的，考试总是应接不暇的。从什么时候起，我们的心被一个叫作"中考"的家伙填满，心中的"乐园"在何处？

很羡慕鲁迅童年的乐园"百草园"。只是，那"碧绿的菜畦，光滑的石井栏，高大的皂荚树，紫红的桑葚"即使就在眼前，我们也熟视无睹，或无暇观看了吧？说什么"鸣蝉在树叶里长吟""油蛉在这里低唱""蟋蟀们在这里弹琴"，若是我们听见了，恐怕会觉得无比厌烦吧？青青的野草丛里，那"美女蛇"的故事，读来恐怖极了，又生动极了，正因为这样，百草园才可爱有趣极了。可如今，若是我们听到这样的故事，再也惊不起我们内心的波澜了吧？从什么时候起，我们看山是山，看水是水，看野草，那就是野草，那一份发现乐趣的心，去哪儿了？

百草园，其实只不过是长满了野草的荒园，却成了葆有童心和好奇的孩子们的乐园；

而我们身边公园处处，小区美景处处，校园草木处处，道旁花树处处，我们却还是找不到心中的乐园。这是为什么呢？

策略说明："链接生活"策略。经典美文里描写的人、事、景、物、情，都可以与当下现实进行"比照"。在比照中，才会发现相同，发现不同，从而产生疑问、联想、思考，从而得到新的发现，加深对生活、对社会、对人生的认识。

原文片段二：

三味书屋后面也有一个园，虽然小，但在那里也可以爬上花坛去折蜡梅花，在地上或桂花树上寻蝉蜕。最好的工作是捉了苍蝇喂蚂蚁，静悄悄地没有声音。然而同窗们到园里的太多，太久，可就不行了，先生在书房里便大叫起来："人都到那里去了！"

示例二：文章写到"三味书屋"这部分，学生们在小园里玩得"赖着不走"、被先生喊回受罚大声朗读一会儿又纷纷"搞小动作"的几个情节，都是极为熟悉亲切的学习场景。链接生活，调整情境，就可以表现当下校园生活严格压抑和活泼生动并存的一面，描写"课间十分钟"的有趣场景。

教学楼三楼的转角处有个平台，虽然小，可以容得下十来人聚在一起嬉闹。课间十分钟到了，如果要玩，跑下三楼再跑上来，时间上浪费了不少，显然不划算，所以这个小平台一下课就会拥过来三五几群。手机是"危险违禁品"，一律不准进校的，大家就堆在这个小平台上，斗嘴、互相怼、推推搡搡、八卦八卦，有时一个跑过来一个追出去，闹得起兴的时候，预备铃响了也听不到，或者听到了也假装没听到，就是舍不得回教室。可是没回教室的人太多，太久了，就不行了，就有各班班长从不同教室跑过来，冲着小平台上的人喊"快跑！×××老师喊你们！"

"去去去，你妈才喊你回家吃饭呢！"不知谁不服气地怼，于是大家笑着嚷着，一哄而散，各奔教室。

原文片段三：

人们便一个一个陆续走回去；一同回去，也不行的。他有一条戒尺，但是不常用，也有罚跪的规则，但也不常用，普通总不过瞪几眼，大声道：

"读书！"

于是大家放开喉咙读一阵书，真是人声鼎沸。有念"仁远乎哉我欲仁斯仁至矣"的，有念"笑人齿缺曰狗窦大开"的，有念"上九潜龙勿用"的，有念"厥土下上上错厥贡苞茅橘柚"的……先生自己也念书。后来，我们的声音便低下去，静下去了，只有他还大声朗读着：

"铁如意，指挥倜傥，一坐皆惊呢；金巨罗，颠倒淋漓噫，千杯未醉嗬……"

我疑心这是极好的文章，因为读到这里，他总是微笑起来，而且将头仰起，摇着，向后拗过去，拗过去。

示例三：描写"语文老师看早读"的有趣场景。

早读铃响。语文老师一进教室，就发布指令："上课选测昨天教的诗五首！默写！文学常识！含义主题！听清楚了没有？"又瞪全班一眼，大声道：

"读书！"

于是大家放开喉咙读一阵书，真是人声鼎沸。有念"白头搔更短，白头搔更短"的，有念"李贺！李贺！选自李贺诗歌集注"的，有念"我报我报我报路长嗟日暮"的，有念"边塞上将士的血迹在寒夜中凝为紫色凝为紫色"的……后来，我们的声音便低下去，静下去了，只听见一个声音还在高高地响：

"九万里风鹏正举。风休住，蓬舟吹取三山去！风休住……"

那同学许是背得太入神了，许是罚抄罚默太多次了今日"誓血前耻"，总之他背着背着，将头仰起，摇着，向后拗过去，拗过去。

就在"风休住"了这当时，他忽然意识到了什么，停下来，疑惑地张望。顿静十秒。

"哈哈哈……"十秒后，集体爆笑。

4号素材：《再塑生命的人》/七上第三单元

策略：读《再塑生命的人》，我们会很感动。海伦·凯勒独特的人生经历和莎莉文老师独特的教育艺术，难以嫁接到大多数中学生的生活经历中去。但文中多次生动形象地描写到智力、精神从懵懂、迷惘到被开蒙的瞬间感受，运用"引用精华""调整情境"之策转为素材，可以弥补学生这一方面表达的不足。

示例一：表达顿悟前在黑暗迷茫中前行的感受。

朋友，你可曾在茫茫大雾中航行过？在雾中神情紧张地驾驶着一条大船，小心翼翼地缓慢地向对岸驶去，你的心怦怦直跳，唯恐意外发生。曾经有一段日子，我正像大雾中的航船，既没有指南针也没有探测仪，无从知道海港已经临近。

示例二：表达顿悟时瞬间的感受。

突然间，我恍然大悟，有一种神奇的感觉在我脑中激荡，我一下子理解了英语语法的奥秘了，就如同大脑中流过一种清凉而奇妙的东西，唤醒了我的灵魂，并给予我光明、希望、快乐和自由。

原文片段：

那一天，我学会了不少词，譬如"父亲"（father）、"母亲"（mother）、"妹妹"（sister）、"老师"（teacher）等。这些词使整个世界在我面前变得花团锦簇，美不胜收。记得那个美好的夜晚，我独自躺在床上，心中充满了喜悦，企盼着新的一天快些来到。啊！世界上还有比我更幸福的孩子吗？

示例三：以上片段，可置换为表达通过深度阅读、换位思考而有新发现的感受。

有一个道理，是我在某一刻顿悟到的。那就是，求知的渴望居然能够带给人巨大的幸福感。这里的"人"，无论贵贱，不分种族，更无关健全与否。如果有上帝，那么这时候，上帝是公平的。

那节语文课，本没什么特别，老师让我们全班齐声朗读《再塑生命的人》的几个段落。

读着读着，我们读到了海伦·凯勒第一次明白了"水"的含义后，世界开始丰富起来，她又学会了"父亲"（father）、"母亲"（mother）、"妹妹"（sister）、"老师"（teacher）等词的含义。

这时，我们朗读到这一句：

"整个世界在我面前变得花团锦簇，美不胜收。记得那个美好的夜晚，我独自躺在床上，心中充满了喜悦，企盼着新的一天快些来到。啊！世界上还有比我更幸福的孩子吗？"

我记得读到这里时，我的心"叮"地悸动了一下。来不及细想，和同学一起把文章读完。

夜里，为了完成日记，我想起了白天心悸动的那一刻。

我再次翻书看。这一看，我有了重大的发现。

海伦·凯勒的命运何其不幸，集聋、哑、盲于一身。她内心要承受的痛苦，正常人难以想象，更难以真正体会，而她又成长为一名作家，所以几乎所有的评论，包括课文后阅读提示都反复在说这几个词：逆境、挫折、困难、坚强、勇气、力量、精神、意志。

是的，这是一个不向命运屈服的女子。可是，我更想说，这是一个内心无比幸福的女子，她心中的幸福感，也许比大多数正常人都更强烈！

我们有正常的五官，我们早习惯于看见、听见、闻见、尝到、触到，假如我们拥有了作家的才华，我们也会用心、用笔来抒写我们的所见所闻所感，我们也会感到幸福。

可是你听一听海伦·凯勒的幸福："世界上还有比我更幸福的孩子吗？"

我试图换位去体验她的这份幸福。我能体会到的是，一个人，从无声无影无言如同地狱一样的世界里，因为学习，心中、大脑中突然呈现了一个花团锦簇的美丽新世界，生命从此焕然一新，并发现，每天都会有新的未知的很多很多的美好在等待她去开启，这是怎样的一种幸福？

难怪海伦·凯勒会那样地企盼着新的一天快些来到。

而我们这一群健康的中学生，有哪一个会如此企盼新的一天快些来到？有哪一个会因求知的渴望使自己成为世界上最幸福的人？

这，才是我最敬佩海伦·凯勒的地方。

5 号素材：《走一步，再走一步》/八上第二单元

策略：《走一步，再走一步》，原名《悬崖上的一课》，如果要把"爬悬崖"的故事嫁接到当前中学生的生活中来似乎不太现实。一是缺少冒险的条件，悬崖难找，且如果有，也定设有禁入设施。二是绝大多数人也懂得生命与安全的重要，不会轻易冒险。但是，文章的主题却是极有启发意义的，作者通过在自己身上发生的事写出无论遇到怎样的危险和困难，只要把它分成一个个小困难，再把这一个个的小困难解决，就解决了一大困难的道理。这样的启示使他迅速成长，影响一生。如果能借鉴这个主题，再调整情境，就可以转为一个美好的成长素材。

原文片段：

"听我说，"爸爸继续说，"不要想有多远，有多困难，你需要想的是迈一小步。这个你能做到"……

"好的，现在转过身去，然后用左脚踩住那块石头。这就是你要做的。它就在你下面一点。你能做到。不要担心接下来的事情，也不要往下看，先走好第

一步。相信我。"

　　移动你的右脚，慢慢地往下。这就是你要做的。只要想着接下来的这步，不要想别的。"……

　　就这样，一次一步，一次换一个地方落脚，按照他说的往下爬，爸爸强调每次我只需要做一个简单的动作，从来不让我有机会停下来思考下面的路还很长，他一直在告诉我，接下来要做的事情我能做。

　　突然间，我向下迈出了最后一步，然后踩到了底部凌乱的岩石，扑进了爸爸强壮的臂弯里，抽噎了一下，然后令人惊讶的是，我有了一种巨大的成就感和类似骄傲的感觉。

　　此后，在我生命中有很多时刻，面对一个遥不可及的目标、或者一个令人畏惧的情境，当我感到惊慌失措时，我都能够轻松应付——因为我回想起了很久以前悬崖上的那一课。我提醒自己不要看下面遥远的岩石，而是注意相对轻松、容易的第一小步，迈出一小步、再一小步，就这样体会每一步带来的成就感，直到达成了自己的目标，这个时候，再回头看，就会对自己走过的这段漫漫长路感到惊讶和骄傲。

　　示例：描写"中学生800米体育测试"中将难以实现的目标分为一步步去实现的故事。

　　800米体育测试过关，对我这个素来"四体不勤"的人来说，是一个遥不可及的目标。

　　第一次训练，我跑到第二圈就歇菜了。"我不行了，我真的不行了！"

　　好友×××不答应："听我说，不要想有多远，有多困难，你需要想的是迈出眼前一小步。这个你能做到。"

　　第二次训练，我还差百来米时摔倒了。"算了吧，我真的没戏！"

　　好友×××不依不饶："你能做到。不要担心接下来的事情，也不要老想着摔倒的事，先跑稳每一步。相信我。"

　　又过了一周。第三次训练，我强撑着跑完。可是时间近5分钟，不及格。"我就是那扶不起的阿斗。"

　　好友×××却笑了："每次移动你的脚时，别太使劲，放轻松，调整呼吸。这就是你要做的。只要想着接下来的每一步都是有力的稳健的，不要想别的。"

　　不必说，一个月训练下来，我挑战成功。我有了一种巨大的成就感和类似骄傲的感觉。

　　一个月后。800米体育测试。我望着远处的目标，冲出了第一步。

第一个瞬间，脑氧气吸进鼻孔，把之前练习的方法全忘光了，呼出来的仿佛也不是所谓的二氧化碳，而是一团一团的火。感觉上，前面的同学好像都在飞，自己却头重脚轻的。

第二个瞬间，绕过弯道，不经意地往铁栅栏一瞥，看见紧张的爸爸手抓着栅栏，往考场奔跑的我们张望。

第三个瞬间，经过起跑点，听见好友×××与同班同学有点歇斯底里地喊："加油！加油！"脑袋里的时光机随着双臂的摆动一点一点回放到考试前：考试前一晚，已经胸有成竹的我和同学成群结队地到市体育馆嘻嘻哈哈边练习边闹；考试前两天下午还吵嚷着考完后要干嘛干嘛；考试前三天清晨听父母说要买点强身营养品来给我补补……像回放电影似的，就这样，每个人的表情和话语清晰地呈现出来。

第四个瞬间，踮起脚尖，加快两臂摆动，有点温热的风刮过两耳，终点还差半个弯，冲刺！超过前面同学，一个、两个、三个……3分49秒！太阳的照晒让人有点头昏眼花，脸上蒙了一层汗水却感觉不到，双脚的麻痹竟让我只是兴奋至极！

我想，此后，在我生命中有很多时刻，如果面对一个遥不可及的目标、或者一个令人畏惧的情境，当我感到惊慌失措时，我都能够轻松应付——因为每当我回想起挑战800米的那一个月，我提醒自己不要看前方遥远的距离，而是注意相对轻松、容易的第一小步，迈出一小步、再一小步，再迈得稳当一点儿，就这样体会每一步带来的成就感，直到达成了自己的目标，这个时候，再回头看，就会对自己居然已到达千里之外而感到惊讶和骄傲。

6号素材：《藤野先生》/八上第二单元

策略：《藤野先生》中鲁迅回忆最使他感激的老师。文中老师的出场、学生的私议、老师对其关心的种种事，即使时代相隔久远，现在读来也有亲切熟悉之感。运用"链接生活""调整情境"之策略，可以用来表现"师生故事"的题材。

原文片段一：

从此就看见许多陌生的先生，听到许多新鲜的讲义。解剖学是两个教授分任的。最初是骨学。其时进来的是一个黑瘦的先生，八字须，戴着眼镜，挟着一迭大大小小的书。一将书放在讲台上，便用了缓慢而很有顿挫的声调，向学生介绍自己道：——

"我就是叫作藤野严九郎的……。"

示例一：调整为写一个地理老师的故事。

从此就看见许多陌生的老师，听到许多新鲜的讲课（删去"解剖学是两个教授分任的"）。最初是地理。其时进来的是一个瘦瘦的老师，三十多岁的样子，因为瘦，更显得头发浓黑茂密，戴着眼镜，挟着一叠大大小小的书和地球仪模型之类。将书放在讲台上，一张优盘插进班班通里，点开屏幕，便略带羞涩地微笑，用了缓慢而很有顿挫的声调，向学生介绍自己道：——

"我就是教上知天文下知地理中的地理这学科的……。"

策略说明：借鉴原文的句式，有助于将陌生老师的出场写得较为细腻可感。有两点要注意：一、老师的"人设"要突出某个特征，此处外貌特征是"瘦"，从语言神态中表达出的性格特征是憨厚而幽默；二、要调整或补充合乎时代特征的细节，比如去掉"八字须"，比如加上"插优盘"的细节。

原文片段二：

后面有几个人笑起来了。他接着便讲述解剖学在日本发达的历史，那些大大小小的书，便是从最初到现今关于这一门学问的著作。起初有几本是线装的；还有翻刻中国译本的，他们的翻译和研究新的医学，并不比中国早。

那坐在后面发笑的是上学年不及格的留级学生，在校已经一年，掌故颇为熟悉的了。他们便给新生讲演每个教授的历史。这藤野先生，据说是穿衣服太模胡了，有时竟会忘记带领结；冬天是一件旧外套，寒颤颤的，有一回上火车去，致使管车的疑心他是扒手，叫车里的客人大家小心些。

他们的话大概是真的，我就亲见他有一次上讲堂没有带领结。

示例二：

后面有几个人笑起来了。他接着便讲述生活中如何处处有地理知识的案例，那些大大小小的书，便是他推荐我们去图书馆借阅的国家地理杂志之类。那些书盒子一样厚，装帧精美，封面上满是红红绿绿的风景，特别抢眼。

那坐在后面发笑的是传说中很"皮"的学生，在校读书的大部分精力都在"八卦"，掌故颇为熟悉的了。他们便给懵懂无知的我们讲演地理老师的历史。这地理老师，据说是从不穿皮鞋，雨天也是穿运动鞋，有时鞋带竟会忘记打结；冬天是一件薄的牛仔外套，寒颤颤的，有一回进校园，致使保安疑心是学生，警告他小心些，不许违反校规不穿校服。

他们的话大概是真的，我就亲见他有一次上课时鞋带没打结。

策略说明：借鉴句式调整情境时，思维活动的重点是如何"合时代合生活合年龄合身份合情境合主题"，思维活动的方向是提取现实生活中某一类老师的种种特征，集中在"这一个"老师身上。所以，语言的建构与运用的过程，也是思维的发展与提升的过程。

原文片段三：

过了一星期，大约是星期六，他使助手来叫我了。到得研究室，见他坐在人骨和许多单独的头骨中间，——他其时正在研究着头骨，后来有一篇论文在本校的杂志上发表出来。

"我的讲义，你能抄下来么？"他问。

"可以抄一点。"

"拿来我看！"

我交出所抄的讲义去，他收下了，第二三天便还我，并且说，此后每一星期要送给他看一回。我拿下来打开看时，很吃了一惊，同时也感到一种不安和感激。原来我的讲义已经从头到末，都用红笔添改过了，不但增加了许多脱漏的地方，连文法的错误，也都一一订正。这样一直继续到教完了他所担任的功课：骨学、血管学、神经学。

可惜我那时太不用功，有时也很任性。还记得有一回藤野先生将我叫到他的研究室里去，翻出我那讲义上的一个图来，是下臂的血管，指着，向我和蔼的说道：——

"你看，你将这条血管移了一点位置了。——自然，这样一移，的确比较的好看些，然而解剖图不是美术，实物是那么样的，我们没法改换它。现在我给你改好了，以后你要全照着黑板上那样的画。"

但是我还不服气，口头答应着，心里却想道：——

"图还是我画的不错；至于实在的情形，我心里自然记得的。"

示例三：

到了地理科会考前一个多月，大约是星期六，老师极其重视会考的通过率，他派科代表来叫我了。到了办公室（删去"见他坐在人骨和许多单独的头骨中间，——他其时正在研究着头骨，后来有一篇论文在本校的杂志上发表出来"），

"我的复习笔记，你抄下来了么？"他问。

"我抄了一点。"

"拿来我看！"

我交出所抄的笔记去，他收下了，第二三天便还我，并且说，此后每一星期要送给他看一回。我拿下来打开看时，很吃了一惊，同时也感到一种不安和感激。原来我的复习笔记已经从头到末，都用红笔添改过了，不但增加了许多脱漏的地方，连内容抄写的错误，也都一一订正。这样一直继续到教完了复习课。

可惜我那时太不用功，有时也很任性。还记得有一回地理先生将我叫到他的办公桌前去，翻出我那笔记上的一个地图来，是黄河的地理位置，指着，依旧略带着羞涩地微笑说道：——

"你看，你将这条河移了一点位置了。——自然，这样一移，的确比较的好看些，然而地理位置图不是美术，实物是那么样的，我们没法改换它。现在我给你改好了，以后你要全照着黑板上那样的画。"

但是我还不服气，口头答应着，心里却想道：——

"图还是我画的不错；至于实在的情形，我心里自然记得的。"

策略说明：调整情境时，时间设定为"地理会考前一个多月"，内容设定为黄河的地图移动了位置，人物特征强化"略带羞涩"。

7号素材：《列夫托尔斯泰》/八上第二单元

策略：《列夫托尔斯泰》传记的语言风格是新奇比喻，极尽"调侃"。这对于相当一部分语言表达贫乏的学生来说，是一股"清流"，更是一份宝贵的语言财富。运用"借鉴主题""链接生活""调整情境"等策略，转为备用素材。

原文片段一：

天才的灵魂自甘寓居低矮的陋屋，而天才灵魂的工作间，比起吉尔吉斯人搭建的皮帐篷来好不了多少。小屋粗制滥造，出自一个农村木匠之手，而不是由古希腊的能工巧匠建造起来的。架在小窗上方的横梁——小眼睛上方的额头，倒像是用刀胡乱劈成的树柴。皮肤藏污纳垢，缺少光泽，就像用枝条扎成的村舍外墙那样粗糙，在四方脸中间，我们见到的是一只宽宽的、两孔朝天的狮子鼻，仿佛被人拳头打塌了的样子。在乱蓬蓬的头发后面，怎么也遮不住那对难看的招风耳。凹陷的脸颊中间生着两片厚厚的嘴唇。留给人的总印象是失调、崎岖、平庸，甚至粗鄙。

示例一：将人物调整为商业奇人"马云"。

在这个颜值担当的时代，我们却试着透过平庸的长相去观察一个人的精气神，这意味着我们的成长少了一点浅薄，多了一份成熟。

马云是商界天才，奇人，然而，仔细端详照片，马云的长相真的真的不帅。

天才的灵魂自甘寓居低矮的陋屋，而天才灵魂的工作间，比起拆迁户临时搭建的皮帐篷来好不了多少。小屋粗制滥造，出自一个农村木匠之手，而不是由专业的能工巧匠建造起来的。架在小窗上方的横梁——眼睛上方的额头，倒像是用刀胡乱劈成的树柴。皮肤粗制滥造，缺少光泽，就像用枝条扎成的村舍外墙那样粗糙，在四方脸中间，我们见到的是一只宽宽的、两孔朝天的扁平鼻，仿佛被人拳头打塌了的样子。在稀稀疏疏的头发后面，怎么也遮不住那对难看的招风耳。凹陷的脸颊中间生着两片细长而薄的嘴唇。留给人的总印象是失调、崎岖、平庸，甚至粗鄙。

策略说明：本文是奥地利作家茨威格描写托尔斯泰的外貌。调整情境，先增补过渡句，再转换地域特征，根据马云的外貌特征作相关的细节调整。请注意，这部分的描写，绕过了对"眼神"描绘。因为下文会集中描写传主的眼神，而我们笔下的马云，眼神也是大有光彩的。这就是欲扬先抑。

示例二（划线处为调整情境之删改词句内容）：

这副劳动者的忧郁面孔上笼罩着消沉的阴影，滞留着愚钝和压抑：在他脸上找不到一点奋发向上的灵气，找不到精神光彩，找不到<u>流量男星</u>眉宇之间那种像大理石穹顶一样缓缓隆起的非凡器宇。他的面容没有一点光彩可言。谁不承认这一点谁就没有讲真话。无疑，这张脸平淡无奇，障碍重重，没法弥补，不是<u>创造财富</u>的庙堂，而是禁锢思想的囚牢；这张脸蒙昧阴沉，郁郁寡欢，丑陋可憎。从青年时代起，马云就深深意识到自己这副嘴脸是不讨人喜欢的。曾有一个女嘉宾对其相貌提出了一个问题：<u>"马云先生，你对自己长相满意吗？"</u>他说：<u>""我对以前的我的长相不满意，现在倒挺满意的。"</u>是的，直到<u>成为创业之王后</u>，他脸上笼罩的厚厚一层阴云才消除了，俊秀之光才使这块悲凉之地解冻。

策略说明：调整情境时，区分作家"传播智慧"和商人"创造财富"的不同；区分比照对象的选择要合乎时代特征，改"陀斯妥耶夫斯基"为"流量男星"；区分二者经历的不同，将作家任凭须发长的经历改为马云答记者问的新闻报道。

原文片段二：

只见面前的小个子那对浓似灌木丛的眉毛下面，一对灰色的眼睛射出一道黑豹似的目光，虽然每个见过托尔斯泰的人都谈过这种犀利目光，但再好的图片都没法加以反映。这道目光就像一把锃亮的钢刀刺了过来，又稳又准，击中要害。令你无法动弹，无法躲避。仿佛被催眠术控制住了，你只好乖乖地忍受这种目光的探寻，任何掩饰都抵挡不住。它像枪弹穿透了伪装的甲胄，它像金刚刀切开了玻璃。在这种入木三分的审视之下，谁都没法遮遮掩掩。——对此，屠格涅夫和高尔基等上百个人都作过无可置疑的描述。

……

亏得有这么一对眼睛，托尔斯泰的脸上于是透出一股才气来。此人所具有的天赋统统集中在他的眼睛里，就像俊美的陀斯妥耶夫斯基的丰富思想都集中在他的眉峰之间一样。托尔斯泰面部的其他部件胡子、眉毛、头发，都不过是用以包装、保护这对闪光的珠宝的甲壳而已，这对珠宝有魔力，有磁性，可以把人世间的物质吸进去，然后向我们这个时代放射出精确无误的频波。

示例三：

可是，马云一站上演讲台，立刻光芒四射，气场"爆棚"。

只见面前的小个子，一对黑的眼睛射出一道黑豹似的目光，这道目光就像一把锃亮的钢刀刺了过来，又稳又准，击中要害。令你无法动弹，无法躲避。仿佛被催眠术控制住了，你只好乖乖地忍受这种目光的探寻，任何掩饰都抵挡不住。它像枪弹穿透了伪装的甲胄，它像金刚刀切开了玻璃。在这种入木三分的审视之下，谁都没法遮遮掩掩，谁都没法自欺欺人。

亏得有这么一对眼睛，马云的脸上于是透出一股才气来。此人所具有的天赋统统集中在他的眼睛里。马云面部的其他部件额头、鼻子、头发，都不过是用以包装、保护这对闪光的珠宝的甲壳而已，这对珠宝有魔力，有磁性，可以把人世间的物质吸进去，然后向我们这个时代放射出精确无误的频波。

策略说明：调整情境时，将原文对作家"胡须、眉毛、头发"的描写，改造为对应上文对马云额头、鼻子、头发的外貌描写；此素材案例为"马云"，但符合"颜值不高却有精气神、内心力量强大"这一特点的人，都可以尝试通过以上策略来做备用素材的积累。

8 号素材：《背影》／八上第四单元

策略：《背影》是爱的经典。如果再写背影，难以望其项背。借鉴"爱"

的主题，链接现实生活，父亲爬月台买橘子的细节可以置换为其他"走心"的细节；如果能深度理解文章，理解文中父亲是在少年出外谋生独力支持家庭、奔丧完、差事卸、老境颓唐的种种境遇下"爬月台买橘子"付出的一份沉重的爱，那么还可以借鉴这一特点去塑造一个"特定背景"下的某位亲人付出的特别的爱。

原文片段一：

我看见他戴着黑布小帽，穿着黑布大马褂，深青布棉袍，蹒跚地走到铁道边，慢慢探身下去，尚不大难。可是他穿过铁道，要爬上那边月台，就不容易了。他用两手攀着上面，两脚再向上缩；他肥胖的身子向左微倾，显出努力的样子。这时我看见他的背影，我的泪很快地流下来了。

示例一：用心发现与精心设计一个"走心"的爱的细节。

爸出差带回最爱的夏威夷果。深褐色的十分坚硬的外壳。我高兴又苦恼。因为要经过艰苦卓绝的斗争才能尝到胜利的果实。

妈妈说，你去做作业吧。我剥好就给你送去。

三十分钟过去了，妈妈没进来。

五十分钟过去了，妈妈还没进来。

我坐不住了，走到客厅，

我看见沙发上妈妈左手握夏威夷果，右手捏着开壳匙，开壳匙寻着果壳上的细缝钻进去，旋转一下，没开，就再旋转一下，"喀"的一声，可以掰开了。改用双手拇指将果壳一点点地分剥开。果子又圆又小，有时捏不牢，一滑，开壳匙收不住势便刮到她沾着碎壳片的手上，可妈妈轻抚了一下捡起来又剥。一大罐夏威夷果，妈妈剥了将近一小时。

这时我望着她一脸苦心孤诣地剥壳的专注神情，一种酸酸的温暖涌上心头。

示例二：借鉴"特别的爱给特别的你"这样的主题，用心去描绘特定背景下付出的沉甸甸的爱。

近在眼前

一上初三，我陷入忙碌、紧张和焦虑中，与父亲相对，总是饭时匆匆，话也匆匆，对父爱的那份感受变得越来越迟钝。温暖的感觉，渐行渐远。

那个傍晚，我提着装有一张糟糕成绩试卷的书包回家。我不断地想："谁说付出就有回报？我努力的结果是得到一次比一次低的成绩！"这样越想越沮丧。

进了家门，我闷头吃完饭。这时父亲要拉我散步。

我瞟了他一眼，心想，我哪还有闲心跟你散步，听你碎碎念？甩下一句："没空，要做一堆考卷！"一甩手关了门，就把自己锁屋里了。

"呼——呼"父亲在门外问："你是不是考得不太好啊？"我没好气地嚷："知道就好！你再叫我努力也没用！"门外安静了，没有再传来父亲的话语声。一扇门，就这样把我和父亲隔在两个空间里，把我和父亲心间的距离隔得更远。

安静了许久许久，忽然听到手机在书包里振动的声音。我掏出来看。

那是一则短信。

"儿子，我还是要叫你下次再努力。努力不一定成功，但不努力就完全放弃成功的机会了不是吗？还有，你要想办法寻找新的方法来提高成绩。"

我感到非常意外。我意外的不是父亲的这番话，因为这些话实在很老套，打动不了我早已封冻的心；我意外的是，这是父亲第一次发这么长的信息给我。父亲已经远视，且按手机键盘速度极慢，平时是从不发信息的，总是一通电话几句话了事。那么，这一长串的话，他一字字地按出来用了多少时间吃了多少力呢？

望着手机里码得齐整的几行字，我却可以想像父亲眯着眼费力地寻找拼音键，按错重来，又按错又重来的笨拙的样子，一份心酸、一种久违的温暖涌上心头。一件件小事浮现眼前。

在每个挑灯夜战的夜晚，是父亲为我送上一杯温热的茶水；

在每个寒风凛冽的清晨，是父亲不辞辛苦送我上学；

在每场不尽人意的考试后，是父亲和颜悦色地安慰我，就如今天一般。

我小心地把父亲的这个信息按了保存，仿佛是在保存那字里行间的温暖。那温暖，我曾经以为早已远去，曾经在匆忙的日子里来不及细细体会。

其实爱的温暖本没有远离，我很庆幸我发现了，父亲的爱，一直近在眼前。

策略说明：首先，精心设计特定背景。给"特定"做一个叠加层，那些貌似简单的付出就有了别样的意义。第一层，"第一次"发信息给我；第二层，父亲已经远视；第三层，按手机键盘速度极慢，平时从不发信息。第四层，发的是很长的信息。接着，设身处地、换位想象：父亲眯着眼费力地寻找拼音键，按错重来，又按错又重来的笨拙的样子。这样一个走心的情节就呈现出来。习得《背影》的真味，写出来的作文就别有深味。

9号素材：《故乡》/九上第四单元

策略：小说《故乡》是经典，除了小说结尾那句"我想：希望是本无所谓有，无所谓无的。这正如地上的路；其实地上本没有路，走的人多了，也便成了路"可以在行文需要时"引用精华"之外，其它内容若要转为备用素材，难点在于主题要变，时代要变，生活特征要变。文中少年闰土雪地捕鸟、海边捡贝壳、月下刺猹、说潮汛的经典情节在当今生活中都难以再现。但是，一个困在院子里只看见高墙上四角天空的少年，遇到另一个熟悉各种生活本领的民间少年，结下友谊，留下美好记忆，从这一点来说，却是可以穿越年代与当下生活共通的。

原文片段一：

我们那时候不知道谈些什么，只记得闰土很高兴，说是上城之后，见了许多没有见过的东西。

第二日，我便要他捕鸟。他说：

"这不能。须大雪下了才好。我们沙地上，下了雪，我扫出一块空地来，用短棒支起一个大竹匾，撒下秕谷，看鸟雀来吃时，我远远地将缚在棒上的绳子只一拉，那鸟雀就罩在竹匾下了。什么都有：稻鸡，角鸡，鹁鸪，蓝背……"

我于是又很盼望下雪。

闰土又对我说：

"现在太冷，你夏天到我们这里来。我们日里到海边检贝壳去，红的绿的都有，鬼见怕也有，观音手也有。晚上我和爹管西瓜去，你也去。"

"管贼吗？"

"不是。走路的人口渴了摘一个瓜吃，我们这里是不算偷的。要管的是獾猪，刺猬，猹。月亮底下，你听，啦啦的响了，猹在咬瓜了。你便捏了胡叉，轻轻地走去……"

我那时并不知道这所谓猹的是怎么一件东西——便是现在也没有知道——只是无端的觉得状如小狗而很凶猛。

"他不咬人么？"

"有胡叉呢。走到了，看见猹了，你便刺。这畜生很伶俐，倒向你奔来，反从胯下窜了。他的皮毛是油一般的滑……"

我素不知道天下有这许多新鲜事：海边有如许五色的贝壳；西瓜有这样危险的经历，我先前单知道他在水果店里出卖罢了。

"我们沙地里，潮汛要来的时候，就有许多跳鱼儿只是跳，都有青蛙似的两个脚……"阿！闰土的心里有无穷无尽的稀奇的事，都是我往常的朋友所不知道的。他们不知道一些事，闰土在海边时，他们都和我一样只看见院子里高墙上的四角的天空。

示例：情境置换为"我听生活在海边的阿城哥讲无数新鲜事"，同时表现闽南海边的生活风情。

过年的时候，生活在海岛边的二姨母带着她的孙子阿城回老家了。阿城比我大一岁。妈妈让我多带阿城哥在城里转一转。

我们那时候不知道谈些什么，只记得阿城很高兴，说是上城之后，见了许多没有见过的东西。

第二日，我便带他去湖心公园坐船游玩。他说：

"坐船不过瘾。我们那儿常常坐船出海的。要自己制作小木筏。须用冬天的毛竹才好。我把竹材扛下，去枝叶，用劈刀截成合适的长度，排列平地上。上面间隔着横放三四根较细的竹子做骨架，呈直角用绳子双层捆绑固定，一个竹筏就诞生啦。到浅水区试一试，如果浮力不够，还要加辅助块，泡沫板、轮胎、空桶……"

"啊，是坐竹筏去捕鱼吗？"我于是想象着这和在公园钓鱼是不是不同。

阿城又对我说：

"现在太冷，春节期间都不捕鱼了。但海蛎子却长得最好。以后你若到我们这里来。我教你撬海蛎壳。"

"吃海蛎要自己撬壳？"

"不是。是可以赚工钱哦。我放假时常帮着家里撬海蛎壳卖海蛎子赚钱。这可是门功夫呢。你看，手要窝着，五指搭着未开壳的海蛎，刀尖朝着壳尾缝隙一搭，一撬，手起刀落，刀尖顺势伸进壳缝，持刀的手腕一转，一抠立马将蛎肉剔出。刀功要是练得出神入化了，可以像我们在键盘上敲字盲打一样呢……"

我素不知道天下有这许多新鲜事：可以自己扎木筏去试海，撬海蛎的功夫可以和电脑打字功夫媲美。我先前单知道坐船游湖或吃着现成的闽南海蛎煎罢了。

"我们春节回去后，第一次出海捕鱼前，还有祭祀海神活动。渔港码头、海边沙滩，敲锣打鼓，烧香点烛，放鞭炮，挂河灯，有时还有划船、摇橹、拉船、织网比赛……"

阿！阿城的心里有无穷无尽的稀奇的事，都是我城里的同学所不知道的。他们不知道一些事，阿城在海边时，他们都和我一样只看见院子里高墙上的四角的天空。

策略说明：调整情境时，时间设计为春节，这样见到从海边来的同辈的亲戚才合情理；制作小木筏的细节和城里人公园坐船玩对比着呈现；撬海蛎壳的功夫和现代人电脑打字的功夫对比着呈现；而撬海蛎壳的细节和城里人只知吃现成的海砺煎对比着呈现。这样，结尾部分的抒情感叹就水到渠成。

10 号素材：《孤独之旅》/九上第四单元

策略：《孤独之旅》文本的最大特点是对杜小康突遭家庭变故后心理变化的正面和侧面描写。通过链接生活、引用精华、调整情境等策略，可转为与自己"成长"有关的心理描写。

原文片段一：

杜雍和沉着脸，绝不回头去看一眼。他对杜小康带着哭腔的请求，置之不理，只是不停地撑着船，将鸭子一个劲赶向前方。

鸭群在船前形成一个倒置的扇面形，奋力向前推进，同时，造成了一个扇面形水流。每只鸭子本身，又有着自己用身体分开的小扇面形水流。它们在大扇面形水流之中，织成了似乎很有规律性的花纹。无论是小扇面形水流，还是大扇面形水流，都很急促有力。船首是一片均匀的、永恒的水声。

杜雍和只是要求它们向前游去，不停顿地游去，不肯给他们一点觅食或嬉闹的机会。仿佛只要稍微慢下一点来，他也会像他的儿子一样突然地对前方感到茫然和恐惧，从而也会打消离开油麻地的主意。

前行是纯粹的。

示例一：情境调整为"我被注定的中考驱使，现又被突然的噩运驱使，经历孤独成长"的故事。

中考前的两个月，父亲突发心梗，毫无征兆突然离我们母女而去，来不及留下只言片语。我从来没想到，传说中的中年人容易突发心梗死亡这样的事有一天会降临到我们家。在那之后的一个多星期，我一直在恍惚中，亲友、同学，来了一拨，送走一拨，我机械地看着他们来来去去，我只想逃离人群，就像逃离这样的现实。

校园地处城郊，出了围墙，就是乡下人家的田和湖。挨着湖岸的石头上坐。过往的人很少，即使有人，也不认识我，我看着湖面，感觉胸腔有股激流上涌，我忍着，压着这股激流，忍了好一会儿，防线终于崩溃，泪水决堤。

痛哭。好一会儿，止住了。

父亲在的时候，一切都是定的，心是定的，中考是定的，成绩有多高我不知道，但我知道我一定能考上重点高中。而现在，父亲不在了，不在了，心里的那颗定石被抽空了！望着湖面，我感到前所未有的茫然，想想前路，甚至恐惧。

左边传来一阵吆喝，我往左看，一个老人撑着一简易的船筏，将一群鸭子一个劲赶向前方，正从我眼前经过。

那老人沉着脸，只是不停地撑着筏，驱赶鸭群，仿佛只是要求它们向前游去，不停顿地游去，不肯给他们一点觅食或嬉闹的机会。

鸭群经过我正前方，我看见鸭群在船筏前形成一个倒置的扇面形，奋力向前推进，同时，造成了一个扇面形水流。每只鸭子本身，又有着自己用身体分开的小扇面形水流。它们在大扇面形水流之中，织成了似乎很有规律性的花纹。无论是小扇面形水流，还是大扇面形水流，都很急促有力，随着船筏前行均匀的水声荡开去。

鸭群的前行是纯粹的。它们只是因为被不停地往前驱使。

我被注定的中考驱使，现在，又被突然的噩运驱使，除了如鸭群这般稳稳地有力地前行，我别无选择。突然想起这首《爱的代价》，我泪流满面——

还记得年少时的梦吗/像朵永远不凋零的花/陪我经过那风吹雨打/看世事无常 看沧桑变化/走吧，走吧/人总要学着自己长大/走吧，走吧/人生难免经历苦痛挣扎/走吧，走吧/为自己的心找一个家……

策略说明：小说中鸭群被驱赶着前行，同主人公杜小康被命运驱使着逃离油麻地茫然前行一样。深度阅读小说，得出这样的感悟后，先链接生活，笔者曾有一学生，在中考前遭遇父亲突发心梗离世的家庭变故，所以依据这样的现实来做这样的情境调整。接着，人要成长，除了被外力驱使着往前走之外，更重要的是完成一番自我的挣扎、求索，然后得到自解和释然的过程。所以借鉴原文以"鸭群的变化"观照"我"的成长，完成素材转化。

原文片段二：

杜小康已不可能再去想他的油麻地。占据他心灵的全部是前方：还要走多远？前方是什么样子？前方是未知的。未知的东西，似乎更能撩逗一个少年的心思。他盘腿坐在船头上，望着一片茫茫的水。

四周只是草滩或凹地，已无一户人家……

日子一天一天地过去了，父子俩也一天一天地感觉到，他们最大的敌人，也正在一步一步地向他们逼近：它就是孤独。

与这种孤独相比，杜小康退学后将自己关在红门里面产生的那点孤独，简直就算不得什么了。他们一连十多天遇不到一个人。杜小康只能与父亲说说话。奇怪的是，他和父亲之间的对话，变得越来越单调，越来越干巴巴的了。除了必要的对话，他们几乎不知道再说些什么，而且，原先看来是必要的对话，也可以通过眼神或者干脆连眼神都不必给予，双方就能明白一切。言语被大量地省略了。这种省略，只能进一步强化似乎满世界都注满了的孤独。

示例二：情境调整为表现一个"叛逆期"中学生孤独挣扎的故事。

初二下开始，我的情绪变得阴晴不定，有时无比振奋，满腔热血，时有征服世界的野心；有时又莫名的自卑与颓废，特别是几次考试遭遇"滑铁卢"惨败后，我开始怀疑人生，恐慌甚至无助。

我已不可能再去想我曾经的辉煌，排名"琅琊榜"上曾经的一亩三分地了。占据我心灵的全部是前方：还要走多远？前方是什么样子？前方是未知的。未知的东西，似乎更能撩逗一个少年的心思。我常盘腿坐在床头上，望着一面白白的墙壁发呆。

墙壁上面只是白色瓷砖和条条勾缝，空空如也。

……

日子一天一天地过去了，我一天一天地感觉到，我有个最大的敌人，正在一步一步地向自己逼近：它就是孤独。我是患了青春期综合症么？我怀疑自己。

症状发展的结果，是我每每往后看，看见初一年级的学弟学妹们，会忍不住地不屑：哼，那么幼稚！再往前看，看见行色匆匆的父亲和总是在厨房挥舞锅碗瓢盆的母亲，我又忍不住地不屑"哼，那么世俗！"

再后来，每次回到家，我都躲开母亲，因为只要一接话，她就有无数的问题在等着我，我害怕唠叨，厌烦唠叨，所以只能与父亲说说话，因为父亲不像母亲那样揪住话题不放。奇怪的是，我和父亲之间的对话，变得越来越单调，越来越干巴巴的了。除了必要的对话，我们几乎不知道再说些什么，而且，原先看来是必要的对话，也可以通过眼神或者干脆连眼神都不必给予，双方就能明白一切。言语被大量地省略了。这种省略，只能进一步强化似乎满世界都注满了的孤独。

策略说明：将杜小康成长的心路历程，特别是那孤独感，链接生活，最有可能打通链接的是中学生的青春叛逆期。在此基础上再根据情境来删改词句，就可转为备用素材。

第二讲　群文文本转为备用素材

1 号素材：《合欢树》/人教版高中教材

策略：《合欢树》人教版选修"中国现代诗歌散文欣赏"教材，是史铁生怀念母亲的一篇散文。文章用平淡的语调，按时间顺序分别叙述了作者十岁那年由自己作文获奖引发的一件事情、二十岁时母亲为他治病和鼓励他写小说的事情以及三十岁以后对母亲的那种压抑在心里、让自己又悲痛又愧疚的思念。

此文化用到作文中，有两个难点。一、史铁生由健康入残病的重创以及由此伴随的母亲那种深沉而隐忍的特殊的爱，是大多数学生所没有的经历；二、文章语言极淡，情感极深，需要有深厚的文字功底和情感底蕴为支撑才能模仿一二。

但是此文所表达的母爱、儿子对母亲的思痛却是人类自古以来共同拥有的可以达到"共鸣"的情感。所以，通过转换情境，化用文中的精华部分，依然是可以"嫁接"出情感和语言的魅力的。

原文片段一：

十岁那年，我在一次作文比赛中得了第一。母亲那时候还年轻，急着跟我说她自己，说她小时候的作文做得还要好，老师甚至不相信那么好的文章会是她写的。"老师找到家来问，是不是家里的大人帮了忙。我那时可能还不到十岁呢。"我听得扫兴，故意笑："可能？什么叫可能还不到？"她就解释。我装作根本不再注意她的话，对着墙打乒乓球，把她气得够呛。不过我承认她聪明，承认她是世界上长得最好看的女的。她正给自己做一条蓝底白花的裙子。

示例一：当表达处于叛逆期的自己故意跟"母亲"唱反调时。

十岁那年，我在一次作文比赛中得了第一。母亲那时候还年轻，急着跟我说她自己，说她小时候的作文做得还要好，老师甚至不相信那么好的文章会是她写的。"老师找到家来问，是不是家里的大人帮了忙。我那时可能还不到十岁呢。"我听得扫兴，故意笑："可能？什么叫可能还不到？"她就解释。我装作根本不再注意她的话，对着墙打乒乓球，把她气得够呛。不过我承认她聪明，承认她是家里家外的"能人"，是长得挺好看的女子，她当时正穿着一条黑裙，玫红的围巾衬得她依然青春美丽。

原文片段二：

母亲的全副心思却还放在给我治病上，到处找大夫，打听偏方，花很多钱。她倒总能找来些稀奇古怪的药，让我吃，让我喝，或者是洗、敷、熏、灸。"别浪费时间啦！根本没用！"我说，我一心只想着写小说，仿佛那东西能把残废人救出困境。"再试一回，不试你怎么知道会没用？"她说，每一回都虔诚地抱着希望。然而对我的腿，有多少回希望就有多少回失望，最后一回，我的胯上被熏成烫伤。医院的大夫说，这实在太悬了，对于瘫痪病人，这差不多是要命的事。我倒没太害怕，心想死了也好，死了倒痛快。母亲惊惶了几个月，昼夜守着我，一换药就说："怎么会烫了呢？我还直留神呀！"幸亏伤口好起来，不然她非疯了不可。

示例二：描写自己或某个兄弟姐妹因一场意外得了皮肤感染、或打球撞伤脚踝红肿不消等疾病（病因须匹配文中母亲治病的动作，合情合理），被母亲"悉心而失误"的照料，来体现别样的母爱。"悉心"照料很多人会习惯性地写，但"因爱之切而照料失误"，却很少人会写到。此处符合写作的陌生化原则。

母亲的全副心思却还放在给我治病上，到处找大夫，打听偏方，花很多钱。她倒总能找来些稀奇古怪的药，让我吃，让我喝，或者是洗、敷、熏、灸。

"别浪费时间啦！根本没用！"我说"再试一回，不试你怎么知道会没用？"她说，每一回都虔诚地抱着希望。然而对我的"伤"，有多少回希望就有多少回失望。

最后一回，我的脚踝上被熏成烫伤。母亲惊惶了好几天，昼夜守着我，一换药就说："怎么会烫了呢？我还直留神呀！"幸亏伤口好起来，不然她非疯了不可。

策略说明：原文因史铁生的病极为严重，所以表达的用语常与生死有关。调整情境后，去掉或敲整原文中的这类表达，才符"六合"原则。

原文片段三：

与其在街上瞎逛，我想，不如就去看看那棵树吧。我也想再看看母亲住过的那间房。我老记着，那儿还有个刚来到世上的孩子，不哭不闹，瞪着眼睛看树影儿。是那棵合欢树的影子吗？小院儿里只有那棵树……

我摇着车在街上慢慢走，不急着回家。人有时候只想独自静静地待一会。悲伤也成享受。

有一天那个孩子长大了，会想到童年的事，会想起那些晃动的树影儿，会想起他自己的妈妈，他会跑去看看那棵树。但他不会知道那棵树是谁种的，是怎么种的。

示例三：文中合欢树为"母亲"所种，在为孩子忧心的种种煎熬中所种，所以在"母亲"去世后我将追忆和痛思的复杂情感"移"到了合欢树上。从"合情合理"的角度去置换情境，这里可以将"母亲"的角色换成某个祖辈的亲人、某个对自己成长有特殊意义的后来过世的长辈；也可将"合欢树"换成其它的自己熟悉的树。

我的童年记忆里有过太奶奶的影子，总觉得有过她在身边的那份安全感在。但要让我真的回忆起一件具体的事情，又实在是想不起来了。因为她在我十岁左右的时候去世了，那时我甚至都还不太懂得有种失去叫作"悲伤"。记忆里最清晰的，是老家古厝的门前（现在老家另外盖新房，那里不住人了），有棵梅子树是太奶奶生前种下的。

上中学后的我，常莫名感到失落孤独，苦累压力、父母似乎很少关心我……

我们总是小半年才回一次老家。那天在老家，一吃完，我就飞出门。

与其在街上瞎逛，我想，不如就去看看那棵树吧，那棵太奶奶种下的树。我也想再看看太奶奶住过的那间房。我老记着，那儿还有个四五岁的孩子，不哭不闹，瞪着眼睛看树影儿。是那棵树的影子吗？古厝门前只有那棵树。

我边踢着石子边在街上慢慢走，不急着回家。人有时候只想独自静静地待一会。悲伤也成享受。

有一天那个孩子长大了，会想到童年的事，会想起那些晃动的树影儿，会想起他的太奶奶，他会跑去看看那棵树。但他不会知道那棵树是谁种的，是怎么种的。

每一个家庭，也许都有这样的一棵树，树是家里的老人种的，树下有一个正在长大的孩子。有个过世的亲人，种过一棵树，那棵树给了一个孩子安宁的童年记忆。

策略说明：除多处调整情境外，末段由己及人，将至爱亲情拓展到每个家庭。

2 号素材：《普通人》／人教版高中教材

策略：《普通人》主要写梁晓声父亲在世时做群众演员的故事。故事回忆和怀念了一个"认真"的普通人，一种"认真"的人生态度，令人反躬自省。"要认真！"也许是成长过程中听得最多的教导。但在作文中凡是写到"学习认真、做事认真"之类的故事，容易陷入大众化的描写而难得出彩。本文讲述的父亲作为一个普通人"认真"的几个故事，如果采用"引用精华""调整情境""链接生活"等策略转为备用素材，化入行文中就有可能成为"出彩"的点。

原文片段 A 选段：

从此，父亲便开始了他的"演员生涯"——更准确地说，是"群众演员"生涯——在他 74 岁的时候……

父亲演的尽是迎着镜头走过来或背着镜头走过去的"角色"。说那也算"角色"，是太夸大其词了。不同的服装，使我的老父亲在镜头前成为老绅士、老乞丐、摆烟摊的或挑菜行卖的……

一次，我从办公室回家，经过北影一条街——就是那条旧北京假景街，见父亲端端地坐在台阶上，而导演们在摄影机前指手画脚地议论什么，不像再有群众场面要拍的样子。

时已中午，我走到父亲跟前，说："爸爸，你还坐在这儿干什么呀？回家吃饭吧。"

父亲说："不行。我不能离开。"

我问："为什么？"

父亲回答："我们导演说了——别的群众演员没事儿了，可以打发走了。但这位老人不能走，我还用得着他。"

父亲的语调中，很有一种自豪感似的。

父亲坐得很特别，那是一种正襟危坐。他身上的演员服，是一件褐色绸质长袍。他将长袍的后摆，掀起来搭在背上。而将长袍的前摆，卷起来放在膝上。他不依墙，也不靠什么。就那样子端端地坐着，也不知已经坐了多久。分明的，他惟恐使那长袍沾了灰土或弄褶皱了……

父亲不肯离开，我只好去问导演。

导演却已经把我的老父亲忘在脑后了，一个劲儿地向我道歉……

中国之电影电视剧，群众演员的问题，对任何一位导演，都是很沮丧的事。往往的，需要 10 个群众演员，预先得组织十五六个，真开拍了，剩下一半就算不错。有些群众演员，钱一到手，人也便脚底板抹油，溜了。

B选段：

吃过晚饭，我和父亲一同去办公室休息。睡前，我试探地问："爸，你今天又不高兴了吗？"

亲说："高兴啊，有什么不高兴的。"

我说："那怎么包饺子的时候叹气，还自言自语老了老了。"

父亲笑了，说："昨天，我们导演指示——给这老爷子一句台词，连台词都让我说了，那不真算演员了吗？我那么说你听着可以吗？……"

我恍然大悟——原来父亲是在背台词。

我就说："爸，我的话，也许你又不爱听。其实你愿怎么说都行，反正到时候，不会让你自己配音，得找个人替你再说一遍这句话……"

父亲果然又不高兴了。

父亲又以教训的口吻说："要是都像你这种态度，那电影，能拍好吗？老百姓当然不愿意看。一句台词，光是说说的事吗？脸上的模样要是不对劲，不就成了嘴里说阴，脸上作晴了吗？"

父亲的一番话，倒使我哑口无言。

示例一：深度阅读，从梁父的认真中找到震撼的"点"写成读后感。

有一种认真叫做"普通人"的认真，如作家梁晓声的父亲。

梁父74岁时，因为长着有特色的"胡子"开始了"群众演员"生涯。他演的尽是迎着镜头走过来或背着镜头走过去的"角色"。不同的服装，使他在镜头前成为老绅士、老乞丐、摆烟摊的或挑菜行卖的……

君不闻，中国之电影电视剧，群众演员的问题，对任何一位导演，都是很沮丧的事？往往的，需要10个群众演员，预先得组织十五六个，真开拍了，剩下一半就算不错。有些群众演员，钱一到手，人也便脚底板抹油，溜了。

且，群众演员，都只是一晃而过的镜头而已，哪里比得上当今那些"圈粉无数"的流量明星？

可是梁父的"认真"让我震撼。

A版：

别的群众演员都走了，就因为导演一句"这位老人我还用得着他"，梁父坚持不走，他正襟危坐。身上的演员服，是一件褐色绸质长袍。他将长袍的后摆，掀起来搭在背上。而将长袍的前摆，卷起来放在膝上。他不依墙，也不靠什么。就那样子端端地坐着，也不知已经坐了多久。分明的，他惟恐使那长袍沾了灰土或弄褶皱了，而导演却早已把梁父忘在脑后了……

一个七十多岁的老人，为了一个微不足道的可有可无的最后还真的被遗忘了的镜头，保持那样的姿势正襟危坐了那么久……这样的认真，让我从心底里膜拜敬服。

B版：

那天，导演要给"老爷子"一句台词，于是梁父在全家包饺子的时候都出神地背台词。梁晓声劝："爸，我的话，也许你又不爱听。其实你愿怎么说都行，反正到时候，不会让你自己配音，得找个人替你再说一遍这句话……"

结果被父亲一顿教训："要是都像你这种态度，那电影，能拍好吗？老百姓当然不愿意看。一句台词，光是说说的事吗？脸上的模样要是不对劲，不就成了嘴里说阴，脸上作晴了吗？"

一个七十多岁的老人，为了一句微不足道的可有可无的最后还是别人替说的台词，这样入情入境地倾尽心力地演练……这样的认真，让我从心底里膜拜敬服。

策略说明：写读后感，一是要增补必要的过渡，如第一句"有一种普通人的认真"；二是要适当概括与浓缩故事，如"梁父坚持不走"和"背台词"，都是一句话概括故事起因；三是不必拘泥于原文的段落次序，而根据表达感想的需要灵活安排，如将"导演对群众演员的无奈"调整到"坚持不走"的前面成为故事的背景；四是聚焦某一情节来表达感想，如两个版本的末句。

原文片段二：

有一天夜里，下起了大雨。我被雷声惊醒，翻了个身，黑暗中，恍恍地，发现父亲披着衣服坐在折叠床上吸烟。

我好生奇怪，不安地询问："爸，你怎么了？为什么夜里不睡吸烟？爸，你是不是有什么心事啊？"

黑暗之中，但闻父亲叹了口气。许久，才听他说："唉，我为我们导演发愁哇？他就怕这几天下雨……"

父亲不论在哪一个剧组当群众演员，都一概地称导演为"我们导演"。从这种称谓中我听得出来，他是把他自己——一个迎着镜头走过来或背着镜头走过去的群众演员，与一位导演之间联得太紧密了。或者反过来说，他是太把一位导演，与一个迎着镜头走过来或背着镜头走过去的群众演员联系得那么紧密。

而我认为这是荒唐的。

而我认为这实实在在是很犯不上的。

我嘟哝地说："爸，你替他操这份心干吗？下雨不下雨的，与你有什么关系？睡吧睡吧。"

"有你这么说话的吗？"父亲教训我道，"全厂 2000 来人，等着这一部电影早拍完，早收了，才好发工资，发奖金，你不明白？你一点儿不关心？"

示例二：如果作文主题是要表现一类普通而伟大的人，他们有着"位卑未敢忘忧国"的情怀，他们恪尽职守，有强烈的责任感；或者作文表现我和某同学，都非班干部，是班级普通成员，为了某件班级事务，围绕"要操心"还是"不操心"的问题争吵时，可调整情境转为备用积累。

"这事让班长他们去操心，你操什么心，你以为你是谁啊！"小 A 说。

其实我真的没以为我是谁，我只是觉得，我是班级的一分子，哪怕是那最微不足道的一分子，我也有责任为班级的事"操心"。

因为每当这种时候，我都会想起作家梁晓声笔下的一个人，这个人是他的父亲。他在七十四岁时因一口有特色的胡子当起了北影的群众演员，有一个雨夜里，梁父担忧下雨影响拍摄进度为导演发愁得难以入眠，当时，梁晓声觉得父亲这样一个只能迎着镜头走过来或背着镜头走过去的群众演员，把自己与一位大导演联得太紧密了，这太荒唐了，太犯不上了，他也这样劝："爸，你替他操这份心干吗？下雨不下雨的，与你有什么关系？睡吧睡吧。"

可他遭到梁父义正辞严地教训："有你这么说话的吗？全厂 2000 来人，等着这一部电影早拍完，早收了，才好发工资，发奖金，你不明白？你一点儿不关心？"

正是从梁父身上，我懂得了位卑未敢忘忧"国"的道理。作为班级的一个成员，我，有责任为班事而"操心"，哪怕这样的"操心"无人在意。

3 号素材：《记梁任公先生的一次演讲》/人教版高中教材

策略：本文是作家梁实秋在听完梁启超先生的一次演讲后所作的文章。文章从开篇为人物出场的背景铺设，到人物气势不凡的登场亮相，精彩纷呈，高潮迭起。尤其是梁氏独特的开场白，是全文最精彩的描写。可用"调整情境"之策略，将文章转为描写自己的某个老师、或听到的某场讲座之备用素材。

原文片段一：

他走上讲台，打开他的讲稿，眼光向下面一扫，然后是他的极简短的开场白，一共只有两句，头一句是："启超没有什么学问——，"眼睛向上一翻，轻轻点一下头："可是也有一点喽!"这样谦逊同时又这样自负的话是很难得听到的。他的广东官话是很够标准的，距离国语甚远，但是他的声音沉着而有力，有时又是洪亮而激亢，所以我们还是能听懂他的每一字，我们甚至想如果他说标准国语其效果可能反要差一些。

示例一：以上片段可转为描写某个幽默而有学问的老师。

他走上讲台，打开他的讲稿（或"点开他制作的幻灯片"），眼光向下面一扫，然后是他的极简短的开场白，一共只有两句，头一句是："老师没有什么学问——，"眼睛向上一翻，轻轻点一下头："可是也有一点喽!"这样谦逊同时又这样自负的话是很难得听到的。他的声音沉着而有力，有时又是洪亮而激亢。

原文片段二：

我记得他开头讲一首古诗，箜篌引：
公无渡河。
公竟渡河!
渡河而死；
其奈公何!
这四句十六字，经他一朗诵，再经他一解释，活画出一出悲剧，其中有起承转合，有情节，有背景，有人物，有情感。我在听先生这篇讲演后约二十余年，偶然获得机缘在茅津渡候船渡河。但见黄沙弥漫，黄流滚滚，景象苍茫，不禁哀从中来，顿时忆起先生讲的这首古诗。

示例二：以上片段可转为描写某堂印象深刻的语文课。

我记得他开头讲一首古诗《相见欢·金陵城上西楼》
金陵城上西楼/倚清秋/万里夕阳垂地/大江流
中原乱/簪缨散/几时收/试倩悲风吹泪/过扬州。
这短短一阙词，经他一朗诵，再经他一解释，活画出一出悲剧，其中有起承转合，有情节，有背景，有人物，有情感。我在听老师这首诗词鉴赏后的一个晚秋，偶然获得机缘登上南京西门城楼，但见暮色苍茫，江流滚滚，悲风万里，不禁哀从中来，顿时忆起老师讲的这阙宋词。

原文片段三：

先生的讲演，到紧张处，便成为表演。他真是手之舞之足之蹈之，有时掩面，有时顿足，有时狂笑，有时太息。听他讲到他最喜爱的《桃花扇》，讲到"高皇帝，在九天，不管……"那一段，他悲从中来，竟痛哭流涕而不能自已。他掏出手巾拭泪，听讲的人不知有几多也泪下沾襟了！又听他讲杜氏讲到"剑外忽传收蓟北，初闻涕泪满衣裳……"，先生又真是于涕泗交流之中张口大笑了。

示例三：以上片段可转为描写某堂印象深刻的语文课，或表现某位"有表演天赋""情感丰富"的语文老师。

老师讲古诗，到紧张处，便成为表演。他真是手之舞之足之蹈之，有时掩面，有时顿足，有时狂笑，有时太息。听他讲到他最喜爱的《登幽州台歌》，讲到"独怆然而涕下……"那一句，他悲从中来，不能自已，竟掏出纸巾拭泪，听讲的我们也心酸得几乎要泪下沾襟了！又听他讲杜氏讲到"剑外忽传收蓟北，初闻涕泪满衣裳……"，老师又真是于涕泗交流之中张口大笑了。

策略说明：调整情境时，一是尽量合乎初中生上统编教材的内容；二是所选的古诗文与老师呈现的情感要匹配。

4 号素材：《我将无我 不负人民》/央视快评

策略：《我将无我 不负人民》是习近平主席于 2019 年 3 月 22 日回应意大利众议长菲科的一段话，在中国互联网上刷屏，赢得无数人的由衷点赞，并作为中宣部"学习强国"的学习内容之一。文章励志感人且富文化内涵。转为素材，"我将无我"的状态可以嫁接到中学生为梦想拼搏的状态中，而"政治角度"要转为适合中学生的砺志角度，所有"对人民对国家"的内容要转为"对青春对梦想"的内容。据此，借鉴笔法，链接生活，调整情境，转为素材。

原文片段一：

"我将无我，不负人民。"习近平主席 22 日回应意大利众议长菲科的一段话，今天在中国互联网上刷屏，赢得无数人的由衷点赞。

"这么大一个国家，责任非常重、工作非常艰巨。我将无我，不负人民。我愿意做到一个'无我'的状态，为中国的发展奉献自己。"这是一个直抒胸臆、斩钉截铁的答案，这是一个振聋发聩、感人肺腑的答案。习近平主席简洁有力的回答，一腔赤诚溢于言表，彰显出人民领袖的真挚情怀。

示例一：表达"中考季""高考季"的誓言。

六月中考（高考）在即。"我将无我，不负青春。"我愿意做到一个无我的状态，在梦想的追求中奉献自己。

班会课上，莘莘学子齐声宣誓。

这是一个直抒胸臆、斩钉截铁的答案，这是一个振聋发聩、感人肺腑的答案。面对青春，我们的一腔赤诚溢于言表，我们的热血情怀正要燃烧。

原文片段二：

"无我"是一种勇毅信念。《庄子·齐物论》中就有句话："非彼无我，非我无所取。"心为物役就会迷失自我，心有杂念就会患得患失。心中有国家、心中有人民，自然就没有"小我"的位置，于是也就能不言私利、恪尽职守、夙夜在公。

示例二：

"无我"是一种勇毅信念。《庄子·齐物论》中就有句话："非彼无我，非我无所取。"心为物役就会迷失自我，心有杂念就会患得患失。心中有信念，心中有梦想，自是没有"小我"的位置。于是也就不能言私心，恪勤恪能，夙夜在学。

原文片段三：

从"有我之境"到"无我之境"，正是习近平主席许党许国、忠于人民的鲜明写照。

以时不我待、舍我其谁的担当意识推进全面深化改革，以刮骨疗毒、壮士断腕的勇气风范狠抓正风反腐，以美美与共、天下大同的大格局推动构建人类命运共同体……历览党的十八大以来波澜壮阔的历程，以习近平同志为核心的党中央大气魄治党治国治军，大手笔运筹国内国际大局，推动改革发展稳定、内政外交国防各项事业发生历史性变革、取得历史性成就，绘就一幅"我将无我"的壮阔宏图。

示例三：

从有我之境到无我之境，是我们许诺青春的鲜明写照。

以时不我待，舍我其谁的担当意识推进全面深化学习，以刮骨疗毒、壮士断腕的勇气风范纠错纠偏，以"美美与共，校园大同"的大格局构建中考（高考）命运共同体。绘就一幅"我将无我"的壮阔宏图。

原文片段四：

从革命老区到北国边陲，从黄土高原到太行深处，从校园乡村到社区军营，从农贸市场到贫困户家中，习主席念念不忘的始终是人民群众。老百姓日子过得好不好，始终是他最大的牵挂。从"不负人民"的铮铮誓言到"不忘初心"的铿锵实践，尽显人民领袖爱人民的崇高风范。

志之所趋，无远弗届。"一个举重运动员，最开始只能举起50公斤的杠铃，经过训练，最后可以举起250公斤。"习主席以这一生动譬喻宣示："我相信可以通过我的努力、通过全中国13亿多人民勠力同心来担起这副重担，把国家建设好。我有这份自信，中国人民有这份自信。"……

山高愈前行，梦好起宏图。从新征程出发，有人民领袖习近平掌舵领航，有亿万人民团结奋斗，我们一定能实现伟大复兴的中国梦。

示例四：

从学霸老区到学困边陲，从探索高原到研学深处，从校园小径到操场台阶，从"不负青春"的铮铮誓言到"我将无我"的铿锵实践，尽显当代中学生的精神风范。

志之所趋，无远弗届。"一个举重运动员，最开始只能举起50公斤的杠铃，经过训练，最后可以举起250公斤。"习主席曾经做过这一生动譬喻。而此刻，我们的数学老师，也赠予我们一联：

代数繁途幽非无路，推导数理，挑战极限

几何多方曲犹难衢，探索空间，还是有天

我们有理由相信，通过一个"我"的努力，通过一个个"我"——我们所有人勠力同心的担当，我们能够实现梦想，不负青春。

山高愈前行，梦好起宏图，踏上新征程，我们都是追梦人，我们正在追梦的路上。

5 号素材：《那些无用的美好》/中考阅读文本

策略：《那些无用的美好》是 2018 年湖南省张家界中考阅读文本。文中关于学习琴棋书画及旅行的体会、家长的教育、学习"无用"东西的价值，都可通过调理运用方向，转为备用素材。

示例一：表达学习技艺（琴棋书画）的美好感受。

在风清月朗的夜晚，弹一首好听的筝曲，或是铺开纸墨，临几张颜体小楷，抑或即兴挥毫，画竹画梅画鸟画鱼。如此清雅美好的生活，本身就是一阕词、一幅画、一首歌。

示例二：描写看见家长训斥孩子的情景（用于行文中的反面铺垫）。

在路上遇见那位爸爸，朝儿子吼叫着什么，颇有风摇雨至的架势。果然，一巴掌抡过去，孩子的脸上留下几道红痕，疼得放声号哭。细听之后，才知是孩子英语没过关，被他怒声斥责。

示例三：表达学棋的心得体会，用"专业语言"，体现"不俗"。可以从"我"的角度写，也可以从"我"的角度观照"他人"（划线处为调整情境处）。

1. 我的角度：

学棋久了，我就有些心得，如落子无悔、逢危须弃、不得贪胜等。看似高深的生活哲理，尽在盈尺棋盘间。打谱时我还发现，高手的对局像音乐，像书法，像绘画，变幻无定，美不可言，这就是黑白之道与围棋之美。除了围棋之外，我喜欢古筝、书法、绘画。我常常对自己说，做自己喜欢的事，把每一件小事做好，做到极致，也是一种成功。

策略说明：也可从"我观照他人的角度"置换情境。将上段第一人称"我"改为"他"，适当调整即可。

示例四：表达从"旅行"中得到品行的滋养（人称可变换）。

1. 我们去过椰风轻吹的海南岛，到过瓜果飘香的新疆，游历过古色古香的丽江，奔跑在北戴河的沙滩上……体味到路途的辛苦，也收获着简单的快乐。在旅行中，认识了许多新事物，学会了观察和思考，同时变得独立、坚强。

2. 《小窗幽记》中有言："观山水亦如读书，随其见趣高下。"我从自然怀抱中、山眉水目间，学会推己及人，为他人着想。这使得我无论到哪里，都有着极好的人缘。乐观自信、宽容平和，有一颗喜悦、宁静且充满爱的心。在这样的心态下，我勤学善思，成绩优异。

示例五：表达一些看似"无用"的东西却有着"美好"的价值。

在快节奏生活的当下，很多娴雅的东西正逐渐被消解，被替代。然而，亲爱的同学，永远记得别只顾低头赶路，偶尔让心灵慢一些，再慢一些。

要知道，那些看似无用却美好的事物，和阳光、空气一样，是生命中不可或缺的滋养。总有一天，它们会成为你内在气质的外化，是你面对生活的底气和勇气。

6号素材：《世界还很年轻》/中考阅读文本

策略：《世界还很年轻》是2018年山东省滨州市中考阅读文本。文中母亲在田地劳作的描写和"我"思想转变的过程，都有可引用和借鉴之处。引用精华、调整情境、借鉴笔法，转为备用素材。

示例一：描写亲眼目睹某长辈种田种地的情景（"棉田""母亲"可以置换）。

秋天的清晨，草籽在秋风中陆续成熟，草叶上闪烁着晶莹的光亮。母亲正在棉田里忙碌着，她的腰间系了一块塑料布，防止露打湿衣服，但是裤脚上却已经变得湿漉漉的。她一边掐去疯长的叶子，一边仔细翻检棉花嫩蕾上的虫子。在一棵棵棉苗前，母亲的急性子和坏脾气都消失了，她变成了一个极其耐心的人，就像面对着十分宠爱的孩子。是啊，从春天到秋天，田里的无数棵棉花，就是这样一遍遍翻检过去，又抚摸过来的，每一棵棉花上都留下了她的指纹和温度。

示例二：表达我面对某学习任务"抗拒"和"想打退堂鼓"。

那段时间我的成绩并不稳定，心情晴朗的时候少，阴天的时候多。功课紧张，偏偏班主任又指定让我参加学校的演讲赛。虽说我普通话比较标准，但是以我内向的性格，让我在人前侃侃而谈，甚至连比划带拍桌子的演讲，把观众感动到掉眼泪，我实在觉得为难。当我站在棉花地头跟母亲大吐苦水的时候，就是怀着这样一种抗拒的心情，我想打退堂鼓。

示例三：以下片段是情节"逆转"的精彩范例（"母亲为我种棉花做棉被"的情节可根据自己的写作需要"合情合理"地置换），重点模仿或化用其"逆转步骤"与"心理层次"。

第一步：引出——引出教导我的那句话。重点字：熬。

听完我的诉苦，母亲说："老师让咱讲是看得起咱，那你就好好地讲。"回头揪下一个被雨水捂烂的桃子，惋惜叹了一口气，继续说，"一遍讲不好，你就多讲几遍。好东西都是熬出来的。"

第二步：过渡——从复杂的内心感受角度。

最后的这句话突然击中了我的心。看着黑瘦的母亲，我突然一阵心酸，同时一股莫名的力量在心底泛起。

第三步：换位——换位思考对方的付出是一种怎样的付出。

为了我的新铺盖，母亲在"熬"；为了演讲赛的好成绩，我也要"熬"。她虽然讲不出深刻的道理给我听，但她倔强地认定，自己的心血和汗水最终会变成洁白的棉絮，去温暖女儿，让她在白天繁重的课业之后，也有一个轻盈幸福的梦。

第四步：叠加——叠加思考对方的付出是怎样一种境遇、背景下的付出。

为了这份信念，她不喊苦不叫屈，硬生生将一块荒地变成了棉田。那时候，她既要照顾半身不遂的祖父，又要处理一大摊子家务。在焦头烂额里，信念如同一盏孤灯，在黑暗中亮起。循着这光亮，她看到了丰收在望的棉花，她的女儿也读出了一番人生的隽语。

示例四：给表现"学习生活"的作文一个好的篇末点题。

1. 世界在窗外，未来在远方，亲爱的同学，你准备好出发了吗？希望你的心头也有一盏灯照拂，希望你坚定而努力。正如茨维塔耶娃在诗中写的那样：世界还很年轻，一切都将发生，为了你能到来。

2. 据此可拟一个标题《心头有一盏灯照拂》。

7 号素材：《拔掉心底的篱笆》/中考阅读文本

策略：《拔掉心底的篱笆》是 2017 年湖北孝感中考阅读文本。"篱笆"一词在文中比喻对学习能力的一些偏见或错误认知，很有现实意义。直接摘录、调整情境或拓展组合，转为备用素材。

示例一：表达对学习能力（如偏文或偏理）常见的又是错误的认知。

1. 我小时候学习成绩不错，但不知从哪儿听来的：一个人如果学习成绩优秀，那么他在体育方面多半会很差。另外，我常常感冒，这让我更加确信我是个体质弱的人，不适合竞技类的运动项目。

2. 从小到大，我的数学成绩没有语文成绩好，虽然也不低，师长们多年来在耳边不停提醒我：你数学需要提高啊！你偏科啦！我渐渐也承认了这个现实：我脑子不灵，我对数学这一科怕得要死。

3. 原文片段与素材示例

原文片段：参加工作后，一位读者朋友过了不惑之年，想学外语，但恐于年龄大学不成，问我怎么办。说实话，我没法盲目地激励他。众所周知，人岁数一大，大脑会退化。

素材示例：爷爷退休了，想上老年大学，还想学点外语。但恐于年龄大学不成，纠结着问我："你也是学生，你说怎么办，能行吗？"说实话，我没法盲目地激励他。众所周知，人岁数一大，大脑会退化。

策略说明：一、"1—3"三个片段是按"那些错误的认知"在原文中提取信息的，分取于原文的三个故事，并不是按照原文顺序，这样归类后再转为备用素材就更"好用"；二、"例3"将原文"从成人角度"讲故事调整为"从我的角度讲爷爷"，类似这样的"人设（人物身份性格定位）"调整，有利于从学生的角度去叙述故事。

示例二：用什么来引发我对学习错误常识的刷新？

1. 那天体育老师找到我：你怎么没报项目？我把心底的担忧倒了出来。

体育老师的话，刷新了我小时候的"常识"：你错了，人都会感冒，不时地感冒一次，恰恰证明你的免疫系统是敏感且运转正常的，反倒可能说明你体质好；跑步是可以练出来的，也许你在耐劳方面出色，来试试吧！

2. 有一次他（数学老师）问我：你成绩那么好？为什么不把数学也兼顾一下呢？我说：老师，我从小数学就偏科，我不擅长学数学。

他接下来的一番话刷新了我读高中时的"常识"：你错了，从前学得不好，现在可能学得好；你刚刚的表达不准确，什么叫"我不擅长数学"？数学领域分为代数、几何，等好多部分，涉及的能力有人的空间想象能力、逻辑思维能力等，我看你的逻辑能力就很强，可能擅长数学中的一部分。

3. 我偶然看到这样一则消息：最新研究结果显示，中老年人计算速度及注意力方面确实下降了，但脑细胞丝毫没减少，在模式识别、逻辑推理方面不降反增，年纪大了也不存在"舌头变硬学发音会吃力"这一说。

示例三：如何表达对"学习能力"持有偏见的思考感悟？

人的很多恐惧和心理障碍，都是自己强加给自己的，抑或是早年间被别人在脑海里围起来的篱笆。你经历得越多，知道得越多，就越有可能发现很多自已以前觉得是问题的地方其实都是不问题。另一个方面，可能这世上从来就不存在什么难以逾越的篱笆，有时候，脚下的障碍其实是一排娇弱的花。

拔掉心底的篱笆，除去藏在心里的因错误想法观念而产生的恐惧和心理障碍。你会发现，那些被我们看成困难的，其实是没被我们发掘出的优点。

策略说明：拓展组合，采用"原句＋含义"组合的方式，组合解释"拔掉篱笆"的含义，可以让文章的主旨更加明确。尤其是考场作文，有时需要"明明白白我的心"，需要对某些比喻句做进一步诠释。

8号素材：《碎暖》／中考阅读文本

策略：《碎暖》是2018年辽宁省沈阳市中考阅读文本。文中讲述了三个与"纸条"有关的只言片语带来的温暖。多处细节都富有生活气息。引用精华、借鉴笔法、调整情境，转为备用素材。

原文片段一：

一个午后，阳光透窗而入，照在一地的书上。我一边整理着杂乱的书籍，一边随着每一本书的入目而在心里生长着往事。忽然，便从一本书里落下一张纸条，那是一本十多年前的初中语文教材，正奇怪它怎么进入到我藏书的行列中。

那张纸条已经泛黄，是从大笔记本上撕下的一条，蓝色的字迹已经极淡："老师，我很喜欢听你讲课！"这温暖的字句，一下子撞开了岁月深处的一扇门。那个时候，我刚刚到一个小镇的初中当语文老师。第一堂课讲得紧张无比，很是有些语无伦次，下课的时候，我简直羞愧难当，有一种巨大的挫败感。这个时候，一个女生走到我身边，把一张纸条递给我。仿佛刹那间春暖花开，心中涌动着感动，还有希望在生生不息。

示例一：作文中常有引出往事回忆的情节。以上这段"往事"的引出文笔朴实而生动。"往事"各有不同，通过"借鉴笔法"和"调整情境"可得其精华并转为备用素材。

一个午后，阳光透窗而入，照在一地的杂物上。我一边整理着书架和抽屉里翻出来的书籍、笔记和新旧水笔等，一边随着每一本书、每一个物件的入目而在心里生长着往事。忽然，从一本笔记里落下一张纸条，那是一本两年多前的语文课堂笔记本。

那张纸条已经泛黄，是从大笔记本上撕下的一条，蓝色的字迹已经极淡：

"大组长,开学第一答果然能力担当,赞!"这温暖的字句,一下子撞开了岁月深处的一扇门。那年,我们刚入学,同学彼此陌生,第一堂语文课我被老师点名发言。第一个回答问题我觉得紧张无比,很是有些语无伦次,下课的时候,我简直羞愧难当,有一种巨大的挫败感。这个时候,一个女生走到我身边,把一张纸条递给我。仿佛刹那间春暖花开,心中涌动着感动,还有希望在生生不息。

策略说明:一、原文中"我"的身份是一位老师,转为备用素材时,可将"我"的身份调整为一个初三年级的学生,去回忆刚入学的第一堂课;二、调整的内容要符合学生的身份,符合时代的特征;三、保留原文引出回忆的方式和生动的语言。

原文片段二:

上大学时,我在学生会的宣传部,有一次在布置一个会场时,我往黑板上写美术体大字。下面有一些学生在自习,会议快开始前,他们纷纷离开,忽然,一个女同学走到我身边,把一张纸条塞到我手里。我一看,上面写着:"'誓言'的'誓'错了!快改过来!"我一惊,仔细看黑板上的字,一时又惭愧又感动。

示例二:调整情境,在原文的基础上,加上我"优越感""傲骄"的渲染,反衬对方善意的提醒之可贵。

上中学时,我学习优秀,表现优秀,是学校的"公众人物",好多学弟学妹都说我有"御姐范儿",所以,行走在校园里,我时常洋溢着傲骄的神情,如风飘过。

我在学生会的宣传部,有一次在布置一个会场时,我往黑板上写美术体大字。下面有一些学生在自习,会议快开始前,他们纷纷离开,忽然,一个女同学走到我身边,把一张纸条塞到我手里。我一看,上面写着:"'誓言'的'誓'错了!快改过来!"我一惊,仔细看黑板上的字,一时又惭愧又感动。

我惭愧,不仅是因为我写错了,更因为我那高人一等的优越感是如此的浅薄可笑;我感动,因了这位女同学善解人意地温暖的提醒,免去了我的尴尬,保护了我的自尊和我的骄傲。

策略说明:原文片段里重点突出的是这位女生善意的提醒是一种温暖。如果直接照搬过来作为素材故事略显单薄。运用"调整情境之增补过渡"策略,给故事中的"我"加上一个"傲骄"的人设,这份"提醒"就来得更有意义;

另外，此中考阅读文本在阅读题设置中有一题，问："忽然，一个女同学走到我身边，把一张纸条塞到我手里。"运用什么描写方法？有什么作用？参考答案是"动作描写、神态描写，生动形象地写出了女同学想保护我的自尊心，不想让我尴尬的心理，体现了女同学的善解人意、热心。"运用"拓展组合"策略，对此答案进行拓展解读，并与原文组合成表达感悟的段。

示例三：采用"引用精华"策略，以下句子可直接作为备用素材。但运用时有个条件，须围绕第一句"我常常流连于那些让人难忘的只言片语"中的"只言片语"，写两三个与"只言片语"有关的小故事，在引用之前做足铺垫。

我常常流连于那些让人难忘的只言片语，那样的时刻，仿佛时光都走得那么轻缓。那些点点滴滴的暖，汇聚成爱的海洋，无时无刻不在包围着我们，生命，才会于变迁中而不苍凉，生活，才会于坎坷中依然那么多情而美好。

9号素材：《老枣树下的斑驳流年》/中考阅读文本

策略：《老枣树下的斑驳流年》是2018年四川省眉山市中考阅读文本。文中"树"与"流年"构成了一段与树有关的时光的回忆。借鉴此笔法，再链接生活，调整情境，转为备用素材。

原文片段一：

淅淅沥沥的秋雨，从晨落到暮。窗玻璃发出啪啪嗒嗒的声响，像极了老家院子里那棵老枣树上的红枣落到地面的声音。

正是红枣上市的季节。老家院子里的老枣树上一定挂满圆滚滚紫溜溜的红枣了吧，被连绵的雨珠击落一地，树下有否拾枣的人？

示例一：以上片段由秋雨引出对故乡的枣树、对亲人的回忆。枣树是常见的植物，如果自己的现实生活中没见过枣树，可以置换为其它果树，比如，橄榄树、柠檬树、龙眼树、杨梅树等。假设是"橄榄树"（和枣树一样，果实也在十月份左右成熟），运用"调整情境"策略，转为备用素材。

淅淅沥沥的秋雨，从晨落到暮。窗玻璃发出啪啪嗒嗒的声响，像极了老家院子里那棵橄榄树上的青橄榄落到地面的声音。

正是青橄榄上市的季节。老家院子里的橄榄树上一定挂满纺锤一般黄黄绿绿的橄榄了吧，被连绵的雨珠击落一地，树下有否拾果的人？

原文片段二：

　　我找来一根长棍子递给母亲，拉着她来到老枣树下。母亲仰头朝树上望，忽而举起棍子就打。落地的枣儿仿佛一只只欢蹦乱跳的兔子，满地撒欢。我小跑着来来回回追赶着去捡。可是，才捡了几颗，母亲就停下不打了。母亲说，枣熟透了才好吃。等树上的枣全都变红的时候，母亲却又换了说法，得留着，过年时好给你蒸枣糕吃。从此，红枣成了一道过年时才能吃到的美味。

　　示例二：文中回忆"打枣"的情节，就是回忆一段"斑驳流年"的情节。用"调整情境"之策转为备用素材。

　　当树上挂满青青的橄榄的时候，我常常禁不住那青绿色的诱惑，早早地就缠着奶奶要打下。

　　我找来一根长棍子递给奶奶，拉着她来到橄榄树下。奶奶仰头朝树上望，忽而举起棍子就打。落地的橄榄仿佛一只只欢蹦乱跳的兔子，满地撒欢。我小跑着来来回回追赶着去捡。可是，才捡了几颗，奶奶就停下不打了。她说，橄榄熟透了才好吃，现在太青涩了。等树上的橄榄变紫又变黑的时候，奶奶却又换了说法，得留着，过年时好给你腌醋橄榄吃。从此，醋橄榄成了一道过年时赠送亲友的美味。

　　奶奶是腌醋橄榄的好手。过年时好多亲友以能得到奶奶亲手腌制的橄榄为乐事。我常看着奶奶把一罐罐腌好的醋橄榄递给来拜年的某个邻居，笑吟吟地说："过年啊，大鱼大肉吃多了，吃这个好，解腻，去油，润喉，还去燥哦。"

　　策略说明：调整情境时时刻遵循"六合"的原则。一、大多数中学生的父母是四十多岁，且少以务农为生，所以设定老家种果树的为奶奶；二、注意枣与橄榄两种果实的不同形状和颜色；三、正因为枣与橄榄有所不同，后面的"蒸枣糕"才调整为"腌醋橄榄"，这合乎民间的真实生活，也使文章多了民俗民风的内涵。

原文片段三：

　　十三岁那年，到了红枣收获的季节。一天，同桌因为我阻止她上课吃东西，便告诉老师我拿了她的橡皮，还骂我小偷。我向母亲哭诉一阵子后说，我不想上学了。母亲伸手抹掉我脸上的泪水，牵起我的手来到老枣树下，递给我一根长木棍，说："使劲儿往树上打，气出来心里就不觉得憋屈了。"

　　真的，我举起棍子劈哩啪啦打了一阵子，心里感觉舒坦多了。但是看着被打得光秃秃的树，我心里又很难过。母亲却笑微微地说："枣树越打越旺。"直到第二年秋天，一颗颗圆滚滚红艳艳的枣儿挂满老枣树，我才相信母亲的话是真的。

十七岁那年，我高考落榜。这是一个让人绝望的消息。我抓起一根棍子，对着老枣树一通猛击，直到精疲力竭，瘫坐在地上。不知道什么时候，突然我被一阵冷风吹醒。起身准备回屋，身上的毛毯掉落地上，我弯身去拾，却看见母亲坐在地上睡着了。顿时，我的眼泪叭嗒叭嗒掉下来。

一次次，我用打老枣树的办法，平息了心里的委屈和怨愤。但我不知道，当我拼命抽打老枣树的时候，母亲的心有多疼。

忽而觉得，母亲就是一棵老枣树。她一辈子含辛茹苦，将我拉扯成人。我却因为生活中的风吹草动或种种不如意一次次向母亲哭诉和发泄，而每一次哭诉和发泄都会像刀子一样剜割着母亲的心。

示例三：调整情境，将"我"的成长与"树"结合一起，"红枣"转为"橄榄"，"母亲"转为"奶奶"，所有的物的特征与人的特征随之调整。

刚上中学的那年，到了橄榄收获的季节。一天，同桌因为我阻止她上课吃东西，便告诉老师我拿了她的橡皮，还骂我小偷。我不敢告诉母亲，但周末回老家时我跟奶奶说了，哭诉一阵子后说，我不想上学了。奶奶伸手抹掉我脸上的泪水，牵起我的手来到果树下，递给我一根长木棍，说："使劲儿往树上打，气出来心里就不觉得憋屈了。"

真的，我举起棍子劈哩啪啦打了一阵子，心里感觉舒坦多了。但是看着被打得枝叶稀疏的树，我心里又很难过。奶奶却笑微微地说："橄榄树叶子掉得越多，日头才照得更敞亮，果子长得越好呢。"直到第二年秋天，我看到一粒粒青绿色的果子挂满枝叶间时，我才相信奶奶的话是真的。

中考前的一次全市质检，我意外退了三十多名。这是一个让人绝望的消息。我在老家抓起一根棍子，对着橄榄树一通猛击，直到精疲力竭，瘫坐在地上，眼泪叭嗒叭嗒地掉。

有好几次，我用打橄榄树的办法，平息了心里的委屈和怨愤。但我不知道，当我拼命抽打果树的时候，奶奶的心有多疼，奶奶又因为觉得帮助不了我而多么无助。

忽而觉得，奶奶就是一棵橄榄树。她一辈子含辛茹苦，将儿女们拉扯成人。我却因为生活中的风吹草动或种种不如意一次次向奶奶哭诉和发泄，而奶奶就如同老家的那棵橄榄树，却一直在那儿，永远无怨地等着我、守望着我。

策略说明：调整情境时，删去或置换在现实中略显夸张的情节，如"被打得光秃秃的树"，我"哭到在树下睡着"，"每一次哭诉和发泄都会像刀子一样剜割着母亲的心"等等；第二，原文作者写十三岁时和高考时的两件事，如果情节主人公设定为中学生，那么就可调整为"刚上初中"和中考前某次大考；第三，比原文增加一些更有深度的表达，如"奶奶的心有多疼，奶奶又因为觉得帮助不了我而多么无助"，以及"而奶奶就如同老家的那棵橄榄树，却一直在那儿，永远无怨地等着我、守望着我。"

原文片段四：

夜深了。秋雨依然淅淅沥沥，窗玻璃发出啪啪嗒嗒的声响，像极了老家院子里那棵老枣树上的红枣落到地面的声音。伸手按灭台灯，叮嘱自己，睡吧，好去老家院落里，捡拾那一颗颗圆滚滚紫溜溜的红枣，以及像阳光一样散落一地的斑驳流年。

示例四：

夜深了。秋雨依然淅淅沥沥，窗玻璃发出啪啪嗒嗒的声响，像极了老家院子里那棵橄榄树上的青橄榄落到地面的声音。伸手按灭台灯，叮嘱自己，睡吧，好去老家院落里，捡拾那一颗颗青涩又甘甜的橄榄，以及像阳光一样散落一地的斑驳流年。

策略说明：比对着一篇美文，遵循"六合"原则，根据情境需要，一路调整下来，就产生了一篇新的美文。这个过程，是"语言的建构与运用"的过程，也是"思维的发展与提升"过程。长期训练，语文核心素养更有望达成。

10 号素材：来自影视歌诗网络等各类文本

策略：在某一类主题下群文延伸，搜索素材备用。例如搜索与"成长、青春、亲情、奋斗、梦想"有关的文本，形成正面或反面备用素材。

1. 山那边是什么呢？/妈妈给我说过：海/哦，山那边是海吗？/于是，怀着一种隐秘的想望/有一天我终于爬上了那个山顶/可是我却几乎是哭着回来了——/在山的那边，依然是山/山那边的山啊，铁青着脸/给我的幻想打了一个零分！

《在山的那一边》王家新

2. 你并不知道生活在什么时候突然改变方向，陷入墨水一般浓稠的黑暗里去。你被失望拖进深渊，你被挫折践踏得体无完肤……你被嘲笑、被讽刺、被讨厌、被怨恨、被放弃。

《小时代》台词

3. 博观而约取，厚积而薄发。解读：广博读书而简约审慎地取用，在深厚积累之后慢慢地释放出来。

《稼说送张琥》苏轼

4. 人们说，青春是与七个自己相遇。一个明媚，一个忧伤，一个华丽，一个冒险，一个倔强，一个柔软，剩下的那个，正在成长。我们在成长的路上，经历风雨，遇见荆棘，会忍气吞声，也会强势反弹。

——郭敬明《夏至未至》

5. 逆商（简称AQ）：逆境商数，一般被译为挫折商或逆境商。它是美国职业培训师保罗·斯托茨提出的概念。指人们面对逆境时的反应方式，即面对挫折、摆脱困境和超越困难的能力。

同样的打击，AQ高的人产生的挫折感低，而AQ低的人就会产生强烈的挫折感。

AQ低的人经常说：我无能为力、我能力不及；

AQ高的人则会说：虽然很难，但这算什么、一定有办法。

（百度百科）

6. 很多时候不是我们去看父母的背影，而是承受他们追逐的目光，承受他们不舍的，不放心的，满眼的目送。最后才渐渐明白，这个世界上，再也没有任何人，可以像父母一样，爱我如生命。

《目送》龙应台

第三讲　备用素材化为写作内容

一、待升格文例解与评析

作文题：顺着风，我们可以像帆船一样速度更快；而逆着风，我们可以像风筝一样飞得更高。前进的道路，取决于风，更取决于我们自己。

以上文字给你什么联想和感悟。以"顺风前行"或"逆风前行"为题写一篇记叙文或议论文。

析题

1. 从材料中全面提取关键词，把握题意：顺风，速度更快；逆风，飞得更高；前行的路，取决于风，更取决自己。

2. 合理补充"潜台词"。如果扣"取决自己"，去设想实现"更快"和"更高"的条件，就可以得到材料的"潜台词"，从而得出材料的喻意。即：前行的道路顺利时，就要加快脚步，不让自己怠惰停滞和自我放逐，才能走得更快；遇到逆境时，就要迎难而上，克服纠结挣扎和消极畏惧的心理，让自己走得更远。前者为"顺风前行"，后者为"逆风前行"。

3. 以材料关键词为引，群文延伸，补充搜索与"关键词"相关的素材如下：

（1）我不愿随波/不屑逐浪/谁陪我逆风飞翔/生活就像一场无止境的流浪/新患旧伤/我却更坚强/一路逆风飞翔/我们　不脆弱　不沉默　不协妥　不退缩/不慌张　不绝望　不狂妄　不投降

歌词《一路逆风》邓紫棋

（2）咬定青山不放松/立根原在破岩中/千磨万击还坚劲/任尔东西南北风

古诗《竹石》清郑板桥

（3）万缕千丝终不改，任他随聚随分/韶华休笑本无根/好风凭借力，送我上青云

曹雪芹《红楼梦》薛宝钗之《临江仙》

（4）溯洄从之/道阻且右/溯游从之/宛在水中沚

诗经《蒹葭》

（5）我愿逆流而上/依偎在她身旁/无奈前有险滩/道路又远又长。

歌词《在水一方》

待升格文：

逆风前行

（1）在人生路上，总有风风雨雨的陪伴，雨总会停，坚持下去就能看见彩虹。而风，不像雨，但如果把握好机会，风将会是我们前进助力，使我们在人生路上行走得更快、更远。坚定信念，将会迎来成功。

（2）这学期，我的成绩就像坐了升降机一样，时起时落，很不稳定。月考时，考了年段11名，可到了期中考却掉到19名。我隐隐为我期末考担忧了。假如我再按这个状态，恐怕要掉到更低的名次。我不能再玩手机了。我开始控

制手机的使用时间。

（3）之后，我便开始了我的艰苦奋斗史。理想很丰满，现实却很骨感。在单元测试时，我又退步了。我意识到，前方有一股逆风对我吹来，将我包裹住，我已经被吹退了好几步。我想：既然我已经努力，却还是没进步，那还要努力干嘛？我开始放弃了。

（4）几天后，我看见一组图片。两只乌鸦口渴了，在找水，都找到了两瓶水。都用嘴喝都喝不到。于是，一只乌鸦就去找石头，另一只乌鸦就去找吸管。找石头那只乌鸦最终喝到了水，可由于找石头费了太多体力，反而更加口渴，不够喝。找吸管的那只乌鸦，轻轻松松喝到了水。文末写了一句话：为了共同的目标，找到了好的方法，做事往往会事半功倍。这句话使我豁然开朗，我用功了，却没有用好的方法。我应该改用好的学习方法，将没完全掌握的再补缺补漏。

（5）在模拟考时，又进到了11名。这股逆风已经被我战胜了。

（6）战胜逆风，将会走得更远。

析文：

本文为考场作文，得分46分（总分60分）。叙述虽然努力但学习成绩起起落落因看见"乌鸦喝水"得到启示改进学习方法"逆风前行"的故事。基本符合题意。且文中出现个别富有创造力的句子如"我意识到，前方有一股逆风对我吹来，将我包裹住，我已经被吹退了好几步"等，值得圈点。

但存在以下问题。

1. 平。

开篇平平。关于"人生路""风雨""机会""信念"的感悟，每一句都很"高大上""伟光正"，说的都是"地球人"明白的道理，但正因为如此，每一句都成了不痛不痒的正确的"废话"。此外，"如果把握好机会"，强调的是"机会"；"坚定信念"，强调的是"信念"。而下文，既不是围绕"机会"写，也不是围绕"信念"写。可见，作者写作时心中并没有清晰的主题意识。

结尾平平。点题简单且粗暴，无展开、无延伸。

2. 俗。

情节的逆转部分，引发思想转变的是一个"乌鸦喝水"的故事，通过"找石头"和"找吸管"解决喝水问题来表达改进学习方法的感悟。这个桥段从小学到初中一直都有不少学生在习作中运作，即俗且滥。情节要逆转，思想要蜕变，都需要一个"介质"来承载，这个"介质"的选用和表达，都需要克服

"自动化"思维习惯，而以"陌生化"为原则。

二、化用素材修改与升格

关于"自动化"。

我们不妨思考，为什么相当一部分学生在作文中批量地运用诸如"乌鸦喝水"之类的滥俗桥段来实现情节的逆转呢？

从思维的角度看，源于一种"惯性思维"，在这种思维模式下，习惯"自动化"地选择素材和语言，即那种久用成习惯或习惯成自然的缺乏原创性和新鲜感的司空见惯的素材和语言。动作一旦成为习惯性的，就会变成自动的动作，所有的习惯就退到无意识和自动的环境里。

关于"陌生化"。

"陌生化"是与"自动化"相对立的。"陌生化"就是力求运用新鲜的语言或奇异的语言，去破除这种自动化语言的壁垒，给读者带来新奇的阅读体验。"陌生化"并不只是为着新奇，而是通过新奇使人从对生活的漠然或麻木状态中惊醒过来，感奋起来。

俄国形式主义学者什克洛夫斯基在论及陌生化问题时说："艺术的技巧就是使对象陌生，使形式变得困难，增加感觉的难度和时间长度，因为感觉过程本身就是审美目的，必须设法延长。"

从这个角度看，学生的习作，跟"艺术创作"有相似的特征，也要"源于生活，高于生活"。

修改升格方案：

1. 撤掉原文"平平"的开篇和结尾，从1号到6号阅读素材中选用适当的备用素材进入作文。

2. 撤掉"乌鸦喝水"滥俗的逆转情节，从1号到6号阅读素材中选用适当的备用素材进入作文。

3. 根据原文通过改进学习方法来实现情节逆转的特点，选用群文文本6号素材中的第"5"个，"逆商"的素材入文。这是对原文核心内容的修改，此素材且称为"核心素材"。

4. 选用根据题目关键词的近义词搜索的素材"1"和"3"入文，替代原文开篇和结尾。此二素材且称为"辅助素材"。

5. 运用"直接化用"策略，"拼接化用"策略。

升格步骤：

（1）一直很喜欢邓紫棋的《一路逆风》，特别是那句："生活就像一场无止境的流浪／新患旧伤／我却更坚强／一路逆风飞翔／我们 不脆弱 不沉默 不协妥 不退缩／不慌张 不绝望 不狂妄 不投降"。我自认是个"情商"颇高的人，前行的路上，有时一路逆风，我总是相信自己有着一颗"不脆弱不投降"的勇敢飞翔的心。

第一步，铺垫。

1. 挑出素材关键词。

群文文本 6 号素材中的第 "5" 个素材 "逆商"（核心素材）关键词是："逆商""一定有办法"。根据题目关键词的近义词搜索的素材（辅助素材）歌词 "一路逆风" 关键词是："逆风飞翔""不脆弱不投降" 等词。

2. 理出素材间的关系。

深度阅读，得出核心素材 "逆商"，指的是面对 "逆风" 时解决问题的办法；辅助素材指的是面对 "逆风" 时的应有的良好心态，即 "情商"。

据此，梳理两个素材间的意义关系：情商高还不够，还需要有逆商，即面对 "逆境" 时解决问题的能力和行动力。

3. 从反面作铺垫。

构思完成后，开篇可引用辅助素材来表达内心的反省，形成反面铺垫。

注意两点。一、从两个素材 "反面相关" 的部分，即 "情商高还不够" 这个角度，去展开心理描写，形成反面铺垫，后面才能形成 "正面的逆转"。

二、从 "自动化" 惯性思维角度来看，即使引用了较为新鲜的素材歌词 "一路逆风"，在引用后，大多数学生还是会习惯性地沿着歌词的意思去展开表达，比如，"每当我听到这首歌，我就告诉自己，即使一路逆风飞翔，我也要更坚强。" 如果这样写，就很难与后面 "逆商" 的素材形成有效的 "反面铺垫" 与 "正面逆转" 的关系。

（2）（3）……（保留原文）

（4）一向自认情商高的我，虽然心有不甘。终于是想放弃了。

（5）同学小 A 是年段的学霸，见我几番苦斗还是一败涂地，一脸坏笑地对着我："亲，要不要给你来一碗心灵鸡汤喝一喝？"

（6）"这世界充满恶意！" 我忿忿地想。小 A 又扔过来一句："光有 IQ 不管用啦，你有 AQ 吗？你有吗？"

（7）"什么是 AQ？，我怎么可以从没听说过？" 我假装没听见，不在意他说的话。掏出手机，下意识地刷出 "度娘"，输入 "AQ"。

（8）只见百度百科上写道：<u>AQ，就是逆境商数，是指人们面对逆境时的反应方式，即面对挫折、摆脱困境和超越困难的能力。</u>

（9）<u>同样的打击，AQ 低的人经常说：我无能为力、我能力不及；</u>

（10）<u>AQ 高的人则会说：虽然很难，但这算什么、一定有办法。</u>

第二步：引出。

精心设计遇见核心素材过渡情节："遇见"，就是不刻意地与素材相遇。此处先设计小 A 与我的一段合乎生活情境的对话，再设计由"人设"为学霸的小 A 提出"逆商"的概念，来引出素材。

过渡情节须合情合理，避免生硬造作。

引出核心素材前的语言表达要简练干脆。修改文用"假装没听见"，私下"掏出手机"查看信息来引出。

4. 可根据表达需要适当剪裁核心素材句（概括、选句、组合）。

（11）是的，一定有办法！原来我缺的不是逆风飞翔的情商，而是找到逆风飞翔办法的那种能力！我得脑补一下"苦斗"的日子里还能有什么更好的办法产生更好的学习效率了！

（12）"我是控制使用手机时间了，但是我合理规划过自己的生活作息与作业复习的时间分配了吗？常常是球打得太过，回来洗个澡，吃个饭后已觉精疲力竭，哪里还能全身心进入学习状态？"

（13）"我是苦斗了一段日子了，但是我根据自己的学习水平加长板和补短板了吗？只是被动跟着每天的作业任务疲于应付罢了！"

第三步：思考。

提取素材关键词，结合自己的现状作真诚的反思。

提取"一定有办法"，结合自己"有情商缺逆商"的现状"扪心自问"，"深刻地彻底地"反思。

（14）带着这样的思考，我付诸行动。一月后的模拟考我又进到了 11 名。依然喜欢单曲循环那首《逆风飞翔》，而当逆风再来，我会鼓起勇气迎风而上，更会探求穿越逆风的角度和力度，我深知，拥有了更高的"逆商"，我将飞得更高，"好风凭借力，送我上青云！"

第四步：感悟。

先给故事一个结局，使情节完整。如故事的结局是"我有所进步"。再创造一个句段，将素材关键词（逆商）、题目关键词（逆风前行）、故事情节特征（从情商到逆商）"三合一"，深度点题。

三、策略运用与升格训练

1. 以待升格文《逆风飞翔》为例，若选用课内文本备用素材入文，将选择哪个素材？运用哪些策略？怎样修改升格？

2. 以待升格文《逆风飞翔》为例，若选用群文文本备用素材入文，将选择哪个素材？运用哪些策略？怎样修改升格？

3. 若选用多个素材、或者自己个性积累的相关素材入文，将选择哪些素材？运用哪些策略？怎样修改升格？

（可片段训练，亦可成文）

第三章

志趣情怀

选材依据：收录与表现家国、理想、情操、志趣、人格、精神、修养、品德、心态等有关的课内文本与群文文本。

第一讲　课内文本转为备用素材

1号素材：《最后一课》/七下第二单元

策略：《最后一课》中法国师生上了最后一堂法语课，表现法兰西人的爱国情怀。国籍不同，爱国情怀一致；小说描写一节法语课，也贴近中学生生活。基于此，运用借鉴笔法、调整情境之策略，转为若干备用素材。

原文片段一：

那天早晨上学，我去得很晚，心里很怕韩麦尔先生骂我，况且他说过要问我们分词。可是我连一个字也说不上来。我想就别上学了，到野外去玩玩吧。

天气那么暖和，那么晴朗！

画眉在树林边宛转地唱歌；锯木厂后边草地上，普鲁士士兵正在操练。这些景象，比分词用法有趣多了；可是我还能管住自己，急忙向学校跑去。

……

我想他在拿我开玩笑，就上气不接下气地赶到韩麦尔先生的小院子里。

平常日子，学校开始上课的时候，总有一阵喧闹，就是在街上也能听到。开课桌啦，关课桌啦，大家怕吵捂着耳朵大声背书啦……还有老师拿着大铁戒尺在桌子上紧敲着，"静一点，静一点……"

我本来打算趁那一阵喧闹偷偷地溜到我的座位上去；可是那一天，一切偏安安静静的，跟星期日的早晨一样。我从开着的窗子望进去，看见同学们都在自己的座位上了；韩麦尔先生呢，踱来踱去，胳膊底下夹着那怕人的铁戒尺。我只好推开门，当着大家的面走过静悄悄的教室。你们可以想象，我那时脸多么红，心多么慌！

示例一：描写某次因害怕被检查而故意上课迟到的经历。

那天早晨第四节，我迟迟不想回班级，心里很怕语文老师"林嬷嬷"骂我，况且她说过要问我们背诵。可是我总觉得林嬷嬷"身怀六甲"就快生产二孩，总不至于太咄咄逼人吧，昨晚就优先做数学题根本顾不上背诵了，连一个字也说不上来。我想就赖在操场多玩会儿吧，就说第三节体育课被老师罚跑，所以迟到了，同学不会当面揭穿我吧。

天气那么暖和，那么晴朗！

鸟雀在树林边宛转地唱歌；单双杠后边的草地上，第四节上体育课的班级正在操练。这些景象，比背诵课文有趣多了；可是我还能管住自己，不敢耽搁过久，急忙向班级跑去。

……

平常日子，上课铃响后的前几分钟，总有一阵喧闹，就是在走廊也能听到。推课桌啦，敲课桌啦，大家怕吵捂着耳朵大声背书应付检查啦……还有老师拿着钢笔在桌子上紧敲着，"静一点，静一点……"

我本来打算趁那一阵喧闹偷偷地溜到我的座位上去；可是那一天，一切偏安安静静的，跟星期日的早晨一样。我从开着的窗子望进去，看见同学们都在自己的座位上了；语文老师呢，踱来踱去，胳膊底下夹着A4大的课本。我只好推开门，当着大家的面走过静悄悄的教室。你们可以想象，我那时脸多么红，心多么慌！

策略说明：国情不同，时代不同，课堂内外的某些具体情况也不同。遵循"六合"原则，调整情境时，"进校园"改为"进班级"，"士兵操练"改为"学生操练"，"分词"改为"背诵"，"开关课桌"改为"推""敲"课桌，当然，现在的老师是不允许使用"铁戒尺"的，就换为"钢笔"敲桌了；此外，设定语文老师是怀孕待产二孩的老师，是为下文"最后一课"伏笔。符合当前国情。

原文片段二：

我看见这些情形，正在诧异，韩麦尔先生已经坐上椅子，像刚才对我说话那样，又柔和又严肃地对我们说："我的孩子们，这是我最后一次给你们上课了。柏林已经来了命令，阿尔萨斯和洛林的学校只许教德语了。新老师明天就到。今天是你们最后一堂法语课，我希望你们多多用心学习。"

我听了这几句话，心里万分难过。啊，那些坏家伙，他们贴在镇公所布告牌上的，原来就是这么一回事！

我的最后一堂法语课！

我几乎还不会作文呢！我再也不能学法语了！难道这样就算了吗？我从前没好好学习，旷了课去找鸟窝，到萨尔河上去溜冰……想起这些，我多么懊悔！我这些课本，语法啦，历史啦，刚才我还觉得那么讨厌，带着又那么重，现在都好像是我的老朋友，舍不得跟它们分手了。还有韩麦尔先生也一样。他就要离开了，我再也不能看见他了！想起这些，我忘了他给我的惩罚，忘了我挨的戒尺。

可怜的人！

示例二：

我看见这些情形，正在诧异，语文老师又柔和又严肃地对我们说："孩子们，这是我最后一次给你们上课了。因为身体上的原因，我必须提前请产假。休假后再来上课时，你们已经毕业了。新老师明天就到。今天是我给你们上的最后一堂语文课，我希望你们多多用心学习。"

我听了这几句话，心里万分难过。

严肃的美丽的让人又恨又爱的林嬷嬷的最后一堂语文课！

我几乎还没写过好作文呢！我再也不能看见林嬷嬷潇洒漂亮的粉笔字了，再也不能听见她女主播一般春风拂面的朗读了，再也不能趁着林嬷嬷诗性大发的时候故意捧腹大笑了！难道这样就算了吗？我从前没好好学习，欺软怕硬地作业赖了一次又一次，测验草草混了一回又一回……想起这些，我多么懊悔！我的语文书，我的还没背诵的课文，我的空白一片的练习册，刚才我还觉得那么讨厌，那么沉重，现在都好像是我的老朋友，变得亲切可爱了。还有被我们取了外号的林嬷嬷也一样。就要离开了我的课堂了！想起这些，我忘了她给我的惩罚，忘了我挨的训斥。

为什么总是在快要失去的时候才觉得人也珍贵，物也珍贵，相处的日子更是弥足珍贵！

莫等多年以后，蓦然回首，才道一句：此情可待成追忆，只是当时已惘然！

策略说明：链接当下中学生可能有的现实，文中"语文老师"的人设是个语文素养高、热爱语文教学、对学生严格要求的"林嬷嬷"，"我"的人设是对语文科学习"偷工减料"的"皮学生"，又是可爱而重情的"好孩子"，大段大段的心理描写，目的是表现一个主题：不要等失去的时候才懂得相处的珍贵。

原文片段三：

忽然教堂的钟敲了十二下。祈祷的钟声也响了。窗外又传来普鲁士士兵的号声——他们已经收操了。韩麦尔先生站起来，脸色惨白，我觉得他从来没有这么高大。

"我的朋友们啊，"他说，"我——我——"

但是他哽住了，他说不下去了。

他转身朝着黑板，拿起一支粉笔，使出全身的力量，写了几个大字：

"法兰西万岁！"

然后他呆在那儿，头靠着墙壁，话也不说，只向我们做了一个手势："放学了，——你们走吧。"

示例三：

忽然第四节——早上最后一节课的下课铃响了，紧接着学校的广播里传来了柔和的声音：同学们，放学了……林嬷嬷扶着桌沿笨拙地站起来，脸色有些发白，我觉得她从来没有这么美丽安详。

"孩子们啊，"她说，"我——我——"

但是她好像哽住了，说不下去了。

她缓缓地笨拙地转身朝着黑板，拿起一支粉笔，似乎使出全身的力量，写了几个潇洒美丽的大字：

"爱生命、爱语文、爱你们！"

然后她呆在那儿，头靠着墙壁，话也不说，只是努力地微笑，向我们做了一个手势："放学了，——你们走吧。"

全班不约而同站起来，齐声说："林嬷嬷再见！"鼓掌。

策略说明："师生分别"的场面，分寸如果没有把握好，要么显得苍白无力，要么变得矫情夸张。而作为一个即将诞下新生命的语文老师，她可以有不一样的告别方式。根据这样的情境，调整"法兰西万岁"为"爱生命、爱语文、爱你们"这样的告别语，用一个"爱"字，连接起对生命的期待、对工作的热爱、对学生爱而不得不分开的无奈，就合情合理，也比较走心。

2 号素材：《叶圣陶先生二三事》/七下第四单元

策略：《叶圣陶先生二三事》是张中行在回忆与叶圣陶先生交往的几件小事中表达对伟人的追思景仰之情。链接现实，可以发现两点：一、2009 年至今，有多位文化名人去世；二、我们不一定有机会与名人伟人交往，却可以通过相关著作的阅读来了解伟人名人的志趣情怀。据此，可对原文第一段调整情境，用来引出读文、读人和抒写感悟的内容。

原文片段一：

叶圣陶先生于 1988 年 2 月 16 日逝世。记得那是旧历丁卯年除夕，晚上得知这消息，外面正响着鞭炮，万想不到这繁碎而响亮的声音也把他送走了，心里立即罩上双层的悲哀。

示例一：

1. 季羡林先生于 2009 年 7 月 11 日逝世。记得那是己丑年闰五月十九，从新闻中得知这消息，正值端午节后不久，刚祭奠完以梦为马的诗人屈原，万想不到这夏日的烈炎也把这位国学大师送走了，心里立即罩上双层的悲哀。

2. 史铁生于 2010 年 12 月 31 日去世，记得那是庚寅年冬月廿六。从新闻中得知这消息，正值新年元旦的前一天。虽然这位饱受磨难的作家曾说：死亡是一个必然降临的节日，于我，心里却还是罩上双层的悲哀。

3. 杨绛先生于 2016 年 5 月 25 日去世，记得那是丙申年四月十九，从新闻中得知这消息，正值凌晨 1 时，虽然先生发表"如果去世，不希望自己去世的消息成为新闻"的愿望，想起这位钱钟书心中"最才的女、最贤的妻"不在了，"我们仨"从此消逝，心里却还是罩上双层的悲哀。

4. 余光中先生于 2017 年 12 月 14 日去世，记得那是丁酉年十月廿七，正值中山大学为余先生庆祝 90 大寿之后两个月。想起终究挥别了飘绕了半个世纪的这一缕乡愁了，心里却还是罩上双层的悲哀。

5. 金庸先生于 2018 年 10 月 30 日去世，记得那是戊戌年九月廿二，从新闻中得知这消息，正值我从西安游华山回来后的第二周，先生亲题的"华山论剑"四个字还历历在目，万想不到"来时豪气冲云天，去时带走侠客梦"了。从此江湖无大侠，心里罩上了双层的悲哀。

6. 林清玄先生于 2019 年 1 月 23 日去世，时值戊戌年腊月十八，就在新年的前夕。从新闻中得知这消息，想起 22 日他发的最后一条微博："在穿过林间的时候，我觉得麻雀的死亡给我一些启示，我们虽然在尘网中生活，但永远不要失去想飞的心，不要忘记飞翔的姿势。"

虽然语含振奋，但心里反而罩上了双层的悲哀。

人间最美是清欢！微斯人，吾谁与归？

策略说明：调整情境时有两个要点，一、去世的时间是否有特定的意义；二、每个文化名人都有世人给予他们的"文化符号"，或者叫作"文化标签"，可紧扣这个符号来抒写感受。以上文化名人，可选择某一位，去阅读他的作品，了解他的世界，从而写出类似读后感或者传记的文章。

原文片段二：

文字之外，日常交往，他同样是一以贯之，宽厚待人。例如一些可以算作末节的事，有事，或无事，到东四八条他家去看他，告辞，拦阻他远送，无论怎样说，他一定还是走过三道门，四道台阶，送到大门外才告别，他鞠躬，口说谢谢，看着来人上路才转身回去。晚年，记得有两次是已经不能起床，我同一些人去问候，告辞，他总是举手打拱，还是不断地说谢谢。

示例二：链接生活，可以照见当代人有些疏于交际礼仪，而中学生更可从中得到一些儒家文化的传承。

校园，路遇老师，认识的不认识的，当微笑致意：老师好！

家中，有客来访，是自己的客人或是父母的客人，认识的不认识的，当微笑致意：你好！快请坐！

对着离开和告别的亲友，虽不说一定像叶圣陶老先生那样"一定还是走过三道门，四道台阶，送到大门外才告别，鞠躬，口说谢谢，看着来人上路才转身回去"，但也该送出大门，陪客人聊天或静等电梯门开，等客人进电梯，自己再退回门内，轻轻合上门。

春节至，走亲访友，问道小区的保安，尽管素未谋面，也要笑意盈盈："新年好！请问……"

原文片段三：

1. 我们在一起的时候，常常谈到写文章，他不只一次地说："写成文章，在这间房里念，要让那间房里的人听着，是说话，不是念稿，才算及了格。"

2. 我的想法，值得重视的不是多用少用一两个字，而是应该少用而偏偏多用的这种热爱冗赘的心情，它扩张，无孔不入，就会成为风。举最微末的两个字为例。一个是"了"，势力越来越大，占据的地盘越来越广，如"我见到老师""他坐在前排"，简明自然，现在却几乎都要写"我见到了老师""他坐在了前排"，成为既累赘又别扭。另一个是"太"，如"吸烟不好""那个人我不认识"，也是简明自然，现在却几乎都要写"吸烟不太好""那个人我不太认识"，成为不只累赘，而且违理。

3. 他发现课本用字，"做"和"作"分工不明，用哪一个，随写者的自由，于是出现这一处是"叫做"，那一处是"叫作"的现象。这不是对错问题，是体例不统一的问题。叶圣陶先生认为这也不应该，必须定个标准，求全社出版物统一。商讨的结果，定为"行动"义用"做"，"充当"义用"作"，只有一些历史悠久的，如作文、自作自受之类仍依旧贯。决定之后，叶圣陶先生监督执行，于是"做"和"作"就有了明确的分工。

示例四：以上四片段，是叶老关于写文章要"明白""简洁""规范准确"的言论。可直接摘引，并调整情境。

情境一，A同学读了B同学的作文后，引用叶老的话，告诉他语言要"明白"而不"隐讳"或者告诉他语言要"简洁"而不"累赘"；

情境二，"我"的作文被老师赞赏，但也指出了一些表达上的不足，如语言要"明白"而不"隐讳"或者要"简洁"而不"累赘"；

情境三，设计一情节，通过课堂上某同学对"做"和"作"用法的质疑和困惑，来表现对学问严谨较真的态度。

3号素材：《陋室铭》/七下第四单元

策略：通过《陋室铭》，学习古代名士安贫乐道，情趣高雅，志洁德馨的境界与情怀。此类美文转为备用素材，可有两个途径：一、拓展组合，用"原文+鉴赏"或"原文+翻译"组合表达对某种志趣情怀的感悟；二、"链接生活"，比照现实，真诚反思，得出新的发现和感悟。

原文

山不在高，有仙则名。水不在深，有龙则灵。斯是陋室，惟吾德馨。苔痕上阶绿，草色入帘青。谈笑有鸿儒，往来无白丁。可以调素琴，阅金经。无丝竹之乱耳，无案牍之劳形。南阳诸葛庐，西蜀子云亭。孔子云：何陋之有？

示例一：拓展组合。

我想居住一方天地，"山不在高，水不在深"，有如"苔痕上阶绿，草色入帘青"般的清幽与别致；

我想拥有三五好友，不唯吃喝，不纵玩乐，"谈笑有鸿儒，往来无白丁"，我们志趣相投，有才又有趣，是人生之大幸；

我想充实业余生活，可以"调素琴、阅诗经。有丝竹之悦耳，无案牍之劳形"，我也偶尔放空自己，做一个超然物外、体静心闲的高人雅士。

示例二：链接生活，引发对现实生活中"名人"现象的思考。

读《陋室铭》，当然敬服古代高人雅士的志趣与情怀。掩卷而思，咀嚼"山不在高，有仙则名"八个字，却别是一番滋味在心头。

山不在于高，只要有仙人居住就会出名。关键是这个"名"。

这个时代，最不缺的就是"名人"，这个时代盛产一批又一批的"名人"。

有的名人，确实拥有如文中所写的"仙"气：有名气，爱雅居，交雅友，做雅事，志行高洁，在这个诱惑纷纷的时代，坚守一股清流。比如董卿："假如我几天不读书，我就会感觉像一个人几天不洗澡那样难受。"所以你常会看到她低眉卷读的姿态，宛如天使般的宁静，常看到她因日积月累的阅读而溢出的微笑有着别样的迷人。"你若读书，优雅自来。"这样的名人，即使身处陋室，那陋室也能生香吧？

只是还有一批又一批的"名人"，

今日还圈粉无数，明日却因"吸毒放纵"而再度"声名"远播；

今日还圈粉无数，明日却因"巨额漏税"而再度"声名"远播；

今日还圈粉无数，明日却因"暧昧出轨"而再度"声名"远播；

某一天，我看到了几位当红流量男星做的一个广告，居然是某知名品牌的口红广告。几个男星，"脸若银盆，眼如水杏，眉不画而翠""唇一点就红"，搔首弄姿，那份娇艳相比于真的美女，有过之而无不及。

后来跟同学们聊起这个广告，好多同学大赞：太仙了！

可我却有隐隐地反胃恶心之感。

也许男星的"娘"成为一种名人标准。但这个标准却让我更怀念逐渐远去的那些名人。

那居住在陋室里的"仙"去哪儿了？

那潜伏在深潭下的"龙"去哪儿了？

那"惟吾德馨"的"名"士，去哪儿了？

策略说明：因阅读而了解古人的志趣情怀，又因深度阅读而引发对当下名人现象的深层思考。阅读，就是这样拓展了我们的思想，丰富了我们的表达。

4号素材：《生于忧患，死于安乐》/八上第六单元

策略：《生于忧患，死于安乐》是励志奋斗的名篇。"浅阅读"常止于背诵下来准确翻译懂得忧患吃苦使人生存发展的道理，而"深阅读"则有可能激发灵感，创作属于自己的"忧患篇"。

原文片段：

故天将降大任于是人也，必先苦其心志，劳其筋骨，饿其体肤，空乏其身，行拂乱其所为，所以动心忍性，曾益其所不能。

示例一：忧患篇之"苦其心志"。

你可知"天将降大任于是人也，必先苦其心志"中的"苦其心志"，是一种怎样的精神折磨？

人之所以感到累，特别是心累，是因为总徘徊在坚持与放弃之间，迟迟没有做出一个抉择。

上课铃又响了，回到教室的座位上，面对桌面上垒起高高的一叠书，我真累。每天漫无目的地学习、吃饭、睡觉，起床再接着学习、吃饭、睡觉，天天如此，兜了一圈又一圈，真累！

到底是怎么了，怎么会如此之累，像是身体的全部精力都被魔鬼吸走了一样，整日无精打采，说是行尸走肉，我想也不为过。可是身体里的那个小精灵，它拼命地挣扎着、反抗着，我能听见它的呼声："我不允许你堕落，不允许你失去动力。"

是啊，原本那个浑身充满斗志，拥有美好梦想的我哪去了，是什么拖住了我梦想的脚步？

原来是累，是心累。心累，是因为总徘徊在坚持与放弃之间。

家庭对我寄予的期望，让我想坚持，面对厚厚的永远读不完的书，我想放弃；

朋友和同学的鼓励，我想坚持，面对一道道解不完的难题，我想放弃；

想起那曾经为自己精心编织的美好梦想，我想坚持，但面对外界形形色色的诱惑，我想放弃。心里的魔鬼与小精灵一直在斗争，我夹在中间，着实感到累，真累。

过了年，新的学期开始，我一边犯着春困，一边啃书，可是不知道什么时候，已不知不觉地进入了梦乡。梦里，我看见了很多年后的自己，干练的短发、整洁的套装，正从容不迫地和客户谈论我的经济学。

同桌敲敲桌子："喂，老师下来了。"被她的一句话从梦里拉回了现实。可是回想起那个梦，突然让我精神抖擞，那不就是我想要的未来吗？如梦初醒。

这个春天，为了最初的梦想，我要坚持，无论如何都要到达梦想的彼岸。我决定不再挣扎不再徘徊，因为，天将降大任于斯人也，必先苦其心志。我已经尝到了"心志煎熬"之苦。

示例二：忧患篇之"劳其筋骨，饿其体肤，空乏其身，行拂乱其所为"。

你可曾真正体验过为完成一个目标，"苦其心志，劳其筋骨，饿其体肤，空乏其身，行拂乱其所为"，而后"曾益其所不能"的过程？

一年前的有节语文课，老师讲李白的诗，引申到他的《梦游天姥吟留别》，我恰巧背过，得意地把诗背下来，从此得了"才女"称号。可惜的是，我的功底并不扎实，后来的几回课内外文言诗文考试，我考得凄凄惨惨戚戚，脸上实在是挂不住。才女称号从此飘逝。

看老师的失望惋惜而无语，我心悲苦，为老师的厚望，也为自己的浅尝辄止。我萌生出在把"才女"称号夺回的念头。开始苦读古诗的征程。

从此晚饭后的习惯课程是，在走廊边，站着苦吟"今夜月明人尽望，不知秋思落谁家"的离愁；晚自习路上，走着默记"同是天涯沦落人，相逢何必曾相识"的沧桑；自习课前，在座位上冥想"至今思项羽，不肯过江东"的爱国情怀。

我背，我背，我背到天昏地暗，有时晚饭匆匆，有时忘了喝水，渴到咽干才发现，有时背着背着踩空了台阶一个趔趄几乎倒地……

一年之后，我与同学交谈，与老师论辩，古诗名句源源不断出来。才女之名花落我家。

示例三：忧患篇之"动心忍性"。

他俩，自从戒掉"网瘾"，已全然不同往日。他们决定恶补功课，并责令我当监督员。

每天放学后，空荡的教室里，下午六点钟的阳光总会透过西面的窗子洒满三张认真而稚嫩的脸庞。我坐在中间的座位上，向右扭头，就会看到他俩弯着腰认真做题的样子；向左扭头，就会看到远方的夕阳还在焕发着她那洒向人间的缥缈的色彩，就像每个人不可预知的未来。

动心忍性，曾益其所不能。

只争朝夕，我们一同奔跑在追梦的路上。

5号素材：《桃花源记》/八下第三单元/《你是人间的四月天》/九上第一单元

策略：自从有了《桃花源记》这一经典美文，我们的文化因子里从此有了与现实相对照的"桃花源"，那里安宁和乐，自由平等。没有战争，没有恐惧，有的只是躬耕之乐，和谐之美。"链接生活""调整情境"，我们每个人都可以描写和构建自己心中的桃花源。

原文片段：

1. 晋太元中，武陵人捕鱼为业。缘溪行，忘路之远近。忽逢桃花林，夹岸数百步，中无杂树，芳草鲜美，落英缤纷。渔人甚异之，复前行，欲穷其林。

林尽水源，便得一山，山有小口，仿佛若有光。便舍船，从口入。初极狭，才通人。复行数十步，豁然开朗。土地平旷，屋舍俨然，有良田美池桑竹之属。阡陌交通，鸡犬相闻。其中往来种作，男女衣着，悉如外人。黄发垂髫，并怡然自乐。《桃花源记》

2. 雪化后那片鹅黄，你像/新鲜初放芽的绿，你是/柔嫩喜悦/水光浮动着你梦期待中白莲/你是一树一树的花开/是燕在梁间呢喃/——你是爱，是暖，是希望/你是人间的四月天！《你是人间四月天》

示例：

我心中有一处桃花源，那就是我的老家，一个不并知名的小乡镇，小山村。不必说那里随眼可见"芳草鲜美，落英缤纷"，也不必说那里处处皆有"屋舍俨然"和"良田美池桑竹"，每每放空心情或心绪不佳时回到那里，单是融入那"黄发垂髫"的小小天伦之乐中，已令我心驰神往。

近来学业任务层层加码，大小考试接踵而至，还有几个学科竞赛要准备参加。心情沉闷阴郁，不得开怀。

四月天，春色正好。周末，暂时把一堆烦人的事丢开，我跟着父母回到老家。

小车一进村口，我就嚷着要下来："钱给我，我去老地方买了状元蹄带回去，反正就几步路。"于是下车，踢踢踏踏走在青石板街上，走过老石桥，几处人家院子种的红红黄黄的花不时随风招展。我脚步顿时轻快起来。到了老地方，只见小食铺主人正夹着一块蹄肉送到小孩的嘴边，红艳艳的汤汁正落在白净的米饭里，看得我牙齿和心里一齐痒痒起来。

打包了状元蹄，拐了两个弯，就看见老家那熟悉的青砖黛瓦。飞进门，见奶奶手持火钳正往煤炉里放煤球。"孙女儿来啦"，奶奶的脸笑成了朵花。"蹄子放灶头热着。先去院子里玩，饭菜等会就好。"奶奶到现在都还不习惯用煤气，自己印煤球烧煤球炒菜，另外还有一个柴火灶，常用来焖咸菜饭。她烧开了煤球，又往红红火火的热灶里送了根木柴。不一会儿，煤炉和灶炉都升起了烟火气，在空气中一扭一扭地散开了，我感觉一身的疲倦也随烟散开。

又飞到院子里。院里种了两三株桃树，微风过处，早已落英缤纷，油油的小绿叶正爆出枝条。问爷爷："什么时候吃桃子？"爷爷笑得眯了眼："桃树结果早着呢，我给你们留蚕豆和菜瓜，等你们回去时带走。来，给菜地浇点水吧。"

我抱两根塑料管，其中一根给爸爸，白花花的水不断从水管里涌出来，洒向齐刷刷长满莴菜、芥菜、豌豆和不知名的菜的菜地。

沉闷的心顿觉一阵清凉，内心的阴郁，是被这如烟般的微风吹散了，还是被桃花与泥土的芬芳醉着了，抑或是被奶奶爸爸爷爷的笑容熏着了？我只知道，把这份恬静与美好的感觉揉捏在一起，就缤纷成一个家，缤纷成了我心中的桃花源，桃花源里，诵着一首叫作《人间四月天》的诗：

雪化后那片鹅黄，你像/新鲜初放芽的绿，你是/柔嫩喜悦/水光浮动着你梦期待中白莲/你是一树一树的花开/是燕在梁间呢喃/——你是爱，是暖，是希望/你是人间的四月天！

桃花源里写着四个字：岁月静好。

6 号素材：《诗词五首》/八上第六单元

策略：此单元所选五首诗词，或家国情怀、或田园逸趣、或有志难酬。在理解诗意的基础上，把握诗词中的情志。运用"链接生活""调整情境""拓展组合"等策略转为现实情境中的备用素材。

诗句：

结庐在人境，而无车马喧。问君何能尔，心远地自偏。采菊东篱下，悠然见南山。山气日夕佳，飞鸟相与还。此中有真意，欲辨已忘言。《饮酒》

示例一：据诗意描写某自习课场景和单车游公园的心情。

1. 某个自习课，老师一个人看顾两个班。离开 3 班去 4 班，3 班就开始躁动；离开 4 班回 3 班，就听 4 班那边动静时起。倒是有几个"风雨不动安如山"的，端坐座位上运笔如飞做练习，外界的喧嚣似乎与他们无关。"结庐在人境，而无车马喧。问君何能尔，心远地自偏"，心存高远，自然能于闹中取静。

2. 采菊东篱，悠遇南山；暮色正好，飞鸟伴归。这份闲适自得的心境，回归自然的情趣我曾经拥有过吗？我曾择一天气晴好之日，暮色渐临，一人骑着单车轻入公园小径，穿林过叶，凉风轻拂，水烟纱笼，偶有萤虫星星点点在前引路。虽无菊、无篱、无南山、无飞鸟，可心中那份自在闲适相同，那份与自然同呼吸的意趣相同。"此中有真意，欲辩已忘言。"

诗句：《春望》＋《雁门太守行》

国破山河在，城春草木深。感时花溅泪，恨别鸟惊心。烽火连三月，家书抵万金。白头搔更短，浑欲不胜簪。

黑云压城城欲摧，甲光向日金鳞开。角声满天秋色里，塞上燕脂凝夜紫。半卷红旗临易水，霜重鼓寒声不起。报君黄金台上意，提携玉龙为君死。

示例二：链接学生在学习诗歌鉴赏中的发现。

那一日，老师讲解了多首和杜甫的《春望》一类表现爱国之情的诗词。我第一次知道，原来"爱国之情"并不都是一样的。

"国破山河在，城春草木深。感时花溅泪，恨别鸟惊心"中有"泪"有"恨"有"惊"，杜甫的爱国之情是悲凉的；

"春花秋月何时了，往事知多少！小楼昨夜又东风，故国不堪回首月明中"中有"不堪回首"、有"一江愁水"，南唐李后主的思国之情是悲哀的；

"胡未灭，鬓先秋，泪空流。此生谁料，心在天山，身老沧洲"中，有泪空流，有身心分离，陆游的报国之情是悲愤的；

"报君黄金台上意，提携玉龙为君死"中有报答君恩，有慷慨赴死，李贺诗中的爱国之情是悲壮的。

策略说明：同一主题之下的群文阅读，能引发学生在同中求异，从而提高对文学作品的鉴赏能力，这是语文核心素养的高阶能力，这样的阅读意义非凡。

原词：

天接云涛连晓雾。星河欲转千帆舞。仿佛梦魂归帝所，闻天语，殷勤问我归何处。

我报路长嗟日暮，学诗谩有惊人句。九万里风鹏正举。风休住，蓬舟吹取三山去！

示例三：借《渔家傲》一词，运用"拓展组合"与"调整情境"，可转为表现对学习不佳的现状不满意却仍心怀梦想要追梦的复杂心境。

梦想的路很长，很远，此时的我，匍匐前进，有时慢，有时累，有时还后退。我需要加速度。

任务太多，压力太重，心境太乱，仿佛"天接云涛连晓雾。星河欲转千帆舞"，仿佛"梦魂归帝所，闻天语，殷勤问我归何处"，是啊，梦回天庭，若有天帝传殷勤地问道：你想到哪里去？我怎么回答？

我只能回报天帝说：路漫漫其修远兮，我将上下而求索。可是，若有"九万里风鹏正举"，请允许我喊一声，"风休住！"请你别让风停息，将这一叶轻舟，载着我直送梦的远方罢！

7号素材：《我爱这土地》/九上第一单元
8号素材：《祖国啊，我亲爱的祖国》/九下第一单元

策略：作为中国人的一份子，每次朗读或默读《祖国啊我亲爱的祖国》，都会心潮涌动。当我们再和艾青的《我爱这土地》连着读，会发现，40年的时间之隔，两位诗人的爱国情怀都如此浓烈，两位诗人的情感表达又如此惊人的相似。将诗的原句与鉴赏句拓展组合，并两相对比鉴赏，会有意想不到的收获。

诗句：

1. 假如我是一只鸟/我也应该用嘶哑的喉咙歌唱/这被暴风雨所打击着的土地/这永远汹涌着我们的悲愤的河流/这无止息地吹刮着的激怒的风/和那来自林间的无比温柔的黎明——然后我死了/连羽毛也腐烂在土地里面/为什么我的眼里常含泪水？/因为我对这土地爱得深沉……

《我爱这土地》艾青

2. 我是你河边上破旧的老水车/数百年来纺着疲惫的歌；/我是你额上熏黑的矿灯/照你在历史的隧洞里蜗行摸索/我是干瘪的稻穗，是失修的路基/是淤滩上的驳船/把纤绳深深/勒进你的肩膊/——祖国啊！

我是贫困/我是悲哀/我是你祖祖辈辈/痛苦的希望啊/是"飞天"袖间/千百年未落到地面的花朵/——祖国啊！

我是你簇新的理想/刚从神话的蛛网里挣脱/我是你雪被下古莲的胚芽/我是你挂着眼泪的笑涡/我是新刷出的雪白的起跑线/是绯红的黎明/正在喷薄——

祖国啊！

我是你的十亿分之一/是你九百六十万平方的总和/你以伤痕累累的乳房/喂养了迷惘的我、深思的我、沸腾的我/那就从我的血肉之躯上/去取得/你的富饶、你的荣光、你的自由/——祖国啊，我亲爱的祖国！《祖国啊，我亲爱的祖国》舒婷

示例：对比鉴赏。

40年前，

在艾青的诗中，抒情主人公"我"是一只鸟儿，并不具体指哪一种鸟儿，因为诗人要突出的是这只鸟儿用"嘶哑的喉咙"歌唱。"嘶哑"一词，让我们想像到这样的歌唱，唱了很久，唱到喉咙撕裂，唱得那么痛苦、疲惫又那么坚定。

40年后，

在舒婷的诗中，抒情主人公"我"是祖国的一个孩子，诗人以赤子之心向祖国母亲倾诉内心的痛苦；

无论是"鸟儿"，还是"孩子"，都在为祖国大地歌唱，都在向祖国母亲倾诉。

40年前，

在艾青的诗中，歌唱的内容，第一层是"这被暴风雨所打击着的土地/这永远汹涌着我们的悲愤的河流/这无止息地吹刮着的激怒的风"，诗中的"土地"，被"打击""汹涌""激怒"，是被践踏的土地，是涌动着仇恨的土地。

40年后，

在舒婷的诗中，倾诉的内容，第一层"破旧的老水车""疲惫的歌""熏黑的矿灯""干瘪的稻穗""失修的路基""深勒进肩膊的纤绳"，诗中的祖国，不是被列强入侵和践踏的祖国，而是由于贫穷落后致使前行的步伐沉重而缓慢的祖国。

无论是山河破碎的祖国，还是贫弱深重的祖国，都牵动着诗人的悲愤痛苦和忧心如焚。

40年前，

在艾青的诗中，歌唱的内容，第二层是"那来自林间的无比温柔的黎明"，诗人歌唱黎明和曙光的到来，歌唱为"无比温柔的黎明"而斗争的人民。

40年后，

在舒婷的诗中，倾诉的内容，第二层是"簇新的理想""古莲的胚芽""挂

着眼泪的笑涡""新刷出的雪白的起跑线""正在喷薄的绯红的黎明",倾诉与祖国一同经受苦难之后,将与祖国一同挣脱羁绊、一同走向希望。

两首诗中都出现了同一个意象:黎明,都表达了对祖国的光明和希望的信念。

40年前,

在艾青的诗中,在拼尽最后一丝力量歌唱完之后,"我死了/连羽毛也腐烂在土地里面"。祖国这一片热土,诗人生于斯、歌于斯、葬于斯,这份爱国之情刻骨铭心、忠贞执著、至死不渝。

40年后,

在舒婷的诗中,经历了迷惘、深思之后的我"沸腾"了。愿意为祖国的富饶、荣光和自由奉献"我"的血肉之躯。这份爱国之情是庄严的誓词,是奉献的热血。

最后,40年前的艾青,以一句"为什么我的眼里常含泪水?/因为我对这土地爱得深沉……",满腔真挚、炽热的爱国情怀化为盈眶的热泪;而40年后的舒婷,在最后一句"——祖国啊,我亲爱的祖国!"的倾诉中,情感达到沸点,我们同样看见诗人满腔真挚、炽热的爱国情怀化为盈眶的热泪。

策略说明:同一主题之下的群文阅读,还能引发学生在异中求同,从而提高对文学作品的鉴赏能力,这是语文核心素养的高阶能力,这样的阅读意义非凡。

9号素材:《月夜》/九下第一单元/链接:《致橡树》

策略:《月夜》表现的是一种独立不倚的坚强性格和追求思想自由、个性解放的奋斗精神。这一主题与舒婷的爱情诗《致橡树》有部分相似之处。将两首诗联系起来,链接生活,调整情境,引用精华,用来表现成长过程中的坚强独立。

诗句:

1. 霜风呼呼地吹着/月光明明地照着/我和一株顶高的树并排立着/却没有靠着

《月夜》

2. 我如果爱你——/绝不象攀援的凌霄花/借你的高枝炫耀自己/我如果爱你——/绝不学痴情的鸟儿/为绿荫重复单调的歌曲/也不止象泉源/常年送来清凉的慰藉/也不止象险峰/增加你的高度,衬托你的威仪/甚至日光/甚至春雨/不,这些都还不够！／我必须是你近旁的一株木棉／作为树的形象和你站在一起……

《致橡树》

示例一：表现"教师子女"群体追求独立的内心活动。

我有个当教师的妈妈，而且就在我们学校。我们班级有三四个如我一样的同学，我们这个群体叫做"教师子女"。

于是，我们常活在"教师妈妈"们的光环之下。

课堂上，我们好像被提问的次数比别人多，据说这是"妈妈交代的"；

考试前，我们好像常被班主任单独提到办公室"语重心长"一番，据说这也是"妈妈交代的"；

交作业，偶尔有哪一次完成得糊涂了错题多了，妈妈第一时间就知道了；

考卷刚改完，语文 A 了，数学退步了，英语维持原状了，往往我比其他同学早知道，因为妈妈第一时间就知道了；

还有，我们"教师子女"，课堂表现要好一点儿、成绩要好不止那么一点儿，思想更要永远在积极阳光的频道上……

其实我可以理解。只是活在这样的"光环"下久了，总是想着"要对得起当教师的妈妈"，有时忘记了自己是谁，原本可以做什么，或者不做什么。

沈尹默在《月夜》里写到："霜风呼呼地吹着／月光明明地照着／我和一株顶高的树并排立着／却没有靠着。"成长的岁月不止有和风与阳光，也会有霜风和明月，妈妈，你是一株高高的树，我虽然仰望你的高度，却不想靠着你，如果霜风带给我严寒，如果明月带给我孤独，我也不能靠着你，我要以独立不倚的姿势，努力生长，直至与你比肩。

策略说明：根据诗意，"没有靠着"的环境是"霜风"和"月明"，"没有靠着"的对象是"一株顶高的树"。诗中的"我"在困境中依然坚持独立自主。链接生活，可以联想生活在"教师妈妈"光环下的"教师子女"群体，更要寻求坚强与独立，据此调整情境。

示例二：表现中学生追求平等独立保持个性的内心需求。

某个假日，我们在家看电视娱乐节目，妈妈止不住把我和节目中一个多才多艺小女生比，一会儿怪我不上古筝班，一会儿怪我不上书法班，一会儿怪我上舞蹈班十天半月都不跳一次不知学什么。最后说："要不是看在你成绩还算稳定的份上，我不会这么算了的！"

耐着性子听完紧箍咒，感觉我的头都要炸开了！我终于开口了：

"我知道你是为我好，可是我对你说的那些没兴趣，要是有兴趣我早就去了。再说我也没有天赋，去了也是浪费时间。

"还有，我和电视上那些孩子是不一样的，您要是希望我变成那样，我也可以做的，只不过那时候我都不像是现在的我了。说不定您还嫌弃我呢！我也有我的个性，我要做最真实的自己，我不要变得跟别人一样，我相信我也有我自己的本事可以让人欣赏。"

妈妈听完一怔，说："没想到，真是没想到，原来你这么有独立见解。"

我说："妈，我知道自己做得不够好，但我会改正自己的缺点，完善自己，但我就是我，我和别人比起来是画不上等号的。"

是的，我就是我。我绝不学攀援的凌霄花，借别人的高枝炫耀自己；我也不做险峰，用来增加别人的高度，衬托别人的威仪。无论我身边有谁，妈妈也好，同学也罢，电视里的才女也罢，"我必须是你近旁的一株木棉/作为树的形象和你站在一起。"

策略说明：独立自主的人格还体现在，不在与别人的比较中迷失自己。据此，将舒婷《致橡树》描写独立、平等爱情观的名句，调整情境为，无论与谁站在一起，"我"都是作为"树"的形象站在一起，独立、平等、自知、自由。

10 号素材：《风雨吟》/九下第一单元

策略：芦荻的这首《风雨吟》表现的是在翻天覆地暴风骤雨般的重大变故面前，年轻人辨不清方向，操不稳舵把，对命运忧惧不安，甚至惊慌失措的状态。链接现实，要面临一场命运的"重大变故"，对大多数中学生来说，是极少有此可能的。但诗歌所表达的"年轻人"的情绪和状态又十分形象。据此，可以将"重大变故"嫁接在生活的"小风小浪"上；针对"小风小浪"再用夸张的手法去引用诗句。这样，情绪和状态的表达就打通了。

原诗：

风中大地卷来/雨中大地卷来/郊原如海/房舍如舟/我有年轻的舵手的忧怀/在大地的海上

《风雨吟》

示例：

年轻的舵手不再忧惧

每日里我走在大街上、校园小径上、走进教室又走出教室，有否清风徐来？

我不觉；有否白云飘过？我不见；有否茉莉花开？我不闻。我只知道，期末考败了，从上游直退到"安全区"外。眼前不断晃动着班主任的脸、妈妈的脸、咬耳窃笑的同学的脸——这些脸都写着一个表情：同情你！我对自己的惨败已脆弱到不忍直视。

"风中大地卷来/雨中大地卷来/郊原如海/房舍如舟/我有年轻的舵手的忧怀/在大地的海上"我感到我就是那个"年轻的舵手"，一个风浪打来，我在海上惊惶失措，忧惧不安。

很长的一段时间里，我都浑然不知所往。想往前走，路太难；想从此停滞，我又有些不甘心、不甘心。就这样混混沌沌地过。不知不觉间，寒假快结束了，忽然想起班主任布置要上网看一部电影，还要写读后感。于是一天夜里，我上网点播，片名叫《滚蛋吧肿瘤君》。

120分钟过去了，看完，我早一次次地泪奔。而最让我心酸到心痛的，是那一句旁白：

听一场摇滚，和耳朵一起一醉方休。种一次昙花，守望着它盛开。做一桌丰盛的晚餐给爸妈，哪怕色不香，味不美。来一次夜钓，吸取月光静谧的能量。仰望喀纳斯的星空，寻找属于我的星座。沐浴漠河的极光，感受它的神秘。去山顶看一次日出，然后大喊：滚蛋吧，肿瘤君！！

这句旁白，是29岁的乐天派漫画家熊顿在被男友劈腿后，在被老板辱骂而辞职后，在患上恶性淋巴瘤后，在病情恶化后和等待死亡之前所做的事，所说的话。

几米有言：屋顶破了一个洞，刚好白云飘过/墙壁破了一个洞，刚好清风吹来/地板破了一个洞，刚好茉莉花开。而她的人生何止"破了一个洞"？简直是千疮百孔！但是她还是努力把治病的每一份痛苦都尽可能地化为欢乐，她总是努力地寻找、看见和感受属于自己的"白云清风茉莉"。

可是我呢？不过是一次战斗的失败，我怎么就掌控不住手中的船舵了呢？震撼之后，我，无比汗颜！

"莫听穿林打叶声，何妨吟啸且徐行"，当海上风浪卷来，我需要历练处变不惊的安详气度。

第二讲　群文文本转为备用素材

1 号素材：《橘颂》/ 人教版高中教材

策略：《橘颂》是屈原借歌颂橘树表达自己的人格和理想的诗作，也是 2017 年热播电视剧《思美人》的插曲。可让中学生吟诵与欣赏。综合运用链接现实，调整情境，引用精华，拓展组合等策略，可选诗作中的部分内容转为备用素材。

诗句与翻译片段：

1. 诗句：后皇嘉树，橘徕服兮/受命不迁，生南国兮/深固难徙，更壹志兮/绿叶素荣，纷其可喜兮。

2. 翻译：你天地孕育的橘树哟，生来就适应这方水土/禀受了再不迁徙的使命，便永远生在南楚/你扎根深固难以迁移，立志是多么地专一/叶儿碧绿花儿素洁，意态又何其缤纷可喜。

示例

用执着，开出属于自己的花

"我禀受天命不可迁植，只肯永远生在南国。我根深蒂固难以迁徙，专心致志执着不移。"朝阳中的那株有"故事"的奇异的树，被清冰凉风温柔地拥抱，细碎的阳光从背后铺过，明暗交加的瞬间里，我听到它这样说。

三周前。南方的夏天，常有台风路过。"叮……"手机的提示音刺耳地响起。伴随着停课通知的还有老师的另一条消息："你最近画画感觉很不好，调整一下，如果还不行，看看要不要改变方向。"改变方向？让我从此丢开画笔？要让那些贴在房间里灿烂的画，那些我小心翼翼摆弄涂抹的颜料，那一位位曾经让幼小的我如数家珍提起的油画大师，那一个个曾让我魂牵梦萦的斑斓的梦境，都随着这台风灰飞烟灭了？

台风过后，我重新踏上那条通往画室的那条路。

从前走在这条路上，感觉通往艺术馆的路特别平坦整洁，走上去颇有任重道远的使命感，而道两端种满的绿树又使人仿佛一脚踏进了春天。一次次地经过，渐渐地那些树也似老朋友一般，给我留下不可磨灭的风景。

　　而这一天，我走得很慢，很犹豫，因为我不知道我还会不会继续走下去。我突然站住了。台风过后，枝条遍地，绿叶被一片片撕扯下来似的，软而无力地伏在地上。有些树的树皮被掀开，有些已然倒下。几个人正在忙忙碌碌地收拾残局。余光里，我发现了一株被截去了一断树干的不知名的树。还未倒下，但那残破无力的样子，似乎是无力回天。"这树不久也会枯死的。"我轻轻地嘟囔一句，又想起了我一塌糊涂的油画，不觉也对它抱有同情的心情。"加油，断脖子树。"我安慰似地冲它点点头，向画室走去。

　　就这样又犹犹豫豫地走了两周。我似乎决定了要放下画笔了。第三周的那个周末，走在通往艺术馆的路上，我再次见到"断脖子树"。在它残破的躯干上，竟然已经有点点绿影闪动。我不信，仔仔细细地察看：那几片柔嫩的新叶，顺着风轻轻摆动。我的心猛地被触动。是一种怎样的对生命的执着，使这棵不被人看好，似乎结局已定的树死而复生？它似乎在回应我之前的鼓励，用它执着的生命，无声地给我打气。

　　我奔进画室，告诉老师："我想继续试下去，学下去。"我开始相信，那些色彩，本就应有着生命力。我一直一直因焦躁而没有灌输的感情，随着毛尖的移动，会创造出一片新天地。

　　只要还有希望，只要还有执念，春还会来，春天还未远去。密密麻麻的新叶已然簇拥着断脖子树，装饰着我前行的路，守着我未完的梦。它所经历的创伤，让我想起屈原笔下的那一株桔树："受命不迁，生南国兮。深固难徙，更壹志兮。"——禀受天命不可迁植，只肯永远生在南国。根深蒂固难以迁徙，专心致志执着不移。屈子的"桔树"，与朝阳中的这株有"故事"的奇异的树，它们都在告诉我："要用执着，开出属于自己的花。"

　　洁白的花凝结着一种清香，断脖子树在我眼中熠熠生辉。我想，我会用执着，开出属于自己的花。

　　策略说明：运用"诗句＋翻译"的组合，作为引发"我"思考和转变的线索。很多情况下，我们的成长来自于内心的反省过程，这个过程有了阅读的参与，将拥有更高的视野和更广阔的天地。

2 号素材：《读书是一种修炼，无关节日》／中考阅读文本

　　策略：《读书是一种修炼，无关节日》是 2015 年福建泉州中考语文议论文阅读题。文章从修为的角度来认识读书的意义。直接引用文中的佳句，再拓展组合其它文本的佳句，就适合作为表现"志趣与情怀"主题的作文素材。

原文片段：

1. 每逢读书日，无论是微博还是朋友圈，有关读书的话题，都会让人有被刷屏之感。而节日过后，满屏书香的情况则急转直下。读书日远去了，你还读书吗？我这样问自己，也这样问身边的朋友。

2. 现在的年轻人读书有三难，一是难于抽出时间，二是难于静下心来，三是难于持之以恒。

3. 对青年人而言，"清茶一杯，手捧一卷"，读的书越多，才越能不被外界所扰，才越能比别人走得更远。

4. "一只沙漏里细沙流完，是一段时间。一柱馨香袅袅烧完，是一段时间。一盏清茶从热到凉，是一段时间。"我们用什么来丈量时间呢？是读完一本书还是刷完朋友圈？我们用什么来记录青春呢？是厚积薄发还是匆匆碌碌？

示例：设计两种情境，用素材句来引发内心的反省，呈现成长的过程。

A版：

为了让我们提早进入中考的状态，一天，语文老师让我们做上一届中考的一个阅读题，题目是《读书是一种修炼，无关节日》。可能是阅读内容和"读书"有关吧，老师一改平时讲课习惯，让我们反复朗读：

现在的年轻人读书有三难，一是难于抽出时间，二是难于静下心来，三是难于持之以恒。

"清茶一杯，手捧一卷"，读的书越多，才越能不被外界所扰，才越能比别人走得更远。

"一只沙漏里细沙流完，是一段时间。一柱馨香袅袅烧完，是一段时间。一盏清茶从热到凉，是一段时间。"我们用什么来丈量时间呢？是读完一本书还是刷完朋友圈？我们用什么来记录青春呢？是厚积薄发还是匆匆碌碌？

读着读着，我忽然感觉脸上发热。我发现所读的每一个句子仿佛都是在说我，都是在写我，我不就是那个正在放纵自己迷失在手机屏幕里的人吗?，不就是那个正在用刷朋友圈来丈量时间和记录青春的人吗？如果放任自己这样下去，我怎么可能让自己"走得更远"？

我似乎明白了，原来，读书，是一种自我修炼的过程。是时候要把逝去的时间找回来了，是时候了，梦，该醒了。

一个周末的午后，整理书桌，洁净如新，一杯热茶，手机关静音，一本厚厚的余华《活着》（或者：安妮宝贝的《莲花》安意如《人生若只如初见》），我把自己身心交付给书中的人，书中的事，书中的情，书中的意。浑然不知时间的流逝。

B版：

那一天上语文课，老师讲上一届的中考阅读题《读书是一种修炼，无关节日》。开讲没多久，我就听不进去了，习惯性地故作若无其事地摸出了手机，又要点开。也许老师忍了我很久了吧，又或许，老师实在是恨铁不成钢吧，他于是点我起来，说："你来朗读这一段！"

于是，我不情愿地拖着声音读了起来：

"一只沙漏里细沙流完，是一段时间。一柱馨香袅袅烧完，是一段时间。一盏清茶从热到凉，是一段时间。"我们用什么来丈量时间呢？是读完一本书还是刷完朋友圈？我们用什么来记录青春呢？是厚积薄发还是匆匆碌碌？

读着读着，我感觉脸上发热。读完，我弱弱地看了老师一眼，老师却还不让我坐下，而是对着全班同学说：

"同学们，这段话我们不妨深思一下。我们是用刷朋友圈来记录我们的青春呢还是用读书来让自己的走得更远呢？"

老师的话是对着全班说的，脸是朝着全班的，可是，他的手却移到我桌上，不动声色的，将考卷盖在我那将要打开的手机上，然后示意我坐下。

我坐下了，内心却泛起万千思绪。从点我朗读到解说那段话到悄然盖我手机，老师的一番用心良苦，我如何不懂？我曾经放纵自己迷失在手机屏幕里，是时候要把逝去的时间找回来了，是时候了，梦，该醒了。

一个周末的午后，整理书桌，洁净如新，一杯热茶，手机关静音，一本厚厚的余华《活着》（或者：安妮宝贝的《莲花》、安意如《人生若只如初见》），我把自己身心交付给书中的人，书中的事，书中的情，书中的意。浑然不知时间的流逝。

3号素材：《人为什么要善良》/中考阅读文本

策略：2018年广西柳州市中考阅读题《人为什么要善良》讲述一个贫穷的修车师傅对陌生人心怀着慷慨善意的故事，表达真正的善良能激发他人去呵护这份善意的感悟。链接现实，可以引发学生关注身边的一类人，修车的、通水管的、搬家的、保洁的、修理水电的、路边小吃摊的等，他们贫穷、艰苦，却愿意对陌生人保持善意。赞美"善良"这一种美德和品性。

原文片段一：

在我家附近，有一个小小修车铺。我第一次去大叔那里补胎，他干完活，满手油污地立在那里，对我说："好了。"

我问："师傅，多少钱？"他说："4 块。"

我忍不住惊讶，在这城市，这种脏累的活，时间成本和店租成本，收费却这么低廉。

他老婆闻讯而来，纠正道："5 块。"

大叔不高兴地扭过头，冲他老婆说："我说 4 块就 4 块！"

他老婆说："你每次都这样！"战火仿佛一触即燃。

不想看两口子因为一块钱而吵架，我连忙喊："你们不要吵啦！"丢下 5 块钱跑了。

后来我都把车推到他店里修，等待的时候，就会观察他的店面。不足 10 平方，供一家三口做生意，吃饭、阁楼上睡觉。条件很艰苦。

有一次，他修车的时候，我坐在旁边看他修。我才发现他有一只手的手指不太灵活，仔细一看，发现他的四个手指齐齐断过，是重新接过的。

可是，大叔每次修车，要的价格都是那么低。补胎 5 块，调整刹车 5 块，家里收到的小书架，搬下来请他帮忙拼装仍是 5 块。

我常常在想，他一天要赚多少个 5 块才能维持他的活呢？我真的情愿多给他一些，但是我从来没有这么做。

有一年春节，他回江西老家过年，我发现他回来以后搬到了隔壁更小更偏僻的店面。

示例一：设计一个故事，写自己遇见一个善良的修车师傅，感悟善良的价值。

在我家去上学的路边，有一个小小修车铺。我每天骑自行车去上学，往返四公里。第一次去师傅那里修理刹车线，他干完活，满手油污地立在那里，对我说："好了。"

我问："师傅，多少钱？"他说："3 块。"

我忍不住惊讶，现在还有这么廉价的工钱！这城市，这种脏累的活，不用算时间成本和店租成本的吗？雇一次摩托车，就算很近的距离，起步价也 6 块了！

我有些于心不忍，笑着说："好便宜啊，帅哥，谢谢啦！"

我叫他"帅哥"，是因为他也才二十二三岁年纪。本该是读大学的年龄，不知为什么守着一家阴暗的小店做着修车的累活。

后来我都把车推到他店里修，或者常常去给车胎打气。等待的时候，就会观察他的店面。不足10平方，架子上堆满的各种零件配件已逼近店门，店门另一侧仅容放一张靠背椅，所有物件都是黑黑的，阴冷潮湿的感觉，连他本人好像也永远一身黑色的运动服。他就在这"一亩三分地"里吃饭、干活。条件很艰苦。

可是，帅哥每次修车，要的价格都是那么低。补胎5块，调整刹车3块，有时如果只是给车胎打气，他常略带羞涩地笑，说："不用了，不用了。"

我常常在想，他一天要赚多少个3块5块才能维持他的活呢？我真的情愿多给他一些，但是我从来没有这么做。

策略说明：原文作者是成人，此处设定为中学生。根据"六合"原则来调整情境，摩托车改为"自行车"才相对合理；修车人由有着一家三口的"大叔"改为"帅哥"，一来是因为笔者生活中经常去修车的那家店主确实是这样一个年轻人，店内的陈设确实如文中所写。二来是以"年轻人"对照"学生"，更能引发学生的一些联想与思考；同时去掉原文"修车人"手指伤残的内容，私下认为，一个健康人的故事也一样有它的典型性。

原文片段二：

我向他买了充电器，用了几个月，充电器被我弄坏了。

我带着旧的充电跑下去，对他说："师傅，买个充电器。这个坏了，给你。"（我是想把坏的那个给他，好让他回收卖一点钱。）

不料，他看了一眼坏的充电器上的字，然后对我说："你这充电器超过保质期有几天了。不过我还是给你换个好的吧？"

我把钱递给他。他不肯收，他说："不要钱，我帮你换了。"

那一刻，我心里非常非常的感动。为什么一个这么贫穷的人，仍然愿意对陌生人心怀着慷慨。愿意给予。他明明比我更需要钱。

我愣在那里，但我没有拒绝他的好意。只不过是几十块钱，但是我就是愿意承他的情，接受这份庞大的，震撼我内心的善意。

示例二：

有次我让他给车胎打气，打完后我刚推车要走，忽然想起来，我来他店里"打气"有十几次了，都没算过钱，打好了推车就走都变习惯了，想到这里，心里真是过意不去。

我把钱递给他。他不肯收，我说："你老是不收，我以后就不好意思来了。"

他说："真的不用，邻里邻居的，小事一件，哪能要你钱。"

那一刻，我心里非常非常的感动。为什么一个这么贫穷的人，仍然愿意对陌生人心怀着慷慨。愿意给予。他明明比我这个学生更需要钱。

我愣在那里，但我没有拒绝他的好意。只不过是十几块钱，但是我就是愿意承他的情，接受这份庞大的，震撼我内心的善意。

策略说明：原文"我"是个有工作能赚钱的成人，换"充电器"等情节都带有成人的特点。调整情境后，就转为就"车胎打气多次不收钱"这件事产生的一番对话，这个情节的置换相对合情合理。且"打气不收线"的情节为笔者亲身经历，是纪实，无夸张。

示例三（加线句为调整情境增补句）：

有一天，车在半路上爆胎了，我不想在就近的修车店处理，就气喘吁吁地推到他的店里，花了半个小时，搞得我汗流夹背。

我心里有个可笑的想法，以前修车都是小打小闹，这次终于是大问题了。想要让他多赚点。我把车放他店门一扔，交待师傅"我一会儿再回来拿"。等我洗完澡再下来，发现车还没修。我就吃惊地问："师傅，怎么还没有修啊？"

两口子笑呵呵地站在门口冲我说："因为要换胎，价钱高，没有经过你同意哪敢换啊。"

我认真地对他说："师傅，我永远相信你的人品，你觉得怎么修就怎么修，要多少钱就多少钱。"这是我第一次当面赞美他。

真正的善良是大叔这样的人。他的善良，会让我也想做个善良的人。

对于一个善良的人来说，我想，我所能做的最大善良，就是坦然接受对方的给予的善意。呵护这份善意，不轻易同情与施舍，让善良的人用他们安心而体面的方式赚钱。

4 号素材：《心远地自偏》／中考阅读文本

策略：2018 年辽宁省盘锦市中考阅读题《心远地自偏》讲述了一个年轻的菜农在闹市里用古典诗文和笔墨纸砚滋养性情，"心远地自偏"的故事。我们会发现身边真的很难遇到这样的人和事。但是文章的主题在这个浮躁成风的社会里又有着特别的意义。借鉴笔法，链接生活，调整情境，转为备用素材。

原文片段一：

喧闹的菜市场中，充斥于耳的是菜贩的叫卖声、家禽的啼叫声，挤挤蹭蹭的是来来往往运送菜蔬的商贩、挎着菜篮且走且看的主妇们……而他，一名年轻的菜农，却在一堆蔬菜前，在一片喧闹中，埋着头安静地看着摊开于膝头的一本厚厚的书，只有在有人跟他买菜时，他才会走出书外，招呼顾客。

看他一张黝黑的面庞、一副结实的肩膀，一双粗糙的大手就知道他是地地道道的农民。若是硬要找出他的与众不同之处，便是他那身整洁的衣裳——为他增添了几分读书人的气息。他专注地盯着膝上的书，有如圣徒阅读《圣经》，双唇翕动，似在默诵。我俯身看了看书名：嗬，《陶渊明集》?! 你一位菜农，不看致富指南，不看通俗小说，竟然看古诗文？是精神出了问题，还是在虚伪扮酷？

一连几天，我的脑海里不断地浮现出他在菜摊前埋头读书的情景，每次心底都会生出几分嘲笑，给他贴上"虚伪"的标签。

示例一：设计一个故事，描写自己身边同学在喧闹中读书。

一下课，教室就像喧闹的菜市场，充斥于耳的是同学的叫喊声、教室多媒体胡乱点播的 DJ 声，挤挤蹭蹭的是来来往往穿梭座位间的几个"活跃份子"、抓着练习卷且走且收作业的科代表们……而她，一名介于"学霸"与"学渣"之间的普通的女生，却在一堆书本前，在一片喧闹中，埋着头安静地看着摊开于课桌的一本厚厚的书，只有在有人跟她搭话时，她才会抬起头，回应话题。

她专注地盯着手上的书，有如圣徒阅读《圣经》，双唇翕动，似在默诵。我俯身看了看书名：嗬，《陶渊明集》?! 你一位中等生，不八卦八卦明星，不趁机做点作业，竟然看古诗文？是精神出了问题，还是在虚伪扮酷而"作"？

一连几天，我都看见她在下课十分钟的喧闹里埋头读课外书的情景，每次心底都会生出几分嘲笑，给她贴上"作"的标签。

策略说明：情境置换为某中等生——教师不可以为学生分上中下等，但是从学生自己的角度，却常会按学习成绩这样分，这是合乎现实的——于下课十分钟的喧闹中读课外书的情景，相对合乎现实；情境一这样置换，相应的每个细节就要"成套"和"配套"地置换。这个的置换过程，需要唤醒生活的记忆再摹拟表达，所以也是语言和思维的训练过程。

原文片段二：

第二天，我去了菜市场。菜场如一如往日地喧闹，他也一如往日，自顾自地默读着。旁边的摊主有玩手机的，有拉家常的，有东张西望的……他则如一泓清泉，静静地流淌在山林深处。难得能有这样一个人，在充斥着利益与欲望的世间，坚守着心中的一份宁静。我恭敬地把拓本递给他，他一脸憨笑，犹如春日的暖阳，明媚了整个世界……

他执意要回赠我些什么，邀我到他的出租屋。路上他告诉我，他是个孤儿，在郊区租了块地，种菜卖菜维持生计，而读书写字给了他别样的生活。他住的屋子，只有一张床、一套桌椅，墙上贴满了他的书法作品，床头堆满了书籍和字帖。屋角处堆放着一堆奖牌、奖杯和获奖证书。屋外，车水马龙；屋内，墨香四溢。只见他铺纸研墨，屏气凝神，提笔蘸墨，在洁白的宣纸上行云流水般写下："此中有真意，欲辨已忘言。"他憨笑着说："送给你！"

我恍然，种菜卖菜，为的是生存；读书练字，才是真正的生活。古典诗文和笔墨纸砚滋养了他的性情，给了他"心远地自偏"的定力。

示例二：

有一天课间，我忍不住喊她："嗨，别装模作样了，你现在读课外书读给谁看呢！"

她抬起头，一脸的无辜："我可没装。我们作业太多，没时间看课外书，可是我又很喜欢这些课外书。我还不得抓紧课间看，也可以当作休息啊。"

"是吗？"我将信将疑。

一个周末，她热情邀请我们去她家，说有好多课外书推荐给我们。我就跟着大伙去了。

她的书房，有一张床、一套书桌，书桌上叠放着大大小小的书籍，床头也堆满了书籍，她用手摩挲着桌上的书，说，放这里的这些书，是我最近看完的。那床上的，是我最近在看的。我伸手去翻看书桌上的那叠，有村上春树《挪威的森林》、有安意如《人生若只如初见》、还有那本《陶渊明集》。

问："这些都是你利用课间看完的？"

"是啊，这回你信了？"她一脸憨笑。

我怔了一下，心里颇为震动。再环视她的书房，又看见床头白色墙壁上贴着一幅书法作品，上面只有五个字：心远地自偏。

屋外，车水马龙；屋内，书香四溢。她依然憨笑着说："想看什么书，自己挑！这本《陶渊明集》，真心不错，隆重推荐！"

我心怀恭敬地接过她递给我的书，感觉她的一脸憨笑，犹如春日的暖阳，明媚了整个世界……

有一天，课间一如往日地喧闹，她也一如往日，自顾自地默读着。旁边的同学有玩手机的，有拉家常的，有东张西望的……她则如一泓清泉，静静地流淌在山林深处。难得能有这样一个人，在充斥着喧泄与浮躁的课间，坚守着心中的一份宁静。

我却明白，是书籍滋养了她的性情，给了她"心远地自偏"的定力。

策略说明：调整情境。一、为了集中笔墨写"看课外书"，删去原文"写毛笔字"的所有情节；二、增补过渡，用"我"的质疑来推出去她家的情节，引出下文对她书房的描写；三、调整段落顺序，使情节的推进更加流畅。以她"在喧闹中读书"的镜头来结尾，使点题句的内涵意韵更为深厚和幽远。

5 号素材：《低到尘埃的愿》/中考阅读文本

策略：2017 年黑龙江绥化中考阅读文本《低到尘埃的愿》，以欲望充斥的社会为背景，表现了一种知足而乐、简单向往的人生境界。有不少佳句，可以直接摘录；有部分内容，调整情境就可转为备用素材。

原文片段一：

路过一个工地，几个农工吃完饭，聚在一起打牌，每个人面前堆着一堆面值很小的角币。"要是每个月给我们发两倍的工资，那我们打牌就不像现在这样缩手缩脚了。""是啊，是啊，那就妥妥的了。"

在东北，人们爱说"妥了"，那是一种心灵满足后的肯定。就像给生命放了一张舒适的床，生命跟着熨帖了。知足是一种境界，口袋里只有 5 元钱，妥了，那就吃 4 元钱的"大餐"——一大碗热气腾腾的炸酱面。剩下的 1 元给蹲在墙角瑟瑟发抖的小乞丐，他已经给路人行了无数个礼，却还没有"开张"；没钱坐车去上班，妥了，那就骑自行车或者跑着去，正好这个年龄该减肥了。

人的心永远想去山那边看上一眼，并非为了明白，也非为了征服。人的心总在远方——财富、权力、名声以及许多，人常常会忘记当下。殊不知，回到自己的生活，一样可以精彩。简单如一的生命，也可以是那根最优美的琴弦，上面满是快乐而炫目的音符。听着那几个民工畅快的笑声，我想这何尝不是一种生的境界，简简单单的向往，踏实而天真，温暖着社会你死我活的残酷。

示例一：表现"知足常乐"的作文常常会写得千人一面。改造素材后却别有洞天。

路过一个教室，几个同学吃完饭，聚在教室有一搭没一搭地聊天，边等着晚自习上课铃。"要是我今晚的数学题都能做出来就好了。""要是月考我能够排名进步两三名就好了。""要是今晚回家我老妈给我买个小披萨作夜宵就好了。""是啊，是啊，那就妥妥的了。"

最近的网络语言，人们爱说"妥了"，那是一种心灵满足后的肯定。就像给生命放了一张舒适的床，生命跟着熨帖了。知足是一种境界，口袋里只有5元钱，妥了，那就吃4元钱的"大餐"——一大碗热气腾腾的炸酱面。剩下的1元给蹲在墙角瑟瑟发抖的小乞丐，他已经给路人行了无数个礼，却还没有"开张"；忘记带钱坐车去上学，妥了，那就骑自行车或者跑着去，正好最近好久没运动了。

人的心永远想去山那边看上一眼，并非为了明白，也非为了征服。人的心总在远方——成人世界里，也许是财富、权力、名声以及许多，而我们，也许是出人头地，出类拔萃的梦。人常常会忘记当下。殊不知，回到自己的生活，一样可以精彩。简单如一的生命，也可以是那根最优美的琴弦，上面满是快乐而炫目的音符。听着那几个同学畅快的笑声，我想这何尝不是一种生的境界，简简单单的向往，踏实而天真，温暖着社会你争我抢的残酷。

策略说明：链接生活，调整情境。一、路过工地看见农民工打牌的情节，于中学生来说，受学习生活限制，不是很容易遇到。所以置换为同学们关于小小心愿达成的聊天。二、"妥妥的"确实已成为网络语言，合乎时代和现实。三、原文所有"成人"视角的内容，置换为"中学生"视角的内容。

示例二：以下片段，可以直接摘录，表现很低的愿，很深的情。

1. 人世间有多少愿望，在旁人看来触手可及，可于他们却是奢侈的。比如一个贫困山区的孩子，他愿望是在假期多编几个篮子卖掉，有了学费就可以继续上学了；比如一个拾荒的老人，他的愿望是明天早上可以第一个去占领那个富人区的垃圾箱；比如两头相爱的猪抢食吃，彼此希望明天早上自己的重量超过对方而被宰杀，那样就可以让对方苟活下来……

2. 苏轼写过"人皆养子望聪明，我被聪明误一生。惟愿孩儿愚且鲁，无灾无难到公卿"。无灾无难，便是他对孩子的愿望。安德烈问他的母亲龙应台："如果将来我成为一个普通的人，你会失望吗？"龙应台告诉她的儿子："对我最重要的，不是你有无成就，而是你是否快乐。"朋友在新年短信里说，不祝愿我飞得有多高，只祝愿我飞得不那么累……这些很低很低的愿里，藏着很深很深的爱。

3. 忽然想起自己一个个简朴的生日和一张张亲人的脸，那很低很低的愿的蛋糕里，不是一样插着很饱满的蜡烛吗？

示例三：通过链接村上春树的随笔集《兰格汉斯岛的午后》，可以在原文之后再接一个"小确幸"的素材。

示例三：链接素材《兰格汉斯岛的午后》，形成新素材。

村上春树在随笔集《兰格汉斯岛的午后》中有一篇叫"小确幸"。意思是心中隐约期待的小事刚刚好发生在你身上时微小而确实的幸福与满足。

小确幸就是这样一些东西：摸摸口袋，发现居然有钱；电话响了，拿起听筒发现是刚才想念的人；你打算买的东西恰好降价了；完美地磕开了一个鸡蛋；吃妈妈做的炒鸡蛋；排队时，你所在的队动得最快；自己一直想买的东西，但是很贵，一天你偶然的在小摊便宜的买到了；当你运动完后，喝的冰镇透了的饮料——"唔，是的，就是它"……它们是生活中小小的幸运与快乐，是流淌在生活的每个瞬间且稍纵即逝的美好，是内心的宽容与满足，是对人生的感恩和珍惜。当我们逐一将这些"小确幸"拾起的时候，也就找到了最简单的快乐！

是的，每一个低到尘埃的愿，如果达成了，都是我的"小确幸"。请让我为自己的"小确幸"开张"幸福账单"吧……

6号素材：《利剑总是对精神俯首称臣》/中考阅读文本

策略：江苏省常州市2017年中考阅读文本《利剑总是对精神俯首称臣》议论的核心是"军人"面对"强敌"不能"恐高"，而要用内心的力量来战胜。"学生"不是"军人"，但学生也有自己人生的"战场"，从这点上看，这种"精神力量"的感悟是相通的。

示例：当某个同学以"自己资质平平、班级任课老师不够厉害、所在学校不是一类重点学校、宿舍总是太吵无法好好休息、不像那些教师子女一样做得了学霸、家长经常打麻将不管自己"等等"客观条件"的不足来表达消极灰心时，可灵活设置情境，用直接摘录、或调整情境策略，以下句子可以转为表现"我"说服别人，或别人说服"我"的备用素材。

1. 拿破仑说：世界上只有两种力量——利剑和精神，从长远说，精神总能征服利剑。

2. 在人民军队的历史上，无论是对抗反动派军队，还是对垒日本侵略军，我们从来没在武器装备上占有绝对优势，但总能以胜利者的姿态出现。其中一个最根本的原因，就是我军具有"逢敌亮剑、英勇顽强"的血性虎气，这也充分印证了这样一句真理：利剑总是对精神俯首称臣。

3. 如今，不少同学都是吃着薯片、看着手机、玩着游戏长大的，我们在现实中面对强敌容易产生"恐高心态"，对精神能否战胜利剑有所怀疑。有的唯技术论，认为技不如人，在竞争中打赢胜算不大；还有的唯条件论，认为条件不如人，无法与对手较量。

4. 如果把我们面临的竞争当作是我们人生的战场，那么剑之利靠科技，剑之雄靠士气，剑之魂靠血性。武器装备上的不足可以通过意志、精神和信念等因素来弥补，而心理上的"恐高"不消除，精神上的"准备"不到位，未战先怯、遇敌先怂，何足一战？

5. 气为兵神，勇为兵本。气实则斗，气夺则走。缺失战斗意志，丧失必胜信念，打仗必败！甲午战争中，清军与日军的装备差距不大，但少数官兵没有敢于亮剑、刺刀见红的拼命精神，一遇强敌，要么逃跑，要么投降。如此恐惧心理、恐战心态，再先进的武器也挽救不了覆灭的命运。

6. 心胜则兴，心败则衰。真正的力量，发自内心。如果内心缺乏力量而期待装备力量、技术力量来弥补，那么不管外部力量多么壮观、多么强大，恐怕都难以支撑。除了胜利一无所求，为了胜利一无所惜！作为当代中学生，必须具有敢于亮剑、血战到底的意志、血性和精神。

7号素材：《闲敲棋子落灯花》／中考阅读文本

策略：湖北鄂州市中考阅读文本《闲敲棋子落灯花》传达的是这样一种志趣和情怀：当现实看上去不那么完美的时候，你是否依然有颗玩味与欣赏的心，化劣势为优势，尽情活出自己的生趣。文章还引用大量古诗文，文化内涵深厚。直接摘录，链接生活，调整情境，拓展组合，将文中佳句转为备用素材。

示例一：引用佳句。

一直喜欢一句诗："有约不来过夜半，闲敲棋子落灯花。"有道是"最难风雨故人来"，朋友的失约让诗人略显沮丧，但这沮丧随即便被他的闲情逸致所冲散。聚会下棋本是消磨时光，没什么功利与目的，来与不来本就无碍。于是，诗人赵师秀开始闲敲棋子，自己玩味起来。看似漫不经心，实则自在怡然。这种"闲"字当头的处世态度与生活方式，实在令人敬佩。

原文片段：

其实，宋朝诗词里有很多关于"闲"的诗句，表现出宋人对生活纤细入微的体验与开掘，愈简愈美，愈淡愈真。内心里生出喜乐与趣味，才会"画屏闲展吴山翠"；内心通透圆润，才会"宝帘闲挂小银钩"。这样看来，闲敲棋子，敲出的是一份超然与平和。

示例二：深度阅读，进入原文情境体验文中人物的心情，拓展组合所引诗句的鉴赏内容，进一步描述。

闲敲棋子，敲出的是一份超然与平和。

与赵师秀一样，宋人有很多关于"闲"的诗句，表现出对生活纤细入微的体验与开掘，愈简愈美，愈淡愈真。你看，晏几道深夜不能入睡时，却能看见"画屏闲展吴山翠"，床前的画屏在烛光下悠闲平静的展示着吴山的青翠之色，那是词人于不平静的内心中生出的喜乐与趣味；你看，秦观在心中忧愁如雨丝时，却能做出"宝帘闲挂小银钩"的动作，随意用小银钩把帘子挂起，那更是源自词人内心的通透圆润。

示例三：引用精华。

想来现实生活中的"闲"，多是忙里偷闲。是否能化为澄澈或隽永，只在一念之间。

《闲情记趣》里也有一段很喜欢的情节："夏月，荷花初开时，晚含而晓放。用小纱囊撮茶叶少许，置花心，明早取出，烹天泉水泡之，香韵尤绝。"这里记叙的是作者沈复和妻子芸娘的日常生活，将茶叶放在荷花心，以泉水烹，虽没有《红楼梦》里妙玉的文雅别致，却是生活中随手可得的小乐趣。平凡而和谐，虽家长里短，亦是绮丽流光。

庆山（原笔名"安妮宝贝"）在新书里有句话：若能在万事小物中得到诸般乐趣，又何必再远游呢。走得再远，也走不出彼此的这份天长日久。

示例四：将原文情境置换为我亲历的事情。

（去掉原文"北京"）小暑过后异常炎热，对于我这个在海边小城长大的人来说，简直是种折磨。

"那周末去郊区山里吧，看山看水看星星。"周六，爸爸带我们全家开了半天的车到山脚下（原文：他说。就这样，周六他真的带我开了一天车到山脚下）。傍晚坐在小凳上吹着凉风吃着烧烤，别提多惬意舒心了。

第二天一早，我们就进山，一路上层峦叠嶂，鸟语花香。傍晚时分，山里的景色更美了。正应了那句"山气日夕佳，飞鸟相与还"。幽幽树林，山鸟时鸣深涧，清泉石上流。让人不禁感叹，不出来走走，真的体会不到大自然的乐趣。

原文片段：

回想留学那几年，整个美东都遭遇了暴雪。有一次，我抱着一堆资料到图书馆后，突然收到了学校群发的一封邮件，大意如下：今天下雪，封校一天，临时举行堆雪人大赛，奖金300美金，在保证个人安全的情况下，请出门享受下雪的乐趣吧！

那一刻，我才想到学校"Study Hard，Play Hard（努力学习，尽情嬉戏）"的校训是多么动人。同学们几乎是同时放下手中的书本，回家穿好衣服出门玩雪。短短几个小时内，一群工科生居然在草坪上还原出了城堡式的活动中心，那精致又宏达的雪中城堡，在冬日阳光的照耀下晶莹剔透，闪闪发光，成为当之无愧的第一名。我们游园赏雪拍照，虽然天气寒冷，心中却兴奋异常。

示例五：将上文情境置换为我们在恶劣天气里烤地瓜得到意外惊喜的故事（划线句为原文句）。

回想去年的一天，整个县城都遭遇台风，上午狂风大作雨点却小，下午风雨就偃旗息鼓了。学校停假我也回了乡下老家。晚上，室外到处狼藉。我正苦于好不容易有了假日却没有好天气可以约几个乡下发小出去好好透透气吹吹风。这时，×××打电话过来，大喊："到我家院子里来！我们来烤地瓜，很有趣的，快来！"

我飞到邻家院子，几个从小一起玩到中学的伙伴早已聚齐了。将自家种的个头大小不一的地瓜用锡纸包起埋在下面，加了点烧炭，又加了点干柴，就地捡拾干燥一点的枯枝败叶铺上在面，然后点火，挑着拨着烧炭和枝叶养火，直到火星成片，烟气开始缕缕冲向天空。被风雨浇湿了一天的心被火星和热气熏得敞亮起来。

在等地瓜烧熟的间隙里，我们五个人学着综艺节目开始围着火堆玩"萝卜蹲"。一个黄萝卜、一个红萝卜、一个绿萝卜，我是青萝卜、×××是白萝卜。黄萝卜先喊，说"黄萝卜蹲，黄萝卜蹲，黄萝卜蹲完，白萝卜蹲！"一面用手指着白萝卜。一开始大家都没出错，后来喊得越来越快，谁是什么萝卜，哪里还能瞬间分清，于是嘴里喊着红的手却指着绿的，嘴里喊着青的手里指着黄的……人声鼎沸，起蹲喧哗，场面大乱，笑声大作，一个个兴奋异常。再后来，美味地瓜烧得香香的握在手里忍着烫剥开了吃，那边大人们的烧烤架也开工了……

那一刻，我突然想到在英语课上刚学习的一句"Study Hard, Play Hard"，意思是"努力学习，尽情嬉戏"，感觉这八个字是多么的动人。

是的，有时候，恶劣的天气带来的并不全是负面消息，以一颗玩味的心去对待，往往能收获意想不到的惊喜。

策略说明：受生活地域影响，笔者生活所在地，没有下过雪。台风经常有；所以根据"六合"原则，调整情境为"风大雨小"的一次台风后乡村小庭院里的嬉戏；把原文"大学生"的生活调整为"中学生"可能有的生活。再配以原文的英语警句来点题，就成为点睛之笔。

示例六：将文中情境置换为我亲历的事情（划线句为原文句）。

有时候，恶劣的天气带来的并不全是负面消息，以一颗玩味的心去对待，往往能收获意想不到的惊喜。还有一次，下午本来和几个好友约好去村里的小山坡上野餐。清新的桌布已铺好，正准备摆放食物时，突降大雨，我们赶忙收拾，以百米冲刺的速度跑进了最近的一处凉亭里避雨。

大约过了半小时，雨停了。不过草地太湿，继续回去野餐已不太现实。这时，一个好友提议："天快黑了，山上刚下完雨，空气也湿润，说不定会有萤火虫！"一听到萤火虫，我一下子开心起来，完全忘了刚才的一场狼狈。

那个傍晚，我们看到了绚丽的晚霞和火烧云，萤火虫易发现但不易捕捉，我们两两一组，边打着手机的手电筒功能吸引萤火虫边用寻机拍照。本是一次没有实现的野餐，却转化成了一场流萤飞舞的精彩。那天，偶然听到一首很好听的歌，歌里有句短诗，听一遍就记住了："庭前花木满，院外小径芳。四时常相往，晴日共剪窗。"

第一感觉，这就是爷爷奶奶生活的写照。奶奶前不久在门前的小院子里栽了两棵紫薇，一棵是她，一棵是爷爷。现在爷爷树上的花骨朵多些，但她的树型耐看，听着听着，我突然很感动。头发花白之时，至少依然有人陪你看门前亭亭如盖与满树花开。

其实，珍贵的东西一直都在，从未远离。不管是友情还是爱情，找个能与你一起玩味与欣赏的人，生活才会有乐趣。

示例七：引用佳句表达"面对不完美，仍有玩味与欣赏的心"的感悟。

这样看来，闲敲棋子落灯花，并不是明月清风在前，鲜花美酒在侧时你懂得利用与欣赏，而是，当现实看上去不那么完美的时候，你是否依然有颗玩味与欣赏的心，化劣势为优势，尽情活出自己的生趣。

就像张岱，明明是富贵公子，却称自己"学书不成，学剑不成，学节义不成，学文章不成，为死老魅也已矣"。下雪了，就去湖心亭看雪，友人没来，就自己赏完景安然归去，依然心存欣喜。就这样，他将自己的小品文侍弄到风华绝代，耐寂寞而不热衷，处繁华而不没落。

也像《记承天寺夜游》中所说："何夜无月？何处无竹柏？但少闲人如吾两人耳。"至于到底有没有趣味，多为外人的评价，不足为据。只要对自己而言，深得其趣足矣。

8 号素材：歌词《我相信》

策略：歌手杨培安的流行歌曲《我相信》，歌词唱的是充满自信与激情的青春与梦想。在讲完某一个故事后，可以歌词作为结尾，将"故事、歌词、主题"三合一作深度点题。

歌词

想飞上天/和太阳肩并肩/世界等着我去改变/想做的梦/从不怕别人看见/在这里我都能实现/大声欢笑让你我肩并肩/何处不能欢乐无限/抛开烦恼/勇敢的大步向前/我就站在舞台中间

示例：设计一个故事，表现我从胆小不合群到融入集体的成长故事。

我是内热外冷的人。说白了就是怕生。进新班级很久了，别人成群结队，我却形单影只。上课不敢举手，越这样越胆怯，越胆怯越找不到话题，不爱笑，下课就窝教室。同学们的第一印象：一个不爱笑不合群的女孩。

有次，偶然经过办公室门口，听见里面传来聊天，一个声音说："我们班有个叫王盼的同学，每次老上九十，班上只有这一个同学成绩这么稳。"

原来说的是我！说话的是我的班主任！我窃喜。老师终于认得我了！我又悲哀，别的成绩好的恐怕早与老师混得很熟了！这样一想，我在同学面前更不知从何说起。我还是沉默更多。有一天，同桌好心告诫我："你作为学霸一枚，要更接地气一点啊。大家都觉得你不爱笑，不合群，高冷，是不是看不起人呢……"

天啊，比窦娥还冤啊，我哪有？！

有次下课，有个爱搞怪的同学问我们："猪在国外就变成了什么？"我很想参加急转弯，却开不了口。什么外国猪啦，变异猪啦，她见我们着急上火说不出口，很得意地笑："猪到了外国当然就变成PIG啦!"

哈哈哈，大家笑了，笑声有点嘈杂，但空气中飘满和谐快乐的味道。

可是我认为我笑起来丑，我不想露出我那戴了牙套的牙齿。我假装转移注意力，低头拿起作业本翻着。同桌不饶我，冲我大声说："为什么做作业啊，下课这么宝贵的休息时间哎! 多跟大家出来晒阳光，可以杀死霉菌哎。"

我本来在上一瞬间的大笑中就是憋着的，这下终于忍俊不禁了。"哇，你有酒窝啊!""谁啊谁?""真的哎，"她捏我的脸。大家凑上来。"都走开! 没看见她难为情吗?"同桌狠拍桌，"我的同桌的脸，只有我能捏!"

我被她的逻辑搞得哭笑不得，这一回，我放声大笑。这一笑，让我从此处在这群体里了。

我现在在班上有不小的威望。因为我不但学习好，而且爱和大家一起笑，一起闹，更多的时候，我爱用我的微笑，抛开忧郁，抛开自闭，我爱用我嘴角弯起美丽的弧度，一边着唱着那首歌，你听——

抛开烦恼/勇敢的大步向前/我就站在舞台中间/我相信我就是我/我相信明天/我相信青春没有地平线/在日落的海边/在热闹的大街/都是我心中最美的乐园。

9 号素材：歌词《半城烟沙》

策略：许嵩作曲、填词和演唱的《半城烟沙》是一首中国风原创歌曲，创作构思源于金庸先生的武侠小说《天龙八部》。歌曲清新脱俗，不染凡尘，带着耐人寻味的国韵古风。运用拓展组合，即"词句 + 鉴赏"组合策略，可以转为表达悲悯不幸、珍惜和平情怀的备用素材。

歌词片段：

半城烟沙 兵临池下/金戈铁马 替谁争天下/一将成 万骨枯/多少白发送走黑发

半城烟沙 随风而下/手中还有 一缕牵挂/只盼归田卸甲/还能捧回你沏的茶

半城烟沙 血泪落下/残骑裂甲 铺红天涯/转世燕还故榻/为你衔来二月的花

示例：深入词境将体会的词意描述出来。这是提升鉴赏能力的一种训练方式。

听许嵩的一曲《半城烟沙》，一开始，可能会陶醉在那清新脱俗，不染凡尘的国韵古风中，再听几回，特别是咀嚼歌曲高潮那部分词句的意韵，心中会油然而生悲凉之意。

半城烟沙　兵临池下/金戈铁马　替谁争天下

半城铁骑，席卷半城烟沙而来，一个古战场拉开，一场一触即发的厮杀展开。想象冷冷的兵器冷冷的铁甲殷红的鲜血漫天的烟尘，可这一切到底是"替谁争天下"？

一将成/万骨枯/多少白发送走黑发

也懂得"一将成，万骨枯"是从另一首古诗中化出来的。唐人曹松的《己亥岁》里写道："泽国江山入战图，生民何计乐樵苏。凭君莫话封侯事，一将功成万骨枯。"所以，当一个个鲜活的生命因为残酷的战争命丧黄泉，而苦守家中的爹娘盼到的是孩子战死沙场的噩耗。这样的痛，会痛断多少亲人的肝肠，以致群山共泣，大河呜咽。

半城烟沙　随风而下/手中还有　一缕牵挂/只盼归田卸甲　还能捧回你沏的茶

热血男儿，心系亲人，无奈身在疆场，归田和捧茶，都成了一个最遥不可及的梦，说的就是所谓的"铁血柔情"吧。

读着战争的冰冷残酷，我们才更懂得珍惜眼前的点滴温情，才更悲悯那些因为宗教、种族、资源和各种利益纷争不时陷入战乱的人们。

深入词境，让我在忧伤的吟唱声中由衷地祈求和平的飞鸽衔着橄榄枝，飞向地球村每个角落：愿燕还故榻，二月花开，岁月静好。

10 号素材：来自影视微信杂志等各类文本

策略：假设作文题目是一则材料，这则材料既是命题内容，又是写作素材，那么在确立材料的立意方向之后，可以"群文延伸"，根据立意搜索相关素材，调整情境，摆脱立意与表达之俗套，创作新颖深刻之文。

命题：根据以下材料，自拟题目，写一篇记叙文或议论文。

屋顶破了一个洞，刚好白云飘过/墙壁破了一个洞，刚好清风吹来/地板破了一个洞，刚好茉莉花开

几米《世界别为我担心》

立意说明："破洞"，可喻指被破坏，有缺憾，不完美等；"白云清风茉莉"，可喻指收获，美好，诗意，情怀，幸福等。"刚好"二字，体现目光的发现，心态的选择，情怀的拥有等。个人与社会；亲情，友情，奋斗，成长等，都可以写。但离题不易出彩难。这是作文的硬伤；立意平平，选材平平，表达

平平，这是作文的痼疾。

立意抽样

1. 数学考试，到第 23 题做不出，心如乌云。闭眼想起妈妈的话：冷静下来，你也可以。找到辅助线段解题思路。心中充满阳光。困难来了总有解决的办法，相信总有茉莉花开。

《相信总有茉莉花开》

2. "遇到困难要往好的方向想。"考砸，老师这样鼓励。心情阴转晴。

《恰好相反》

3. 找不到第二天早上要交的数学作业，第二天早上到教室还是找不到。别人都交了，恰巧同学说她前晚捡到了收起来，又帮我向老师解释。在你遇到困难的时候，恰巧得到意外的帮助和惊喜。

《恰巧，你来了》

4. 自从上初二，一次又一次的失败让我只看到一片黑暗，以前所有的荣耀都离我而去。看到一片落叶，在生命的最后留下最美的旋转化作春泥。我明白了，现在的苦不算什么。我会像树叶，重获新生。

《世界别为我担心》

5. 数学考砸。爸妈鼓励：这次考砸不代表以后每次都考砸。只要肯努力，一定会取得理想中的好成绩。于是我更有信心了，不断地进步。

《遇到困难，重新振作》

抽样分析：可以看出，例 1 中，引发"我"冷静的只是没来由地想起妈妈的话，心态的转变太快，太假；例 2 和 5，老师或爹妈的一句鼓励就让我转变了，而这句鼓励的话，是那种俗套得让人听了就会腻烦的话；例 4，看一下落叶就转变的情节，跟看一下蚂蚁蝴蝶没什么两样，也是又俗又假。这五例作文，反映了当前中学生写作的一个共同困境，那就是，回避不了写学习的失败以及失败后如何振作并领悟道理的故事，回避不了，却又突破不了，大家都写得差不多，都是考砸了心情阴暗了某人出来说些不痛不痒的话或看见花啊叶啊蝴蝶啊老鹰啊等，就马上振作了，后来就进步和成功了。

就像电视剧里爱情是永恒的话题，成长、奋斗、感悟，是学生永恒的话题，学生的作文选材立意既然无法回避，老师就要千方百计地引导学生去突破惯性思维、公式化思维。其中一个途径，就是"以素材积累驱动作文升格"。

第一步，针对作文立意要求，群文延伸，链接搜索相关素材。

比如，史铁生的一段话，流行歌曲 TFBOYS 的《青春修炼手册》，挖掘当中是否有作文的素材可以备用。

1. 史铁生：四肢健全的时候，抱怨周围环境如何糟糕，突然瘫痪了。坐在轮椅上，怀念当初可以行走、可以奔跑的日子，才知道那时候多么阳光灿烂。又过几年，坐也坐不踏实了，出现褥疮和其他问题，怀念前两年可以安稳坐着的时光，风清日朗。又过几年，得了尿毒症，这时觉得褥疮也还算好的。开始不断地透析了，一天当中没有痛苦的时间越来越少，才知道尿毒症初期也不是那么糟糕。

2. 青春有太多/未知的猜测/成长的烦恼算什么/皮鞋擦亮 换上西装/佩戴上一克拉的梦想/我的勇敢充满电量/昂首到达每一个地方

《青春修炼手册》

第二步：通过朗读、解说、背景介绍等方式对素材进行"深度阅读"，理出运用方向。

素材 1：史铁生的人生何止"破了一个洞"，简直是千疮百孔了，但是他还是要努力地看见和感受属于自己的"白云清风茉莉"。

素材 2：圈画歌词里的关键词，就知道此素材的运用方向。如"青春、成长、烦恼、梦想、勇敢、自信"等。也可以听听旋律，感受律动，感染其中的正能量。

第三步：选取一至二篇例文，无法摆脱公式化思维写作的例文，任意选取以上素材修改并升格此例文。

第四步：改写升格的例文必定会有很多生硬和牵强之处。再引导运用素材的六大原则：合身份、合年龄、合性别、合生活、合时代、合地域去考量素材运用是否"合情合理"。

示例：针对上述抽样例文 1、2、4、5，都可以通过合情合理地运用素材做这样的修改和升格。

假定题目改为《看见茉莉花开》，那么考砸后的思想转变，心态转变，删去原来爸妈、老师或看落叶的情节，尝试运用以上素材来改写升格。

每日里我走在大街上、校园小径上、走进教室又走出教室，有否清风徐来？我不觉；有否白云飘过？我不见；有否茉莉花开？我不闻。我只知道，期中考落败后，很长的一段时间里，我都浑然不知所往。想往前走，路太难；想从此停滞，我又有些不甘心、不甘心。

第一步：过渡。从心理角度，合情合理地过渡。落点是"不甘心"，为心态的转变做铺垫。

就这样混混沌沌地过。2019年元旦前一天，12月31日，看到订阅号里有微信推送"今天，是史铁生忌日"的文章，于是点开看。

看完，心酸满怀。而最让我心酸到心痛的，是那一句：

四肢健全的时候，抱怨周围环境如何糟糕，突然瘫痪了。坐在轮椅上，怀念当初可以行走、可以奔跑的日子，才知道那时候多么阳光灿烂。又过几年，坐也坐不踏实了，出现褥疮和其他问题，怀念前两年可以安稳坐着的时光，风清日朗。又过几年，得了尿毒症，这时觉得褥疮也还算好的。开始不断地透析了，一天当中没有痛苦的时间越来越少，才知道尿毒症初期也不是那么糟糕……

第二步：引出。设计合情合理的情境，引出所用素材。史铁生忌日正是元旦前一天，微信推送文章合情合理。

史铁生的人生何止"破了一个洞"？简直是千疮百孔！但是他还是努力地珍惜哪怕是残存的一点"不痛苦"，他总是努力地寻找、看见和感受属于自己的"白云清风茉莉"。

可是我呢？不过是一次战斗的失败，我的眼中我的耳边怎么就再也感受不到"白云清风茉莉"了呢？震撼之后，我，无比汗颜！

第三步：思考。挑句中和铺垫有关的语词，做真诚的反思。

几米有言：屋顶破了一个洞，刚好白云飘过/墙壁破了一个洞，刚好清风吹来/地板破了一个洞，刚好茉莉花开。

在人生每一个"破"了的"洞口"，我一定要努力地寻找、看见和感受，那属于我的"白云、清风和茉莉"。

第四步：感悟。提取题目、材料句、所用素材的关键词、故事情节这四个要素的共同点来做总结，深化主题。

第三讲　备用素材化为写作内容

一、待升格文例解与评析

别人家的孩子

当今的社会，攀比之风繁盛行，上到那些鼎鼎有名的社会名人，下到我们这些平头老百姓，无不被攀比所包围着。

评析：如果写奋斗，就写"当今的社会……"；如果写友谊，就写"当今的社会……"这样的开篇就像领导在台上做报告，说官场的话，无关痛痒可有可无又貌似高大上。莫言说，我是讲故事的人。写记叙文，也像讲故事。开篇，或造气氛，或点题。点题了吗？"别人家的孩子"指什么，明确了吗？都没有。开篇部分，表达忌无关痛痒高大上公式化。

作为一名即将毕业的初三学生，各种考试纷至沓来，而成绩揭晓后，我们的亲人，老师们总是十分关心，总是会问成绩怎样，问完自己孩子的，就会问与孩子熟识的同学，然后就开始比较。

瞧，这一天老妈又在唠叨了："你看看你，怎么考得那么差呢？瞧瞧人家，考了年段前十，你要好好努力啊。别天天只顾着玩。"我总是无奈地听着，时不时小声地回了一句："那是意外，马有失蹄……"还没来得及说完，又被老妈无尽的唠叨、对比所淹没了。

评析：一、典型的以叙述代替描写，言语唠叨，叙述公式化。记叙文，是用来讲故事的，开篇之后，宜多方展示矛盾铺垫矛盾。二、当中的语言描写也是公式化的细节描写，没有针对作者本人的特点来对话。什么考试，考了多少？哪科考得不好？同样是比，一百人就有一百种比的版本，要写出独特的"这一个"版本。

好不容易找到一个没有唠叨的晴天，我们一家回去探望爷爷奶奶。爷爷招手示意让我坐下，我刚一坐下，爷爷就开始问了："快毕业了吧，最近考得怎样？"我只得笑笑而过，爷爷总是拍拍我的肩头，语重心长地说："孩子啊，要好好努力啊。争取考上一中啊，人家某某的孙子考上一中而且名列前茅呢……"

评析：这是对上一段对话的简单重复。如有变化，只是把妈妈换成爷爷而已。在内容上没有新的信息，在感情上没有进展。这叫公式化的重复细节。铺垫部分，表达忌公式化叙述和描写。

我们面临的是巨大的升学压力，因此父母亲总为我们操心，上述的唠叨不知已经听过几遍了，父母进行对比，为的是让我们认真，改掉身上的一些问题。对待攀比，我们要理智。我们不能因为父母为我们做对比而丧失自我，没有自信。我相信父母的本意肯定不是这样的。我们要学会反思自己，因为有差异才会有对比，我们不能一概地否定自己，也不能过分自信，要谦逊，理智地对待对比，在别人的对比之中寻找差距，然后自省是否有那些问题存在。如果有，改正它；没有的话，加以警惕。相反，它就像一个警钟，方向，指引我们改正错误。

评析：上文写家人把我和别人比较的矛盾，按"讲故事"的过程，此处应该解决矛盾，实现逆转，呈现矛盾纠结的化解过程，并表现主题。但此处大段的议论使全文成了四不像，叙述议论各占了一半，到底算什么文体呢？此外，这部分议论，也是公式化的议论，没有分析，没有例证，讲的都是大家懂的道理。逆转部分的表达忌以公式化议论代替矛盾的化解。

不要一味地只是埋怨生活中许许多多的"别人家的孩子"，而是要找出别的的优点，学习让自己也成为"别人家的孩子"。

评析：此处的"自信、包容"，前无铺垫后就无从说起。结尾部分，表达忌不讲逻辑地公式化套题。

小结：这是用公式化思维写作的案例。开篇，铺垫、逆转、结尾四部分，都体现公式化特点。作为记叙文，没有故事和典型细节；作为议论文，没有分析和论证。

二、化用素材修改与升格

升格一：记叙文版（假设主题是面对比较，不迷失自我，自信前行）

面对"别人家的孩子"

修改说明：题目加了"面对"，表示从心态角度写面对比较的话题。这里，"别人家的孩子"借代比的对象。

从小到大，我们总有个宿敌，叫做："别人家的孩子"。"你看看，别人家的孩子，怎么就那么厉害呢"，这样的比较在耳边挥之不去。而比来比去，别人家的孩子好像永远有"春风得意马蹄疾，一日看尽长安花"的无限风光，自己呢，却一次次地陷入"欲渡黄河冰塞川，将登太行雪满山"困窘。哎，这"别人家的孩子"，让我们不知如何抬头面对！

修改说明：开篇，解释题目含义，强化心理感受。点题，把题目的借代意义说明白；此外，引用和对比的句子，用来强化比较带来的心理感受。开门见山：点题目，点故事，点主题。明点或暗示。

转眼步入初三毕业班。第一次月考如期而至。最后，年段 25 名的成绩，尽管不是很优异，却也令我自己挺满意了。

回到家，迎接我的，照例是"这山望着那山高"的比较。

"年段第一是几分？你看看，差了别人家孩子 20 多分啊，上一中还很危险啊！"

"邻居家的小 A 语文 135 分，再看看你，怎么能差那么多呢？好好问问人家语文是怎么考高分的吧！"

修改说明：对话不能简单重复。两句对比角度不同，但都是拿这个孩子的弱项去比别人的强项。

"你们为什么偏要找年段第一比？为什么偏要找我最不拿手的语文跟人家比？凭什么不比数学啊，我考得很好啊！"我全力发起反击，保卫自己。

"数学？数学这次也没考出水平啊，听说人家小 B 最后一题压轴题从没错过，你还扣了 4 分呢！"

修改说明：用对话内容体现攀比内容的再次升级。故事才有波澜。

"……"

我终于无语了。

回屋闷坐床沿，心中无比沮丧：那么多别人家的孩子，我比得过来吗？我把一个别人家的孩子比下去了，无数个别人家的孩子又站起来了，他们好像都虎视眈眈地盯着我，直到我承认我比不上，比不上，比不上。

修改说明：铺垫部分，对话描写呈现矛盾升级变化，心理描写强化矛盾纠结困境。

抬起头，看见对墙上贴着我的各种奖状。这是我的荣誉墙。漫无目的地一张张看过去，眼光就落在了那三张并排着的奖状上。那是运动会跳高的奖状，从初一到初三排列，名次依次是"第二名""第二名""第一名"。

修改说明：通过"看见"，来引发思想和心理发生转变，需要设计一个情境，这里是看自己的奖状，引发回忆。合乎生活真实的。

我清晰地记得：初一学年跳高，我第二，我知道，对手真的比我好，于是我下定决心来年努力；初二学年，我还是第二，我的实力已提高，可是换了更强的对手。但我还是相信，我能做得更好，我不懈练习；初三，我又站在赛场上，是永远屈居第二，还是勇夺第一？我没停止过努力，没放下过信念，终于得到了第一！

修改说明："记得"的内容，怎么确定？什么可以写，什么可不写？一切要依据主题的需要，和清醒地认识自己的不足，不迷失自我，自信有关的，就可以写。

原来，赛场上的我面对"别人家的孩子"，我不怕低头承认他们的强大，我不怕低头看见自己的不足，但是低头过后，我总是能再次抬起头，带着自信，努力向着目标前行。

修改说明：把"如何面对"具体化：低下头，是认识自己；抬起头，是面对目标。

那么，在学习赛场上的我，为什么不能做到呢？如果一次次地被别人比下去，那就坦然地承认别人的强大吧；如果暂时无法超越别人，那就勇敢地承认自己的不足，然后寻找下一个努力的方向，相信在前行中能找到一个新的自我吧。

修改说明：逆转部分，以"看见—回忆—思考—感悟"呈现过程；以"不迷失、自信"关键词贯穿过程。

"我就是我，是颜色不一样的烟火"。忽然明白了张国荣这句歌词的含义了。在这样一个处处有比较的环境里，我，也许比那个人弱，也许比这个人强，但我永远要做自己的烟火，颜色不一样的烟火。在成长的路上，面对那一个个"别人家的孩子"，我，将做到六个字：自知、自信、自强！

修改说明：结尾部分，以歌词素材引发思考。将"歌词句、点题句、主题词"三合一，深度点题。整个修改过程，都在千方百计突破公式化思维。合情合理设计各部分情节，适时适当地引入素材驱动升格。

升格二：议论文版

链接：习作片段

1. 自古以来，人与人之间虚荣心作怪就使人们产生攀比心理。明代文学家宋濂，既加冠时，嗜学，尝驱百里外拜见老师。见同宿生皆披锦绣，带宝玉之帽，虽自己只有敝衣处其间，以中有足乐者，不知口体之奉不若人也。

《攀比之心不可有》

2. 三国时期，有两个军事家一个叫诸葛亮，而另一个叫周瑜。诸葛亮和周瑜都是极为聪明的，一个在蜀国当军师，别一个则在吴国当军师。都是十分出名的。而关于他们之间的故事更是家喻户晓，直到周瑜去世时，也还发出了最后的感慨："既生瑜，何生亮！"

这个瑜亮故事，许多人把诸葛亮和周瑜进行比较，某些人认为诸葛亮比较好。其实不然，金无足赤，人无完人，大家可能只是因为周瑜自己气死而认为的。正如南极和北极，都是极寒地区，但却无法说出优劣，只是各有千秋而已。

《南极和北极》

评析：此处运用了两个素材。一、统编教材九下第三单元课内文本《送东阳马生序》。二、课外阅读文本《三国演义》"瑜亮情结"素材。但是，议论文中的叙述是概述，不是复述；议论，是分析道理，不是简单套结论。再看升格文《别人家的孩子》中的议论部分，翻来覆去，就是说一个意思，要清醒地对待攀比，但缺少理析，缺少例证。所以将这两个议论片段与原文议论部分整合起来修改升格，主要是从论点鲜明，论据充分，说理清晰入手修改。

升格示例：

清醒地面对"别人家的孩子"

修改说明：初学议论文，题目最好就是论点。"清醒地面对"就是观点。行文中再把"清醒"的内涵作具体定义，文章就观点鲜明。

当今社会，攀比无处不在。且不说小孩比玩具，大人们比工资、比房产，单就中学生这一群体来说，攀比之风更甚。在学校，比衣着、比家境，比人缘，比成绩；回到家，家长们更是一句句"你看看别人家的孩子，多厉害"张口就来，直到把你比得无处藏身。我们躲不开攀比，所以，我们就要正确认识攀比，面对一个个"别人家的孩子"，我们要学会保持清醒，既认识自我，又包容别人。

修改说明：现象入笔，提出观点，定义"清醒"的内涵是"认识自我，又包容别人"。

正确对待攀比，首先要学会找准比的角度。如果比的角度不正确，就会让人迷失自我，陷入自怨自艾的情绪中无法解脱。明朝初年宋濂在《送东阳马生序》中就写到，当他看到，"别人家的孩子""皆被绮绣，戴珠缨宝饰之帽，腰白玉之环，烨然若神人"，而他却"缊袍敝衣处其间"时，他"略无慕艳意"。为什么呢？他当年求学何等艰难，若要和同舍同学比吃穿住，他定然无地自容，无比自卑。但是宋濂知道，作为求学者，若一定要比，比的正确角度应该是学习。只有学习上的满足让他快乐，只有学习上的优秀，让他"不知口体之奉不若人"。所以，找准攀比的角度，才能明确心中的目标，不迷失自我。

修改说明：这是初学议论文写作可参考的一个典型论证段落。其行文思路是：提出第一层分论点→从反面假设过渡→从正面举例，概述"宋濂"事例→扣"比的角度"分析例子→点明意义，归结段意。

正确对待攀比，还要时刻警惕，不在比较中迷失自我，迷失方向。中国历史上，有个著名的攀比故事，能时时提醒我们保持这样的清醒。这个故事是周瑜和诸葛亮。诸葛亮神机妙算，周瑜用兵如神。两人于乱世中都是一代枭雄，自然免不了被世人比，也免不了在自己心中暗暗较劲。诸葛亮比着比着找准了周瑜的弱点，更加淡定自若；周瑜比着比着却失了方寸，迷了自我，终于气郁于胸，大呼一声"既生瑜，何生亮?!"吐血而亡。正所谓"寸有所长，尺有所短"，周瑜却始终无法承认这个现实。这个故事一直在告诉后人，不在比较中清醒，就在比较中迷失，甚至陷入狭隘与偏执导致难以自拔。所以我们要学会在比较中正确认识他人，更认清自我，找到自我。

修改说明：这是初学议论文写作可参考的一个典型论证体现递进层次的段落。行文思路是：提出第二层分论点→从正面说理过渡→从反面举例，概述"瑜亮"事例→扣"迷失自我"分析例子→小结段意。

是争个"你死我活"还是赢得"携手共进"？对待攀比，最可贵的是既不迷失自我，又能体现出良好的包容心态。"将相和"的故事传为千古美谈，就在于最终化"比"为"和"体现出的那一份包容。廉颇和蔺相如，两人一武一文，共同辅佐赵国。前者屡立战功，官拜上卿；后者因渑池外交之功，也拜上卿，甚至位于廉颇之上。我出生入死，他只凭口舌之功，官位在我之上？这是廉颇怎么想也想不通的事。这么一比较，官职与功劳不成正比啊，他越想越不甘心，处处羞辱蔺相如，迷失自我，丢了谦逊，失了包容。直到听到蔺相如一句"以国家之急为先而以私仇为后"，才如梦初醒。这个故事告诉后人，没有蔺相如在比较面前体现出的大度和宽容，就没有一语惊醒梦中人后的负荆请罪。若非要争个"你死我活"，将致"鹬蚌相争，渔翁得利"；而和则顺，和则强，和则久。这个"和"，体现的就是保持自我，又相互包容的心态。

　　修改说明：这是初学议论文写作可参考的一个典型论证体现递进层次的段落。行文思路是：提出第三层分论点→从正面说理过渡→正反对比，概述"将相和"事例→扣"包容心态"分析例子→扣将相和的"和"诠释内涵。

三、策略运用与升格训练

　　1. 以待升格文《别人家的孩子》为例，若选用课内文本备用素材入文，将选用哪个素材？运用哪些策略？怎样修改升格？

　　2. 以待升格文《别人家的孩子》为例，若选用群文文本备用素材入文，将选用哪个素材？运用哪些策略？怎样修改升格？

　　3. 若选用多个素材、或者自己个性积累的相关素材入文，将选用哪些素材？运用哪些策略？怎样修改升格？

　　（可片段训练，亦可成文）

第四章

社会人生

选材依据：收录与社会变迁、文化生活、民俗风情、名人凡人、人生感悟等有关的课内文本与群文文本。

第一讲　课内文本转为备用素材

1 号素材：《邓稼先》/七下第一单元/《南仁东》/新华社

策略：历史的星空，因为众多杰出人物而光辉灿烂。《邓稼先》一文深情回忆"两弹元勋"这样一位卓越的科学家、爱国者。《南仁东》则深情追记"天眼之父"这样一位卓越的天文学家、"造梦者"。在膜拜明星成风的时代，这样的文章在引领当代中学生树立正确的人生观、价值观方面别有意义。

原文片段：

1. （邓稼先）1948 年到 1950 年赴美国普渡大学读理论物理，获得博士学位后立即乘船回国，1950 年 10 月到中国科学院工作。1958 年 8 月奉命带领几十个大学毕业生开始研究原子弹制造的理论。

这以后的 28 年间，邓稼先始终站在中国原子武器设计制造和研究的第一线，领导许多学者和技术人员，成功地设计了中国的原子弹和氢弹，把中华民族国防自卫武器引导到了世界先进水平。

……

假如有一天哪位导演要摄制《邓稼先传》，我要向他建议采用五四时代的一首歌作为背景音乐，那是我儿时从父亲口中学到的：中国男儿中国男儿/要将只手撑天空/长江大河　亚洲之东　峨峨昆仑/古今多少奇丈夫/碎首黄尘 燕然勒功

至今热血犹殷红

2. 新华社北京 2017 年 11 月 18 日电 "天眼" 之父南仁东，17 日被追授 "时代楷模" 荣誉称号。

24 年，8000 多个日夜，500 米口径球面射电望远镜首席科学家、总工程师南仁东心无旁骛，为崇山峻岭间的中国 "天眼" 燃尽生命，在世界天文史上镌刻下新的高度……

1993 年的日本东京，国际无线电科学联盟大会在此召开。科学家们提出，在全球电波环境继续恶化之前，建造新一代射电望远镜，接收更多来自外太空的讯息。

会后，南仁东极力主张中国科学家启动 "天眼" 项目……

南仁东曾在日本国立天文台担任客座教授，享受世界级别的科研条件和薪水。可他说："我得回国。"……

"20 多年来他只做这一件事。" 国家天文台台长严俊说。

在南仁东看来，"天眼" 建设不由经济利益驱动，而是源自人类的创造冲动和探索欲望。"如果将地球生命 36 亿年的历史压缩为一年，那么在这一年中的最后一分钟诞生了地球文明，而在最后一秒钟人类才摆脱地球的束缚进入太空无垠的广袤。" 南仁东的心中，总是藏着许多诗意的构想。

"让美丽的夜空带我们踏过平庸。" 这是他留给人世间的最后思考。

3. 链接电影《无问西东》台词：但从真心，无问西东。

示例第一版：调整情境，聚焦人物的 "爱国" 精神、高大 "格局"。

1.（邓稼先）1948 年到 1950 年赴美国普渡大学读理论物理，获得博士学位后立即乘船回国了。

留在美国，有先进的科研设备、有优质的科研资源，更有优厚的个人待遇，成为杰出科学家，周期不是更短？理想的实现不更是早早到来？不也是件伟大的事？

可是，他回国了。

当时的国，是怎样一个国？

农村贫困，食粥无油；饱经战乱，城市失业；土匪暴乱，强敌环视……一个积贫积弱、百废待兴的国！

这时候的学成归国，不是我们现在常见的 "衣锦还乡"，而是 "血荐轩辕"！

所以，这以后的 28 年间，邓稼先始终站在中国原子武器设计制造和研究的第一线，领导许多学者和技术人员，成功地设计了中国的原子弹和氢弹，把中华民族国防自卫武器引导到了世界先进水平,直至"鞠躬尽瘁"!

2. 南仁东,这位享受世界级别的科研条件和薪水的国际天文界的科学家,却在20世纪90年代中期毅然舍弃高薪,回国就任中国科学院北京天文台副台长。当时他一年的工资,只等于国外一天的工资。

已享受"世界级别"的条件和薪水,为什么南仁东说"我得回国"?

因为"名利"二字太小,远非这位科学家的格局。

你听,当1993年国际无线电科学联盟大会上科学家们提出在全球电波环境继续恶化之前建造新一代射电望远镜,接收更多来自外太空的讯息这个问题时,南仁东就极力主张中国科学家启动"天眼"项目。

"我得回国"了,这个"得"字,意思是我应该回国了,我必须回国了。为什么他急着想回国?因为他要回国带领中国科学家启动"天眼"项目!我们看到爱国情怀驱动着南仁东燃起一份责任感、使命感和大担当。

建造一个属于中国的大型射电望远镜,造一个大窝凼里的"中国梦"。是他,也是所有中国天文学界人士长久以来的梦想。从此他开启了带着队伍为国"造梦"的过程。广阔的视野、崇高的使命感,这,才是南仁东的格局。

示例第二版:调整情境,聚焦人物的"奉献"精神、"迎难而上"精神、"坚定与执著"精神,科学家的探索精神、"淡泊明志""宁静致远"的境界。

1. (邓稼先)1948年到1950年赴美国普渡大学读理论物理,获得博士学位后立即乘船回国,1950年10月到中国科学院工作。1958年8月奉命带领几十个大学毕业生开始研究原子弹制造的理论。

这以后的28年间,邓稼先始终站在中国原子武器设计制造和研究的第一线,领导许多学者和技术人员,成功地设计了中国的原子弹和氢弹,把中华民族国防自卫武器引导到了世界先进水平。

请仔细掂量"28"年这个时间长度的专注和意志,掂量"始终"这个时间周期的担当与责任,掂量"第一线"这个位置的艰辛与付出。

2. 24年,8000多个日夜,500米口径球面射电望远镜首席科学家、总工程师南仁东心无旁骛,为崇山峻岭间的中国"天眼"燃尽生命……

"20多年来他只做这一件事。"国家天文台台长严俊说。

请仔细掂量"24"年这个时间长度的专注和意志,掂量"8000"多个日夜这个时间周期的担当与责任,掂量"20多年只做一件事"其中的执著与坚守,掂量"崇山峻岭间"这个工作环境需要何等的艰辛与付出!

更震撼人心的远不止此,探索宇宙奥秘的科学精神更是世间最美的召唤。

在南仁东看来,"天眼"建设不由经济利益驱动,而是源自人类的创造冲动和探索欲望。"如果将地球生命36亿年的历史压缩为一年,那么在这一年中的最后一分钟诞生了地球文明,而在最后一秒钟人类才摆脱地球的束缚进入太空无垠的广袤。"南仁东的心中,总是藏着许多诗意的构想。

"让美丽的夜空带我们踏过平庸。"这是他留给人世间的最后思考。

这就是"时代楷模"的境界。他一生为中国"天眼"燃尽,只为带我们踏过平庸,诗意地栖居。

3. 我想起电影《无问西东》里,黄晓明饰演的陈鹏在参与了1964年10月16日中国第一颗原子弹爆炸试验之后,在火车上摘下帽子,已然稀疏的头发还随帽沾落的情节,令人心生震撼。影片在告诉我们:但从真心,无问西东。

是的,青春无问西东,岁月自成芳华。正如"五四"时代一首老歌唱的:中国男儿中国男儿/要将只手撑天空/长江大河 亚洲之东 峨峨昆仑/古今多少奇丈夫/碎首黄尘 燕然勒功 至今热血犹殷红。

示例第三版:以素材为引子,链接生活,描写自己的"科学家"之梦。

远行,向彼岸的梦想

1964年10月16日中国爆炸了第一颗原子弹!

1967年6月17日中国爆炸了第一颗氢弹!

1970年4月24日21时中国第一颗人造卫星发射成功!

再后来,杨利伟乘由长征二号F火箭运载的神舟五号飞船首进太空!

再后来,神舟五号、九号、十号、十一号……中国迄今已进行316次航天发射,成功率达93.04%。

在酒泉千里之遥的东南,曾有一个幼童每次看着电视上腾云驾雾的庞然大物,都欢呼雀跃。

这一切,早在他幼小的心灵中埋下了理想的种子,引导他,走向梦想的海洋。

可是随着年龄的增长,乘着飞船上天的梦想怕是难以实现,因为他近视了。而戴着酒瓶底的人怎么能上太空呢?于是,他把梦想从坐火箭改成了造火箭。

这个幼童,就是我。

为了实现自己建造火箭的梦想,我开始走近科学。从我识字起,家中的科学杂志、科普刊、科幻小说便摆满了床头、书柜和沙发。在读书的路上,我坚定不移地乘着科学的马车,向梦想的彼岸疾驰。于是,在科学的马车上我看到了美好的明天，飞向宇宙的诗和远方。

　　然而父母觉得，平淡而富足的生活才是真正的远方田野。小学的我开始不断听到两个声音，看报的父亲抬头说："好好读书，将来找个工资高的活儿干了，养活一家老小，多好啊！"做饭的母亲转身道："努力学习，未来先赚到了钱，再做想做的事，也不迟！"父母一言，划出了一道通天河，横亘在马车前，逼迫奔驰的路停下。太阳落下，映出一片血红的余晖，燃着了过不得的那条屏风。生活走进了苟且，学习成为了一天的全部。

　　偶然翻出一本脸上落满尘土的旧书。拭开浮尘，标题大字映入眼帘：《宇宙与航天趣谈》。已上初中的我，仍未忘记这本小书。正是它，让我对航天科学有了进一步的了解，更加喜爱这门天空之外的艺术。这一刻，梦想悄然回归的我的心灵。父母的阻挠，已不算什么，只是朝着彼岸之梦远行中的一条小溪。我的太阳再度升起，朝霞映红了大地，更映红了梦想的海洋。

　　从科学的马车走下，望着广阔无垠的梦之海。"还要渡过这片海呢！"心中的声音响了起来。"我来！"物理自告奋勇，变成了一艘帆船。搭上物理的舟，乘着时代的风，我继续向着航天梦、大国梦的彼岸，远行，不顾一切地远行。我的成绩随着到来的梦想，水涨船高。物理成绩，已成为我的远行中一台大功率发动机，推动着我前进。

　　苟且的生活，大约确实是远去了。不顾一切的、向着彼岸梦想的远行，仍在继续。

　　示例第四版：综合邓稼先、南仁东、《无问西东》三个素材，根据 2019 年泉州市质检作文题《身边人》，改造上文写出新作。请从以下角度对比原文与改造文：略了什么、删了什么、调了什么、加了什么。

　　陈景润，著名数学家，我们亲近、亲切的福建老乡；景海鹏，三巡苍穹的英雄航天员，点亮了我们的飞天梦想；路遥，著名作家，我们的人生被他的文字温暖；马云，著名企业家，他的平台与服务已成为我们的日常；……他们，是改革开放杰出贡献人员；他们，离我们似乎很远；他们，其实和我们的父母、朋友一样，也是离我们很近的"身边人"。

　　以上文字给你什么联想和感悟，请以"身边人"为题，写一篇记叙文或议论文。

身边人

曾经因为一个人，我种下了一个梦想。

　　1964 年 10 月 16 日中国爆炸了第一颗原子弹!

　　1967 年 6 月 17 日中国爆炸了第一颗氢弹!

　　1970 年 4 月 24 日 21 时中国第一颗人造卫星发射成功!

　　再后来,杨利伟乘由长征二号 F 火箭运载的神舟五号飞船首进太空!

　　再后来,神舟五号、九号、十号、十一号……中国迄今已进行 316 次航天发射,成功率达 93.04%。

　　这一切,都跟一位英雄有关,这位英雄开拓了中国的太空之旅,那就是两弹一星元勋邓稼先!自从有了邓稼先,每当仰望星空,我总感觉夜空中最亮的那颗星就是他。

　　因为他,我的心里种下了理想的种子,我想当造火箭的科学家!

　　因为心中有梦想,这个梦想的启迪者就是邓稼先。所以,虽然隔着遥远的时空,邓稼先却与我心中的梦连在一起,仿佛近在眼前的"身边人"。

　　为了实现自己建造火箭的梦想,我开始研究邓稼先这个"身边人"。有 28 年时间,邓稼先始终站在中国原子武器设计制造和研究的第一线,领导许多学者和技术人员,成功地设计了原子弹和氢弹,把中华民族国防自卫武器引导到了世界先进水平。

　　我看见科学家的光环,更掂量出一份厚重:我掂量出"28"年这个时间长度的专注和意志,掂量出"始终"这个时间周期的担当与责任,掂量出"第一线"这个位置的艰辛与付出。在梦想的路上,我也想坚定不移地乘着科学的马车,向梦想的彼岸疾驰。

　　然而父母觉得,平淡而富足的生活才是真正的远方田野。我开始不断听到两个声音,看报的父亲抬头说:"好好读书,将来找个工资高的活儿干了,养活一家老小,多好啊!"做饭的母亲转身道:"努力学习,未来先赚到了钱,再做想做的事,也不迟!"父母一言,划出了一道通天河,横亘在马车前,逼迫奔驰的路停下。生活走进了苟且,按部就班地学习成为了一天的全部。

　　直到另一个人出现,令我载着心中的梦想继续前行,这个人就是时代楷模、天眼之父、500 米口径球面射电望远镜首席科学家、总工程师南仁东!

　　我曾如痴如醉地读他的相关报道。我看到,他同样用 20 多年的时间只做一件事,但更震撼我的远不止于此,他探索宇宙奥秘的科学精神更是世间最美的召唤。

　　在南仁东看来,"天眼"建设不由经济利益驱动,而是源自人类的创造冲动和探索欲望。"如果将地球生命 36 亿年的历史压缩为一年,那么在这一年中的最后一分钟诞生了地球文明,而在最后一秒钟人类才摆脱地球的束缚进入太空无垠的广袤。"南仁东的心中，总是藏着许多诗意的构想。

"让美丽的夜空带我们踏过平庸。"这是他留给人世间的最后思考。

这样的一种科学精神，这样的一种境界，令我敬服。南仁东，将我心中曾经搁置的梦想重新点燃。他成了我心目中那种远在天边近在眼前的心中亲切的身边人。

乘着科学的马车，我重新向梦想的彼岸疾驰。"我来！"物理自告奋勇，变成了一艘帆船。搭上物理的身，乘着时代的风，我继续向着航天梦、大国梦的彼岸，远行，不顾一切地远行。我的成绩随着到来的梦想，水涨船高。物理成绩，已成为我的远行中一台大功率发动机，推动着我前进。

至于我能否成为如邓稼先、如南仁东一样的科学家，我想，我只能说，我将一直一直把他们和我的梦想放在一起，然后再用一句台词来回答自己：但从真心，无问西东。

2 号素材：《老王》／七下第三单元

策略：《老王》一文，聚焦的点在文末那句"那是一个幸运的人对一个不幸者的愧怍"。学生在解读一个穷苦卑微但心地善良、老实厚道的"老王"形象之后，在理解作者一家对老王那样不幸者的关心、同情和尊重之后，可能会觉得，现实生活中如老王"只有一只眼"以及最后贫病而死的不幸者，毕竟少见；如"我"一样在"文革"中遭遇迫害的不幸者，也不可能再遇到。那么，这个文本怎么转为素材呢？

经过思考，我们不难发现，如果忽略掉文中"不幸"的这些特质，借鉴主题，围绕文末的核心句去链接生活，会发现生活中不乏这样的故事：一个人在某一环境里显得相对优越、高大，另一个人卑微、渺小，在他们有了交集之时，发生了令前一个人后来回忆中觉得愧怍的事，来表现内心的自省、灵魂的拷问和人性的温暖。

示例

我的姑姑在我们学校当老师，她教得好，声名在外，我们常说她"大城出名，小城流行"。姑父是公务员，工作也风生水起，他们一家在我们这些小辈们的心中，就是家庭事业都成功的那种典范。有一天，姑姑聊天时跟我们聊到了一件事，让我深感意外和震撼。

她讲的事跟一个用小四轮车卖橘子的老汉有关。

姑姑的脚有伤病，做过手术，康复后为防摔倒，出行只能骑一辆三轮摩托车。不过她从不以为意，除了这点走路和出行的不方便，她实在是天性乐观得很。

姑姑常在出行经过的那条大街的路边，向一个老汉买橘子。那老汉老站在一辆小四轮的车边，瘦瘦高高的，估计有一米八五，在南方的这个小县城，那个子有点突兀显眼。小四轮上堆着小山一样的一车橘子，红红绿绿的，在路边也很显眼。车上插着一面四方形纸牌，上写："三斤十块"。

"他的橘子确实不酸，够汁够甜，我常去买，反正也顺路。"姑姑说。

"听他说普通话的口音，应该是北方人，难怪长那么高。一个外地人，开小四轮在这里卖橘子，估计是帮我们当地的果农整车卖再抽点成吧？有时看他大冬天的在风里等买客的样子，有时又看他遇上城管大队的，收摊收得心慌手乱的，真是可怜。"

"所以啊，整条街卖橘子摊贩的很多，我总是特意去照顾他的生意。"姑姑又补充。

"姑，你好有爱哦"，我们都笑笑，打趣她。

"那天，我开着小三轮摩托到他车前停下，说称十块。等着他称的时候，我闲着无聊问他，这回的橘子还甜吗？"

"不够甜的话我会告诉你的。"他称好了倒塑料袋里扎了袋口递给我，边说，"我不会哄你这种人，你是常客，我同情你腿脚不好，肯定过得很不容易。每次都多称几个给你的。"

"你们知道吗？当时这句话我听了什么感受？当时，听得我心鼓乱敲，五味杂陈啊！"

"我完全没想到，今天，居然是一个街上卖橘子的老人对我说他同情我！这个外地人，这个老人，在我们这县城里辛苦地讨生活，就像这城市里的一粒微尘一样，但是，他居然一直在同情我，还因为同情我，一直在橘子的斤两上照顾我，直到我问起来了，他才告诉我！而我只是个路人甲而已！"

"当时，我还恨不得跟他解释，说，我除了腿脚不好，我可是过得不比谁差，甚至是令人羡慕；还想说，我来找你买橘子，是我出于同情才来的，你知道不知道？因为，应该是我来同情你才对，你才是那个需要同情的人……"

"是啊是啊，"我们都说，"被人同情滋味可不好受，更何况是这样的人。那你当时怎么回他话的？"

姑姑说："我当时接过那袋橘子，我记得我笑得很灿烂，对他说，是啊是啊，谢谢你！"

"为什么？"我们集体无解。

姑姑说了一句令我意外和震撼的话：

"因为我对他的同情，是居高临下的同情。而他对我的同情，是一个弱者对另一个弱者产生的同情。他的同情更贵。"

之后很久，我都不太明白这句话的含义。直到有一天，我们在课堂上阅读了杨绛先生写的《老王》，我才仿佛明白了姑姑的这句话。

杨绛说："那是一个幸运的人对一个不幸者的愧怍。"

3号素材：《游山西村》/七下第五单元

策略：《游山西村》的精华是写景的哲理句："山重水复疑无路，柳暗花明又一村。"诗人行走山道，信步而行，疑若无路，忽又开朗的情景，道出了世间事物消长变化的哲理。只要链接生活，人们就会想到在人生某种境遇中，常与诗句有着惊人的契合之处。再以"山重水复疑无路"为引，链接各种体现此句诗意诗理的文本；以"柳暗花明又一村"为引，链接各种体现此句诗意诗理的文本。拓展组合这些文本，就是新的备用素材。

诗句：

莫笑农家腊酒浑，丰年留客足鸡豚/山重水复疑无路，柳暗花明又一村/箫鼓追随春社近，衣冠简朴古风存/从今若许闲乘月/拄杖无时夜叩门。

示例一：链接电影《小时代》台词，形容"山重水复疑无路"时的苦痛挣扎。

1. 连续数十场的暴雨。每天早上都是电闪雷鸣。巨大的闪电和雷声，像是长着尖利长指甲的手，硬生生撕扯着每个人的耳膜。每一声爆炸性的雷声，都像是黑暗里突然甩过来的一个重重的耳光。

2. 隐约的一种直觉，让我感觉像是光脚走在一片长满水草的潜水湖泊里，不知道哪一步，就会突然沉进深水潭里去，被冷水灌进喉咙，被水草缠住脚腕，拉向黑暗的水底。

示例二：链接微视频《为凤凰花开传递正能量》。形容"山重水复疑无路"时的自勉。

1. 你和题海斗法，和成绩较真，在分数的波动下时悲时喜，也许你一时无法摆脱这样的状态，但请铭记，每一次的破茧成蝶，都是痛苦后才有的惊喜。

2. 挥汗如雨有时/兀自冲锋有时/梦有时/醒也有时/成有时/败也有时/既已

溯游从之/何顾道阻且右？

示例三：链接素材：马云演讲《不吃苦，你要青春干嘛》，思考"柳暗花明"的根源之一是"不放弃"。

当你想要放弃了，一定要想想那些睡得比你晚、起得比你早、做事比你卖力、天赋还比你高的牛人，他们早已在晨光中跑向那个你永远只能眺望的远方。

示例四：链接媒体报道《凌晨四点的科比》，思考"柳暗花明"的根源之一是"坚持不懈"。

曾经有记者问科比："你为什么能如此成功呢？"科比反问道："你知道洛杉矶凌晨四点钟是什么样子吗？"记者说不知道。科比说："我每天都看到。"

"凌晨四点满天星星，灯光寥落，行人很少；而我行走在黑暗的洛杉矶街道上。一天过去了，两天过去了，十多年过去了，洛杉矶黑暗没有丝毫改变；但我却已变成了肌肉强健，有体能、有力量，有着很高投篮命中率的运动员。"

示例五：链接古今诗句，表达"柳暗花明"后的感受。

1. 行到水穷处，坐看云起时　　《终南别业》王维
2. 如果我的心是一朵莲花/正中擎出一支点亮的蜡/荧荧虽则是那一剪光/我也要它骄傲地捧出辉煌　　《莲灯》林徽因

4号素材：《假如生活欺骗了你》/链接歌词：《别忘了》

策略：2018年天津中考语文作文题，是以普希金的《假如生活欺骗了你》为材料，以"亲切的怀恋"为话题自拟题目作文。诗中面对"忧郁的现在"去想象未来面对未来；而如果是未来已来，回首往事，则是"勿忘过去"。在深度理解诗意的基础上，借鉴主题，链接生活，可创造新的素材。

诗句：

假如生活欺骗了你/不要悲伤，不要心急/忧郁的日子里须要镇静/相信吧，快乐的日子将会来临

心儿永远向往着未来/现在却常是忧郁/一切都是瞬息，一切都将会过去/而那过去了的，就会成为亲切的怀恋

链接歌词：

别忘了我的脸/我们是谁 和流动的蜕变/那宇宙睁开眼/转了几圈 和时光打

呵欠/别忘了有多累/有什么约 和谁说了再见/看曾经误解/换来了解 那青春的岁月

——周笔畅《别忘了》

歌曲鉴赏：在 MV 中，听着歌的人站在时间线的旁边，回味着每一个不能忘却的时间刻度，每一个定格的人都承载着一个和时间相关的故事。在时间的星空中，每个人看到 MV 都会有关于"别忘了"不一样的理解和回忆。

周笔畅独特的声线赋予了这首歌一种不舍的温暖，关于青春、关于成长、以及对于未来的向往，让人有共鸣又感动：别忘了曾经同桌的你；别忘了宿舍中玩闹的你；别忘了一起走过的青春痕迹；就算哭红了眼，也别忘了未来还未来的那一切。

示例

待升格文：

感谢挫折

（1）"一切都将过去，而那过去了的，就会成为亲切的怀念……"折戟沉沙，积蓄力量，十年磨一剑，一雪前耻。

（2）"又不及格"，我拿着试卷，沉重地回到自己的座位上，突如其来的初三生涯，试卷每天向我扑面而来，压得我快要喘不过气，接连几次的失利，难道我真的不是学习的这块料吗？难道属于我的辉煌时代已经过去了吗？难道我不再是考场上的那个敌扫千军过独木桥的人了吗？一时，泪水涌上我的眼眶。

（3）下雨了，滴滴落落地诉说着我的悲伤。走出教室，不经意瞥到了一株娇小的花，它活不过今天了，我心里暗暗地想着。

（4）雨漠然又纷然，雨势渐渐大了。猛烈的风夹杂着雨滴，重重地打在花瓣上，花瓣慢慢地垂下身子，下一秒又颤颤巍巍地抬起来，如同跌倒于泥泞的孩童，笑着爬起来，一次又一次，哪怕只为了片刻的昂扬挺立。

（5）"让风来吹！"它们在呼叫。

（6）"让雨打吧！"它们在咆哮。

（7）它们如同在风雨中前行的女子，从未露出屈服的本色。

（8）风雨终于偃然息鼓了，经历过风雨的花儿竟如刚出浴的美人般妩媚，恣意盛放，越发清香，好似在向我炫耀。

（9）我像注了强心剂般镇定，又自愧不如。豁然开阔。此后，我变不再迷失自我。当别人还在睡觉时，我已经在背单词，当别人在玩牌时，一道道数学题向我发起了挑战，当别人在聊天时，我习以为常地拿起一本本书，走进作者的内心……

（10）就这样，几次的考试中，终于有了起色，正如席慕容一句话："蓦然回首，那人就在灯火阑珊处。"

（11）生活不可能一帆风顺，感谢曾经的挫折，让我战胜自我。当越过坎坷，蓦然回首，那过去了的已成为了人生中最宝贵的怀恋。感谢挫折，战胜挫折，放飞梦想。

升格文：

别忘了，那青春的岁月

（1）别忘了我的脸/我们是谁 和流动的蜕变/那宇宙睁开眼/转了几圈 和时光打呵欠/别忘了有多累/有什么约 和谁说了再见……我本是"笔亲"（周笔畅的粉丝），她的歌抓过来我就听，可是此刻这句"别忘了"，特别刺耳、特别扎心地在空中荡，荡得我心乱，荡得我心烦！考试连续遭遇滑铁卢，耻辱当前，何时才能折戟沉沙，积蓄力量，一雪前耻?！我不知道！我只知道，此时此刻，我想让一切都马上过去，越过当下，忘记当下！

第一步：铺垫。

1. 挑出素材关键词：别忘了、蜕变、时光、多累、有约、青春岁月等。

2. 理出素材与主题的关系：相近关系。"别忘了"与"过去的一切成了亲切的怀念"的主题意思相近。

3. 从反面设计故事："别忘了"变成"想忘了"；"亲切的怀念"变成"厌烦的当下"。

4. 将反面相关的部分化为故事起因（考试遭遇滑铁卢）、心理描写（想忘记当下），做反面铺垫。

5. 还可将正面相关的部分改造为标题。

6. 素材的出现要简洁自然，合情合理。

（2）"又不及格"，我拿着试卷，沉重地回到自己的座位上，面对突如其来的初三生涯，试卷每天向我扑面而来，压得我快要喘不过气，连接几次的失利，难道我真的不是学习的这块料吗？难道属于我的辉煌时代已经过去了吗？难道我不在是考场上的那个敌扫千军过独木桥的人了吗？一时，泪水涌上我的眼眶。

（3）虎落平阳，英雄落寞，耻辱当前，我好想让一切瞬间过去，让时间光速到达我想要的光辉岁月，美好未来。

（4）越这样想，心越乱，书越看不下去，越不想去惊动那成堆的作业和试卷。茫茫然点开"笔笔"歌曲，MV一个一个地看，歌一首一首地听，再次顺序循环到那首《别忘了》，心生疑惑：别忘了什么？为什么别忘了？

（5）周笔畅独特的声线悠悠缭绕：别忘了我的脸/我们是谁 和流动的蜕变/那宇宙睁开眼/转了几圈 和时光打呵欠/别忘了有多累/有什么约 和谁说了再见/看曾经误解/换来了解 那青春的岁月

第二步：引出。

1. 精心设计遇见素材过渡的情节：特定心理下可能有的特定举动。

2. 过渡情节合情合理，避免生硬造作。

3. 以简练的语言引出素材句；或者根据读者了解的需要概括素材的背景后引出。

（6）我听着歌，看见画面中的人们也在听着歌。在MV中，听着歌的人站在时间线的旁边，回味着每一个不能忘却的时间刻度，每一个定格的人都承载着一个和时间相关的故事。在时间的星空中，每个人看到MV都会有关于"别忘了"不一样的理解和回忆。

（7）周笔畅赋予了这首歌一种不舍的温暖，关于青春、关于成长、以及对于未来的向往，我的心渐渐潮湿，泛起丝丝共鸣和感动：是啊，哪怕当下那么难堪、那么耻辱，那么"过不去"，恨不得"光速过去"，它也一样是青春岁月的一段刻度、一段记忆。别忘了，不能忘了，一起走过的青春痕迹；就算曾经哭红了眼，也别忘了未来还未来的那一切。

第三步：思考。提取素材关键词，结合自己的现状做真诚的反思。

（8）我的心开始安静。经过此番内省，我相信我获得了安静的力量。

（9）此后，我不再迷失……

（10）就这样，几次的考试中，终于有了起色。

（11）别忘了有多累，因为那都是青春的岁月，那些满是难堪、挫折、泪奔得似乎"过不去"的日子，当你挣扎了、面对了、付出了、蜕变了，就不知不觉地过去了。"而那过去了的，就会成为亲切的怀念。"我想我懂了，在苦累中蜕变，就是青春的底色，是青春最值得珍藏的怀恋。

第四步：感悟。

1. 先给故事一个结局，使情节完整。

2. 创造一个句段，将素材关键词、题目关键词（别忘了）、故事情节特征词（想"忘记当下"）"三合一"，深度点题。

5 号素材：《社戏》／八下第一单元

策略：《社戏》一文的精华，一是民俗风情的呈现，一是"浓浓的人情味"的描绘，最令人读不释卷的，是行文中处处流淌的童真童趣，成为永远停留在生命里的美好。比如看社戏途中的描写，淋漓尽致地表达出儿童的那份终于可以看戏了的轻松愉悦、一路有好风景好伙伴的陶醉满足、即将看到社戏的期待急切的丰富的内心体验。链接生活，置换情境，以另一个"民俗"活动为载体，就可以将文中的精彩嫁接过来。

原文片段

1. 和我一同玩的是许多小朋友，因为有了远客，他们也都从父母那里得了减少工作的许可，伴我来游戏。在小村里，一家的客，几乎也就是公共的。我们年纪都相仿，但论起行辈来，却至少是叔子，有几个还是太公，因为他们合村都同姓，是本家。然而我们是朋友，即使偶尔吵闹起来，打了太公，一村的老老少少，也决没有一个会想出"犯上"这两个字来，而他们也百分之九十九不识字。

2. 我的很重的心忽而轻松了，身体也似乎舒展到说不出的大。一出门，便望见月下的平桥内泊着一只白篷的航船，大家跳下船，双喜拔前篙，阿发拔后篙，年幼的都陪我坐在舱中，较大的聚在船尾。母亲送出来吩咐"要小心"的时候，我们已经点开船，在桥石上一磕，退后几尺，即又上前出了桥。于是架起两支橹，一支两人，一里一换，有说笑的，有嚷的，夹着潺潺的船头激水的声音，在左右都是碧绿的豆麦田地的河流中，飞一般径向赵庄前进了。

两岸的豆麦和河底的水草所发散出来的清香，夹杂在水气中扑面的吹来；月色便朦胧在这水气里。淡黑的起伏的连山，仿佛是踊跃的铁的兽脊似的，都远远的向船尾跑去了，但我却还以为船慢。他们换了四回手，渐望见依稀的赵庄，而且似乎听到歌吹了，还有几点火，料想便是戏台，但或者也许是渔火。

那声音大概是横笛，宛转，悠扬，使我的心也沉静，然而又自失起来，觉得要和他弥散在含着豆麦蕴藻之香的夜气里。

那火接近了，果然是渔火；我才记得先前望见的也不是赵庄。那是正对船头的一丛松柏林，我去年也曾经去游玩过，还看见破的石马倒在地下，一个石羊蹲在草里呢。过了那林，船便弯进了叉港，于是赵庄便真在眼前了。

示例：表现非物质文化遗产泉州南安英都民俗"红红火火拔拔灯"。

老家南安英都镇有拔拔灯的习俗，是我们村祈求人丁兴旺、风调雨顺、五谷丰登的祈福盛典，每年正月初九到十五，特别是正月初九这天，从下午四点多开始，大鼓、车鼓、花鼓、邻狮、百米粗绳、高甲戏台、拍胸舞队整装待发，那些有组织有分工的、自发忙前跑后帮忙缚灯的年轻人时有穿梭，红鞭炮、红灯笼、红衣服满街欢跑……村里人从大年初一起就撩拨着、酝酿着、蠢蠢欲动着的心这一天全部都动起来了！

按习俗，每家每户出一对灯一个人，有的连孩子也带上。在闽南话里，"灯"与"丁"的发音相同，"灯"的发音就是"丁"，所以每户出人拔拔灯的大多是男丁。可我是女生，按爷爷的说法，入不了"灯队"，我不服气，年年吵着要拔拔灯，都没戏。不过年内期末考我语文科考了全年段第一，爷爷说我是"女状元"，赛过男丁们，更何况有好几户邻家也出了女生，"好好给你印尼回来的叔伯们看看咱家出女状元了！"爷爷很是得意地说。——于是"圣旨"下来允许我今年加入拔拔灯队伍。

我的很重的心忽而轻松了，身体也似乎舒展到说不出的大。

更兴奋的是，早在正月初二，全村抽签排列灯队的序号，总共24队，每队一百多盏灯，我家的序号居然抽在了前面！"你可以紧跟着海神王了（仁福王）！一年之中仁福王才请出来一次！你是福气多多的"福将啊"！爷爷简直跟我一样兴奋了！

初九这天早上，大家睡到自然醒，凑到一起时，就有几个远客带回的孩子们嚷嚷着要先进县城逛逛，下午再回来拔拔灯。这些远客，有印尼的、新加坡的、澳洲的、马来西亚的，于是有了跟着远客回来的大大小小的孩子们。因为有了远客，我们也都从父母那里得了减少帮忙的许可，伴着他们来游戏。在我们村里，春节期间，一家的客，几乎也就是公共的。我们年纪都相仿，这个是远房表哥，那个是远房表弟，太多远房，我们都懒得去分清，到最后都一阵乱叫。但论起行辈来，却至少是叔子，有几个还是太公，因为我们合村都是"洪姓"，是本家。有时偶尔吵闹起来，打了太公，就有大人对着两个同年的后生说："啊，你打了太公了，不孝之子啊！"于是所有人哄笑，那个"太公"反而羞得把脸胀起来。

要进城逛逛，得有人开车。就有一个远房表叔（说是表叔，其实年纪就三十出头）说带我们去。我陪着远客朋友们在县城逛了一圈，心里惦记着自己要拔拔灯的事，很是着急，县城对我来说太熟悉了，可是今年"本状元"亲自拔拔灯是头一回，我陪着客大约地逛了些景点，到了下午三点多，终于要回村了！

一上车，表叔坐主驾位，"太公"坐副驾位，我陪俩远客坐在后排。表叔手握方向盘，点开车载蓝牙，脚踩油门，小车呼啸两三声就向前冲，飞一般地径向英都前进了。

汽车在公路上奔驰，英溪就在公路的右手边。岸边稻田片片、果林阵阵、花树丛丛，它们与河底的水草所发散出来的清香，仿佛就夹杂在水气中扑面的吹来；暮色逐渐朦胧在这水气里。墨绿的起伏的连山，仿佛是踊跃的铁的兽脊似的，都远远地向车尾跑去了，但我却还以为车慢。车载的歌曲顺序播放了四首，渐望见依稀的"金英小镇"，而且似乎听到歌吹鼓响鞭炮声了。

那声音遥遥传来，大概是南音的洞箫，宛转，悠扬，使我的心也沉静，然而又自失起来，觉得要和他弥散在含着稻麦蕴藻之香的暮色里。

过了石桥，洞水涓涓，车便弯进了山峦迭翠、烟香缭绕的昭惠庙，噼噼啪啪的鞭炮声正此起彼伏，于是红红的英都便真在眼前了。

我的红鞭炮，我的红衣服，我的红灯笼，我的红红火火的新年拔拔灯，我来了！

策略说明：第一，由"社戏"链接"南安英都的拔拔灯"之后，并不是着重写拔拔灯的热闹场面——这样的场面已经有很多人写过，而是仿写回村拔拔灯路上的丰富的内心体验；第二，即使没有正面描写拔拔灯场面，透过相关的前奏准备等情节，仍然可以表现这个民俗文化的丰富内涵，比如"抽签""缚灯""请神""昭惠庙""各种民俗表演""宗族情感"等，把这个"非物质文化遗产"的意义，通过一个中学生的视角自然地展现出来。

6号素材：《回延安》／八下第一单元

策略：贺敬之的《回延安》歌颂的是延安精神，诗中处处有"延安"的符号。"转"为备用素材时，可保留"民歌体"形式，置换"延安"符号，灵活表现各种生活感受。

诗句片段一：

心口呀莫要这么厉害地跳，
灰尘呀莫把我眼睛挡住了……
手抓黄土我不放，
紧紧儿贴在心窝上。
几回回梦里回延安，
双手搂定宝塔山。
千声万声呼唤你

——母亲延安就在这里！
杜甫川唱来柳林铺笑，
红旗飘飘把手招。
白羊肚手巾红腰带，
亲人们迎过延河来。
满心话登时说不出来，
一头扑在亲人怀。

示例一：如果某一回考试排名梦想成真，内心激动，可调整情境，转为素材。

心口呀莫要这么厉害地跳，
灰尘呀莫把我眼睛挡住了……
手抓试卷我不放，
紧紧儿贴在心窝上。
几回回梦里上重点，
双手搂定实验班。
千声万声呼唤你
——一级高中就在这里！
黄鹂鸟唱来小清溪笑，
柳条飘飘把手招。
白羊肚大餐美味菜，
爹娘俩迎出大门来。

策略说明：调整情境时，须注意尽量保留民歌体形式，尤其是句末的两两押韵。

诗句片段二：

二十里铺送过柳林铺迎，
分别十年又回家中。
树梢树枝树根根，
亲山亲水有亲人。
羊羔羔吃奶眼望着妈，
小米饭养活我长大。
东山的糜子西山的谷，

肩膀上的红旗手中的书。
手把手儿教会了我，
母亲打发我们过黄河。
革命的道路千万里，
天南海北想着你…
……

示例二：如果表达对老家爷爷奶奶养育之恩的感激，可调整情境，转为素材。

二十里远送过小石桥东，
分别三月又回家中。
树梢树枝树根根，
亲山亲水有亲人。
羊羔羔吃奶眼望着妈，
小米饭养活我长大。
爷爷的教诲奶奶的礼物，
肩膀上的祖训手中的书。
手把手儿教会了我，
打发我挺进县城唱战歌。
求学的道路千万里，
天南海北想着你…
……

诗句片段三：

米酒油馍木炭火，
团团围定炕上坐。
满窑里围得不透风，
脑畔上还响着脚步声。
老爷爷进门气喘得紧：
"我梦见鸡毛信来——可真见亲人……"
亲人见了亲人面，
欢喜的眼泪眼眶里转。
"保卫延安你们费了心，

白头发添了几根根。"
团支书又领进社主任,
当年的放羊娃如今长成人。
白生生的窗纸红窗花,
娃娃们争抢来把手拉。
一口口的米酒千万句话,
长江大河起浪花。
十年来革命大发展,
说不尽这三千六百天……

　　示例三:如果想象自己通过努力逆袭成功考上理想的高中,回到老家时喜悦的情景,可调整情境,转为素材。

热茶蛋糕新水果,
团团围定沙发坐。
满堂里围得不透风,
脑畔上还响着脚步声。
老爷爷进门气喘得紧:
"我梦见喜鹊来——可真传喜讯……"
亲人见了亲人面
欢喜的眼泪眼眶里转。
"望子成龙你们操尽了心,
白头发添了几根根。"
老人家又领进邻家儿,
当年的皮孩子如今长成人。
白生生的衬衫红礼花,
娃娃们争抢来把手拉。
一口口的佳肴千万句话,
长江大河起浪花。
三个月来学业大发展,
说不尽这一天又一天……

7 号素材:《北冥有鱼》/八下第六单元/链接:《上李邕》
策略:《北冥有鱼》出自《庄子·逍遥游》,其中的"大鹏鸟"是庄子哲学中自由的象征，理想的化身。"大鹏鸟"的形象到了李白的诗里，化为诗人自己的形象：力簸沧海，神力无极。"鹏"成为胸怀大志、抱负宏伟的象征沉淀在我们的文化记忆里。

文句：

1. 北冥有鱼，其名为鲲。鲲之大，不知其几千里也；化而为鸟，其名为鹏。鹏之背，不知其几千里也；怒而飞，其翼若垂天之云。是鸟也，海运则将徙于南冥。南冥者，天池也。《齐谐》者，志怪者也。《谐》之言曰："鹏之徙于南冥也，水击三千里，抟扶摇而上者九万里，去以六月息者也。"

《北冥有鱼》

2. 大鹏一日同风起，扶摇直上九万里。假令风歇时下来，犹能簸却沧溟水。世人见我恒殊调，闻余大言皆冷笑。宣父犹能畏后生，丈夫未可轻年少。

《上李邕》

示例：用中学生的故事来表达如鹏展翅的雄心（划线句为原文句）。

赢得人生的"第一桶金"

在我十三岁那年，我靠自己的力量挣到了第一笔钱——三十元。现在回想起来，那可以看作是挣得了我人生的"第一桶金"。

十三岁生日前的两个月，我像平时一样向母亲要点零花钱，母亲递给我钱的时候，突然说："什么时候你能自己挣钱了，就更好了。"我觉得好笑："我还小呢！"母亲和蔼的脸庞也泛起了笑："现在也行啊。这样吧，你好好写一篇文章，我可以联系报社，如果发表了，有稿费哦。"我听完渐渐瞪大眼——我怎么没想过到？我也能赚钱？我真的可以吗？

离开房间后，握着手中母亲刚给的三十元，一个念头在我心中反复闪现：这是妈妈给的三十元。妈妈说，我也可以挣，也可以靠自己的努力挣到同样的三十元！即将进入中学，这也许是我告别童年从此独立翱翔的起点！想到这里，我兴奋不已。

思考了一会儿，我动笔了。但思绪还是略有杂乱，很快，我挤满了一篇文章，我飞一般地冲向母亲，伸出酸痛的右手。

母亲接过去，读完，很快摇摇头，我从她的表情中读出了失落，"不，这样不行"她开口，语气略带凝重，"如果按小男生的标准来要求你，这文章是可以了。可是，我想看到一个小小男子汉的胸怀和气度，其实你有男子汉的气质，可是你好像还没有找到。"

　　我垂丧着头，闷在房间里，头脑剧烈地斗争了一会，再次提笔。"小小男子汉"，我默念着，面对逐渐暗下来的天，我凝神沉思。

　　对着厚厚的稿纸，我落笔成行、成段、成篇。写了一篇，自己轻声地朗读一遍，对照"小小男子汉"应该有的感觉（其实我也说不清什么才是"小小男子汉"的感觉），直觉告诉我还不够，还缺点什么呢？我再度陷入沉思。

　　与其苦苦寻找缺少什么，不如想想什么文章拥有这样的气度。这么一想，大脑中立刻浮现出一只"大鹏"的样子，"鹏之背，不知其几千里也；怒而飞，其翼若垂天之云"，这形象，够高大！"鹏之徙于南冥也，水击三千里，抟扶摇而上者九万里"，这动作，够威够力！

　　我恍然大悟。是啊，我的文章里，小桥流水的温柔太多，大江东去的气势太少了，难怪妈妈说是"小男生"的作文！

　　就这样，稿子不行，我就丢开它，再写。写成一篇，感觉不够完美，我再一处处修改。酸痛在手臂和脖子上蔓延，我忍住了。那天晚上，几个小时就这么在我的坚持中走过。

　　两个月后，某一天，母亲叫住我，递给我三十元。我一愣，"妈，我不需要。""不，"母亲笑得很灿烂，"这是稿费，报刊在这。你这篇文章很有男子汉气概，赞！"我接过，我惊喜，我激动。我紧握钱币，感觉这三张十元的纸币浸透了那一夜灯前思索的汗水和手臂的酸痛，是那样的沉甸甸。

　　生日那天，我和朋友们闹得无比欢快。付钱时，我的手简直承受不住那区区三十元的重量——而今我已然明白，这重量来自于，这是我靠自己的辛苦挣来的"第一桶金"；来自于我通过实践悟出了文章有"小家碧玉"和"磅礴大气"之分。从此，我在内心深埋了一个沉甸甸地信念：自立自强，蓄势搏击，总有一天，我也能够，如大鹏一日同风起，扶摇而上九万里！

8号素材：《水调歌头》／九上第三单元

　　策略：《水调歌头（明月几时有）》因中秋明月展开想象和思考，把人世间的悲欢离合之情纳入对宇宙人生的哲理性追寻之中。链接与"月光""夕阳"有关的诗词，深度阅读，入境入情，展开联想与想象。这个过程，有助于审美能力、鉴赏能力的提升。

诗词

1. 丙辰中秋，欢饮达旦，大醉，作此篇，兼怀子由。

　　明月几时有？把酒问青天。不知天上宫阙，今夕是何年。我欲乘风归去，又恐琼楼玉宇，高处不胜寒。起舞弄清影，何似在人间。

转朱阁，低绮户，照无眠。不应有恨，何事长向别时圆？人有悲欢离合，月有阴晴圆缺，此事古难全。但愿人长久，千里共婵娟。

苏轼《水调歌头（明月几时有）》

2. 花间一壶酒，独酌无相亲/举杯邀明月，对影成三人/月既不解饮，影徒随我身/暂伴月将影，行乐须及春/我歌月徘徊，我舞影零乱/醒时相交欢，醉后各分散/永结无情游，相期邈云汉

李白《月下独酌》

3. 一曲新词酒一杯，去年天气旧亭台。夕阳西下几时回？无可奈何花落去，似曾相识燕归来。小园香径独徘徊。

晏殊《浣溪沙（一曲新词酒一杯）》

示例

月光下的遐想

夜深了，月亮照得地上碧青。纱帘飘动，筛出几缕月光，落到我的案前，像一只白蝶，振振欲飞。

也是这样一个月夜吗？苏轼的窗前，斜切过山麓的黑影子。十五的月亮旋转着身子，一点一点地照亮了朱红的楼阁，又低下身子，往雕满了花的门户里探着。一夜无眠的苏轼对视着一夜无眠的月亮，眼泪瞬间充满了眼泪：月色是如此美好啊！要是我的家人和我团聚在一起，我们就能够一起观赏这美景，该有多快乐呀！可是，弟弟、爸爸、妈妈都远在天边……月亮啊月亮，你为什么总是朝着离别的人圆呢？月亮无言，只将清辉洒满人间。苏轼恍然大悟，挥毫写下"但愿人长久，千里共婵娟"的千古名句。

也是这样一个月夜吗？儿时的李白和奶奶爬上了一座小山，坐在清凉的石板上仰望夜空。"奶奶，那是一个白玉盘吗？"清脆的童音划破了寂静。忽而如纱的轻云聚拢而来，月亮像一个"犹抱琵琶半遮面"的美人，不减明亮透彻。"不，那是一面镜子，正在云里飞行呢！"小小的李白兴奋地喊道。奶奶笑吟吟地对李白说："那是月亮，月亮上有一座美丽的宫殿，叫做广寒宫，广寒宫里住着嫦娥仙子……"在苍翠的小山上，李白的思绪变得天马行空。随着奶奶的讲述，他仿佛看到了月宫中"咚咚"捣药的玉兔，提着斧子的吴刚，以及一丛又一丛的桂花树。他不由写道："小时不识月，呼作白玉盘。又疑瑶台镜，飞在青云端。"在美丽的月亮的启蒙下，后来的他写出了"举杯邀明月，对影成三人"的诗句；后来的他独在异乡的时候，看到月亮，便想起了故乡。

也是这样一个月夜吗？晏殊坐在亭中，吟一曲新词，喝一杯美酒，实在是风雅之事。如水的月光，流淌在落花缤纷的小径上，暗香浮动，不仅勾起了晏殊伤春的愁绪。时光真如白驹过隙啊！太阳落下去，明天升起的，就不是昨天的太阳了；花朵凋零了，便再也回不来了。一年的光阴，竟飞也似的就过去了。晏殊长叹了一声，又端起了酒杯。什么在梁间沙沙作响？晏殊猛一回头，紧锁的眉头顿舒：原来是燕子在梁间呢喃。这是去年的燕子啊！晏殊愁苦的脸上泛起一抹温柔的微笑：时光流逝之中，有美好的东西从不改变。他略一沉思，徐徐吟出："无可奈何花落去，似曾相识燕归来。"

轻轻掩上《语文》课本，我望向窗外的月亮。这是苍老的月亮，几千年的光阴在它的凝视下流淌而过；这亦是鲜活的月亮，中国美丽的诗意，寄于其中，经久不衰。

9 号素材：《满江红》/九下第一单元/《木兰诗》/七下第二单元

策略：秋瑾于《小住京华》词中表达冲破家庭牢笼、追求妇女独立与解放、投身革命挽救民族的危亡、虽知音无觅也要求索新生的情怀。以此词为引，可链接起一系列中国古代近代妇女表达人格独立、追求自由、如男儿般热血报国之志的诗词作为素材。

1. 不惜千金买宝刀/貂裘换酒也堪豪/一腔热血勤珍重/洒去犹能化碧涛

秋瑾《对酒》

2. 木兰的家国情怀：

唧唧复唧唧，木兰当户织。不闻机杼声，惟闻女叹息。问女何所思，问女何所忆。女亦无所思，女亦无所忆。昨夜见军帖，可汗大点兵，军书十二卷，卷卷有爷名。阿爷无大儿，木兰无长兄，愿为市鞍马，从此替爷征。

《木兰诗》

木兰的戎马生涯：

万里赴戎机，关山度若飞。朔气传金柝，寒光照铁衣。将军百战死，壮士十年归。

木兰的淡泊名利：

归来见天子，天子坐明堂。策勋十二转，赏赐百千强。可汗问所欲，木兰不用尚书郎，愿驰千里足，送儿还故乡。

木兰的女儿本色：

我东阁门，坐我西阁床，脱我战时袍，著我旧时裳。当窗理云鬓，对镜帖花黄。出门看火伴，火伴皆惊忙：同行十二年，不知木兰是女郎。

3. 生当作人杰，死亦为鬼雄/至今思项羽，不肯过江东

李清照《夏日绝句》

4. 痛斥误国者、表达亡国之痛。

君王城上竖降旗/妾在深宫那得知/十四万人齐解甲/更无一个是男儿

花蕊夫人《口占答宋太祖述亡国诗》

10 号素材：《孔乙己》/九下第二单元

策略：鲁迅《孔乙己》表现的是科举制度对人身心的摧残，其特定时代的特定人物性格难以借鉴。但小说的人物塑造太经典，特别是人物的语言描写。链接生活，调整情境，比如以"微信"群聊为情节，将体现人物形象的"符号"语言嫁接进去，就可灵动地表现现实生活。

原文片段一：

所有喝酒的人便都看着他笑，有的叫道，"孔乙己，你脸上又添上新伤疤了！"他不回答，对柜里说，"温两碗酒，要一碟茴香豆。"便排出九文大钱。他们又故意的高声嚷道，"你一定又偷了人家的东西了！"孔乙己睁大眼睛说，"你怎么这样凭空污人清白……""什么清白？我前天亲眼见你偷了何家的书，吊着打。"孔乙己便涨红了脸，额上的青筋条条绽出，争辩道，"窃书不能算偷……窃书！……读书人的事，能算偷么？"

示例一：设计"微信聊天"的情节。故事背景为："群众 1"今天课上挨老师点名批评了。

群主：×××，你心里又添上新伤疤了！"
群众 1：丧。求安慰。
群众 2：我温两碗酒，要一碟茴香豆安慰你。
群众 1：别，请排九张大钱给我，谢谢。
群主：你一定是又上课偷看课外书了！
群众 1：你怎么这样凭空污人清白……
群众 2：什么清白？我前天亲眼见你上课偷看一本动漫，《海贼王》。

群众1：窃读不能算偷……窃读！……读书人的事，能算偷么？

原文片段二：

孔乙己自己知道不能和他们谈天，便只好向孩子说话。有一回对我说道，"你读过书么？"我略略点一点头。他说，"读过书，……我便考你一考。茴香豆的茴字，怎样写的？"我想，讨饭一样的人，也配考我么？便回过脸去，不再理会。孔乙己等了许久，很恳切的说道，"不能写罢？……我教给你，记着！这些字应该记着。将来做掌柜的时候，写账要用。"我暗想我和掌柜的等级还很远呢，而且我们掌柜也从不将茴香豆上账；又好笑，又不耐烦，懒懒的答他道，"谁要你教，不是草头底下一个来回的回字么？"孔乙己显出极高兴的样子，将两个指头的长指甲敲着柜台，点头说，"对呀对呀！……回字有四样写法，你知道么？"我愈不耐烦了，努着嘴走远。孔乙己刚用指甲蘸了酒，想在柜上写字，见我毫不热心，便又叹一口气，显出极惋惜的样子。

示例二：设计一个故事，某同学玩网络游戏入了迷，梦想成为"电竞人"。

小A自己知道不能和那些学霸们谈天，便只好向我这个科代表说话。

有一回对我说道："王者荣耀你现在还玩么？"我略略点一点头。他说："还在玩……我考你一考。新版本增加的功能，是什么？"我想，这么初级的问题，也配考我么？便回过脸去，不再理会。小A等得无聊，很热情的说道："不会了罢？……我教给你，记着！这些新功能你应该记着，将来参加电竞全国大赛的时候，有用！"我暗想我这辈子连参赛的想法都没有过，而且估计预赛就被淘汰了；又好笑，又不耐烦，懒懒的答他道："歇会儿吧你！不就是用13000多个金币和50多个英雄碎片兑换新英雄盘古么？不就是盘古有缴械技能么？"

小A显出很兴奋的样子，双手握着一本作业薄就像握着一部手机在按着敲着，点头说："是啊是啊！……盘古斧有三个技能，你知道么？"——又有人要交作业了，我招呼着收齐登记。小A刚翻开作业本，准备画图演示三个技能给我看，见我毫不热心，便又叹一口气，显出极惋惜的样子。

第二讲 群文文本转为备用素材

1号素材:《红春联》/中考阅读文本

策略:《红春联》是 2018 年内蒙古包头市中考阅读文本,文章用"浓郁的墨味""甜甜的年味"来表现中国年的文化习俗,充满镜头感。链接春节的"义写春联"活动,调整情境,可转为备用素材。

原文片段一:

提起春联,我的脑海就会浮现这样的场景:外面冰天雪地,屋内炭火正旺。一张古拙的雕花八仙桌摆在堂屋中央,香炉袅袅地冒着清香,老先生净身洗手,心神怡然,摸一支狼毫在玉石砚台内饱满地浸把浓墨,刮刮大笔尖,一气呵成写下一副四字联:九州日丽;四化春新。

示例一:情境置换为描写泉州住宅小区义写春联的场景。

提起春联,我的脑海就会浮现这样的场景:天空冬阳暖照,小区人头攒动。几张乒乓球桌拼成十多米长的长方形案几摆在大厅中央,桌面铺上白纸为底,上面铺着大大小小的红联纸。或红灯笼高挂点染着喜气,或香炉袅袅地冒着清香,几位书法协会的书法家分站在案几边沿,心神怡然,摸一支狼毫在玉石砚台内、或在白瓷碗碟内饱满地浸把浓墨,刮刮大笔尖,一气呵成写下一副四字联:九州日丽;四化春新。

原文片段二:

写春联在我的故乡很常见,也很庄重。这个四围皆是高山的小山村,尽管夹峰对峙,地贫土瘦,但村上的小学,没有哪个学生不会写毛笔字,没有哪个先生不会吟哦几副对联的。

老先生择一个大晴日,煮一壶好酒,喝个微醉,脸颊和脖子红红的,站在大梅树下,然后研墨,折纸书写。他做得很细致,墨拣好墨,以麝香金粉配制而成,溢出淡淡的古朴和清香。所写的对联有五字和七字的,四字和六字的也有,十几二十几字的长联极少,但也会有一家两家。这些书写的对联一排排晾在软软的阳光下,像院子里的一树梅花,红火又热烈。

示例二：情境置换为描写泉州南安翔云镇梁老先生挥毫的场景。

市区里的春联，一种是挂在店里卖的，字体大多类似印刷出来的，字体多样，也都中规中矩，写得"标准"；另一种是由各单位组织的义写春联，比如每年市文联会组织本地书法协会人员在某人口较多的小区门口搭台义写，有的大企业、银行、教育系统内的部分学校等，也会有类似的活动。现场义写，作者不同，字体不一，个性不一，还可以为一些群众"量身定制"，这也许就是义写现场火爆的缘故。

我最喜欢的是老家乡村里写春联的活动。我的老家翔云镇，是四围皆是高山的小山村，尽管林峰对峙，山高地偏，但村里却有写毛笔字的传统。没有哪个小学生没写过毛笔字，没有哪个先生不会吟哦几副对联的。

梁老先生就是我们村的"书法大家"。

他喜欢择一个大晴日，煮一壶好酒，喝个微醉，脸颊和脖子红红的，站在一棵黄花槐树下，然后研墨，折纸书写。他做得很细致，墨拣好墨，以麝香金粉配制而成，溢出淡淡的古朴和清香。所写的对联有五字和七字的，四字和六字的也有，十几二十几字的长联极少，但也会有一家两家。这些书写的对联一排排晾在软软的阳光下，像院子里的一树树红珊瑚，红火又热烈。

示例三："贴春联"部分，写得很有镜头感。可直接摘录。

贴春联是两个人的事，一个人站在门框下，一个人搬条板凳站在上面，瞧好门框贴上下联的高度及对联条幅的宽窄。初定好位置，再涂一把熬好的白米糊糊，轻轻贴上红春联，喊下面张望的人："高了吗？低了吗？歪了吗？正了吗？"调节到最佳位置才肯罢休。

贴完春联贴福字。贴福字是贴春联的姊妹产品，不可缺少的。尤其是老一辈人家，过去的日子过得像苦胆儿，对福字的渴望更加强烈、迫切。老人家听到大门外的人把春联贴完了，就会从堂屋的方桌上小心地捧出两张老先生写的大福字，嘱道："倒贴哩！福到福到哈！"

一般的人家贴到这里也算把过年贴春联的事干完了。可精致的人家，则还要从门廊到堂屋都贴得红彤彤的，十分喜庆。过路的人从大门春联往里屋瞧，只见里里外外焕然一新，红彤彤的新鲜，红彤彤的春色，而人个个喜气洋洋，精神活泼、饱满。

示例四："送春联"部分，写得很有文化内涵。可直接摘录或增删内容（划线处为增加内容）。

送春联，也是别具味道的一件事。

送春联有个讲究，普通人家送通用春联，如："千条杨柳迎春绿；万里江山迎日红。"这类春联写景写心情，太普通；如果此人是做生意的，走南闯北，则送上一副："似锦河山遍地走；如花生活满园财。"如果有熟悉的上班族朋友，就送上一副："琴棋书画风雅事，柴米油盐社会人。横批：猪事佩奇"，这个联，应人，应景，应事（小猪佩奇），应年（2019年是猪年），招惹得那朋友喜出望外。这样的人送春联送出了门道。

……

这股子浓郁的墨味儿，拌和着甜甜的年味，像一团发酵的嫩面，在人生的红纸上各自比着劲儿，攒着劲儿，朝前写，幸福千户万家。

2号素材：《清凉琐忆》/中考阅读文本

策略：《清凉琐忆》是2018年湖北省宜昌市中考阅读文本。文章以"玉簟"承载记忆、亲情、风土人情等丰富的内涵。借鉴笔法，则还可以有单车岁月、炊烟是乡村的水墨画、那些单曲循环的歌、奶奶的"暖手宝"、"朋友圈"里的人生等。

示例一：梳理运用方向，表达夏季因空调故障而怀念从前被风吹过的夏天。

端午之后，盛夏的暑热如一匹金毛猛兽纵身而至，脚步所踏之地迅速蹿起灼人的热焰。

人们纷纷逃入室内，关紧门窗，打开空调，以现代电器制造出的凉冷抵抗暑热的威逼。空调供给的冷风把室内变成了幽凉的洞穴，而室外则更如热浪滚动的火炉了。这个时候，最叫人措手不及的是突然断电。洞穴很快变成蒸笼，从笼子里跑出来又不知该往何处，不由得怀念起那个在树荫、河水、竹床、凉席上度过的充满趣味的夏天。

原文片段

在夏天使用凉席祛暑的时代得追溯到东周之前，《诗经·小雅》里的"上莞下簟，乃安斯寝"是关于凉席的最早书写。李清照的"红藕香残玉簟秋"，则将凉席提升至艺术的审美境界，惊艳的忧伤，令读者在品咂文字时便生出凉意。

示例二：以上片段，将"玉簟"置换为"扇子"。纳凉用具承载的文化内涵，除了上文提到的"凉席玉簟"，还可联想到扇子，如羽扇、蒲扇、绢扇、纸扇、香扇等。

扇子并不都是用来在夏天祛暑的，中国古人尤其喜欢用"持扇"来体现雅趣或情感，成为名人雅士的标配道具。《念奴娇·赤壁怀古》里的"羽扇纶巾，谈笑间，樯橹灰飞烟灭"，周瑜的儒将形象，"羽扇"就是标配；清代第一词人纳兰容若的词中多有"扇"的影子："人生若只如初见，何事秋风悲画扇；记否轻纨小扇，又几番凉热。"将扇子提升至艺术的审美境界，惊艳的忧伤，令读者在品咂文字时便生出凉意。

3 号素材：《在精神中生长》/泉州文化人特写序言

策略：《在精神中生长——泉州文化面孔》是《泉州晚报》编辑、泉州籍作家蔡芳本（笔名：老山羊）为《海峡都市报》摄影记者林良标的一组"泉州文化特写"摄影所配的序言。

链接生活，调整情境，将本文作者的叙述视角置换为中学生的视角，从中学生的角度，来认识"文化"的意义，来讲述"身边文化人"的故事，由此转为备用素材。

原文：泉州文化人特写序言

孙女的床铺中放着许多布娃娃。她让这些布娃娃安安静静地躺着，并为他们盖上棉被。她希望这些布娃娃不感冒，健康快乐。她在构筑自己的童话世界，创造自己的精神生活。

孙女九岁。

许多成年人也生活在自己的精神世界里。他们是文化人。他们创造了精神财富，富可敌国，富载千秋。因为他们，一个城市才有了厚度广度和深度。一个城市才有自己的地理向度和标志。

所以要致敬他们！

泉州文化人是泉州的宝贵财富。泉州文化人默默担承起泉州的重量。他们或显扬或迹隐都是泉州文化的宝。他们对泉州的贡献不可言说。一个个鲜活的面孔在我们眼前飞扬，岁月也带不走一串串熟悉的名字。将镜头对准他们，将文字对准他们，似乎是一个不可推卸的无可争议的责任，所以林良标自觉拿起相机，我自觉提起笔。我们尽力！

示例一：

小表妹的床铺中放着许多布娃娃。她让这些布娃娃安安静静地躺着，并为他们盖上棉被。她希望这些布娃娃不感冒，健康快乐。

我知道，她在构筑自己的童话世界，创造自己的精神生活。

小表妹九岁。

而我、我的父母、我身边的许多未成年的和成年的人也都生活在自己的精神世界里。

那么谁是为这个世界创造精神财富的人呢？

是他们。他们是文化人。他们创造了精神财富，富可敌国，富载千秋。泉州籍作家蔡芳本先生说："因为他们，一个城市才有了厚度广度和深度。一个城市才有自己的地理向度和标志。所以要致敬他们！"

于是，一个个鲜活的面孔在我们眼前飞扬，让我们一一记起他们，记起或显扬或迹隐的他们，请他们从岁月的深处走出来，告诉我们一个个构筑"精神家园"的故事。

策略说明：一、叙述者转为中学生，则从中学生的角度去陈述"九岁的小女孩""我与我身边的未成年与成年人"；二、调整原文脉络，呈现一个中学生思考"文化与精神财富"关系的过程；三、去掉和"摄影"有关的内容，集中以文字讲文化人的故事。

示例二：按照"文化人—成就—精神"的思路，从中学生的角度，让更多的中学生了解我们身边的文化人（划线处为人物的主要特点）。

（1）王仁杰，剧作家，福建剧坛最优雅的诗人，最激烈的文化卫士；中国三位"戏曲创作领军人物"的其中一位。

他创作的梨园大戏《董生与李氏》，让国人知道了，代表"新时期戏曲创作与演出最高成就""中国古典戏剧一次漂亮的回归"的作品，来自我们的家乡，一个有着深厚历史文化积淀的名城——泉州。他执着地坚持戏曲传统，对宏阔的民族文化传统有着深刻认知、热爱和敬畏。他的书斋因此名叫"三畏斋"。

（2）刘志成，考古工作者。他在挖掘人类的进程，挖掘人类的智慧。许多考古的发现，都有他参与的影子。一块海峡人骨化石的出现，让我们惊异地得知，数万年前台湾海峡就和大陆连在一起。泉州湾掀起的巨大浪涛，将他的名字高高托起。有媒体说他是"泉州古文化的守望者"。

（3）寇富平，工艺美术师，德化瓷烧制技艺"非遗"传承人。作为福建省唯一被中国轻工业联合会和中国陶瓷工业协会授予"中国陶瓷终身成就奖"的他，毕生都致力萌芽于宋元的德化古陶瓷"象牙白"研究。他所研制的"象牙白"素净淡雅，如脂似玉，给人以温柔的美感享受。

他一生脚踏实地，勤勤恳恳，心无旁骛，如白瓷那样平和温润、洁白无邪。

（4）王鼎南：音乐家。《正月点灯红》《唱块咱厝的歌送给你》《西街有几岁》《活到一百二》《海峡风月有深情》《香满天下都是情》，六十多年与音乐相伴，六十多年与乡音牵手，没有人像他这样，毕生致力于闽台歌曲创作。乡音都在他的五线谱上，乡恋都在他的黑白琴键上，乡愁都在他的指尖上。

有个崇拜者在微博上对他写道："我叫太阳每天把幸福的阳光洒在你身上，我叫月亮每天给你一个甜美的梦境。"

（5）陈珍珍：佛学家，泉州市弘一大师学术研究会会长。

弘一大师最坚定的弟子和知己。义无反顾的佛教教育者，福建佛教界国宝级大师，一个地区，一个时代佛教界的标签性人物。

二十上世纪八十年代中期，为了大师一生心血的结晶不致久后散失，六十岁高龄的她，波澜万里，飘洋过海到新加坡、菲律宾、香港等地，筹措六十万元巨款，出版《弘一大师全集》。这一鸿篇巨著的出版，标志着佛门的荣光无限普照，标志着弘一大师已深深渗入历史文化的土地。

这么大的岁数，依然耳聪目明，整天笔耕不辍。在那间属于她的房间里，她安安然，静静地坐着，埋头书案，任窗外从晨光初现到月明中天，任檐下春雨如丝到秋风满阶。

4 号素材：《生命的选择》／中考阅读文本

策略：《生命的选择》是 2017 年湖南湘西中考阅读文本。从文章的立意到语言的表达，都是读写融合的范本。

示例：深度阅读，发现素材《生命的选择》与命题《每个站点都有风景》的联系。

1. 浓缩精华：雷抒雁在文中回忆到，在他住的那栋楼前边，是向阳的地方，而楼后，阳光却被楼房和一些高大的槐树遮住，地上是永远的潮湿和阴凉。花工们就在楼前种了玫瑰，开花时节，红艳照人。可是有一天，他们发现楼后一些长长的雪白的花朵在阴冷的空气中绽放了，让人心头清凉如洗。那种花叫作白玉簪花。

《生命的选择》

2. 原文末段：生活的路多宽！有阳光，就去做玫瑰，开得热烈、大方些；没有阳光，也别怨天尤人，白花照样可爱。

《生命的选择》

3. 2017 年福建省中考作文题：站点，既是匆匆而过的憩息处，也是暂时的落脚点；既是心旅行的终点，又是新旅程的起点……人生就是这样，一个又一个的站点组成了一个人生命的完整链条。

以上文字给你什么样的联想或感悟，请以"每个站点都有风景"为题，写一篇记叙文或议论文。

策略说明："每个站点"与素材句"有阳光""没有阳光"两种情境相对应，据此思考将素材与写作内容融合。

融合示例：

每个站点都有风景

（1）站在初二这个学业繁重的站点，我怀念童年；站在这个汗水与泪水交织的站点，还有"风景"可言吗？

（2）怀念童年，那时候学业没有那么繁重，记忆里天总是蓝蓝，阳光总是明媚，一路的行人仿佛都在微笑。

（3）可是今天，一切都不一样。

（4）明天物理要考试，英语要小测，可我正卡在数学关里出不来。"哎！为什么会有数学过种东西。"我边埋怨，边把手伸进书包，"咦，什么东西？"抽出来一看，晕，还有一张只字未动的语文试卷！我哀叫着，抓起一本书就往门口扔去，正砸在给我送牛奶的妈妈的脚上。

（5）见是妈妈，我一半解释一半抱怨："老师作业布置得越来越多了，我物理还没复习，英语单词还没背熟，明天居然还要交数学语文考卷！成天活在作业的阴影下，考试的压力下，烦死了，为什么上了中学这么烦?!"

（6）妈妈弯下腰，把书捡起，将褶皱整理好，连同牛奶一起放在了我的桌上。说："小时候的日子当然阳光明媚啦，长大后常遇到阴晴不定的日子不也正常吗？难道你认为这就不是一种风景了吗？"

（7）好妈出去后，我回味着妈妈所说的话，若有所思。

（8）是啊，风雨中的电闪雷鸣固然可畏，但那雨后瓦蓝的天空，柠檬水般清新的空气，又有着汗水浸润的独特光彩。

（9）我翻开数学书，继续摸索着那道题目，外面的月亮仿佛更圆了！

（10）月光透过心房，照亮心中的皱褶。原来，成长才是站点的意义，每一个站点，都有不同的风景。

简评：(1)—(7)段以初二"站点"切入，对比"童年"的站点，表现当前这个站点"学业繁重""汗水与泪水交织"的特点，详略适当、描写生动、有一定的文字功底。从第（8）段起，故事情节的逆转为"妈妈说完话出去后我就想明了道理"，思想的转变缺少过程，情节设计也难免脱俗。融合素材，改造原文后三段。

融合四步走——选用群文文本之 4 号素材进入作文，替换（8）—（10）段。

（8）比起小时候，现在作业更多了，考试更难了，这是改变不了的现实，难道从此就只能让自己陷入烦乱和抱怨中，此处再无风景可言了吗？

第一步，铺垫。

1. 挑出素材关键词："阳光""玫瑰""没有阳光""白花"。

2. 理出素材与故事的关系：小时候，对应"有阳光"；现在，对应"没有阳光"，没有风景。

3. 将反面相扣的部分，即"没有阳光没有风景"的部分化为心理描写。

（9）铺开那张语文试卷，做一篇散文阅读《生命的选择》。雷抒雁在文中回忆到，在他住的那栋楼前边，是向阳的地方，而楼后，阳光却被楼房和一些高大的槐树遮住，地上是永远的潮湿和阴凉。花工们就在楼前种了玫瑰，开花时节，红艳照人。可是有一天，他们发现楼后一些长长的雪白的花朵在阴冷的空气中绽放了，让人心头清凉如洗。那种花叫作白玉簪花。

（10）于是他在文末写到："这栋楼美丽了。楼前，阳光下，姹紫嫣红；楼后，月光下，洁白如雪。生活的路多宽！有阳光，就去做玫瑰，开得热烈、大方些；没有阳光，也别怨天尤人，白花照样可爱。"

第二步：引出。

1. 精心设计遇见核心素材过渡情节：做阅读题，遇见素材。

2. 过渡情节须合情合理，避免生硬造作。

3. 以简练干脆的语言引出素材句；或者根据读者了解的需要对素材句的背景进行概括。

4. 根据表达需要适当剪裁核心素材句（概括、选句、组合）。

（11）原来，我的焦躁与抱怨，来自于心中的潮湿和阴凉，我只想着有阳光才会灿烂，却从没想过没有阳光的日子也可以把自己开成一丛清凉的白花。

第三步：思考

提取素材关键词，结合自己的现状做真诚的反思。提取"阳光""玫瑰"

"没有阳光""白花",结合自己在铺垫与引出部分表现出的抱怨与焦躁的现状开始反思。

（12）于是，我尝试着不再抱怨，让自己的心清凉如那朵白玉簪花，开始做题。

（13）是的，成长是一段心路历程。上一个心灵的站点，如果阳光明媚，就把自己灿烂成一树玫瑰；下一个心灵的站点，如果要逆光而行，那就把自己的心清凉成一朵白花吧。其实正是向光和逆光，玫瑰和白花，才共同链接起我们成长的风景。

第四步：感悟。

1. 先给故事一个结局，使情节完整。

2. 创造一个句段，将素材关键词、题目关键词（站点、风景、完整链条）、故事情节特征（报怨与烦乱）"三合一"，深度点题。

5 号素材：《种种有情》／现代散文

策略：张晓风散文集《种种有情　种种可爱》适合中学生阅读，特别是对生活素材、阅读素材、写作素材"敏感度"低的中学生，尤有启发意义。文中多处描写和感悟，直接摘录也可，链接生活调整情境转为新的素材也可。

原文片段一：

饺子自身是一个完美的世界，一张薄茧，包覆着简单而又丰盈的美味，我特别喜欢看的是捏合饺子边皮留下的指纹，世界如此冷漠，天地和文明可能在一刹那之间化为炭劫，但无论如何，当我坐在桌前，上面摆着的某个人亲手捏合的饺子，热雾腾腾中，指纹美如古陶器上的雕痕，吃饺子简直可以因而神圣起来。

"手泽"为什么一定要拿来形容书法呢？一切完美的留痕，甚至饺皮上的指纹不都是美丽的手泽吗？我忽然感到万物的有情。

……我把叶子揉碎，它是早死了，在此刻，它的芳香在我的两掌复活，我札开微绿的指尖，竟恍惚自觉是一棵初生的树，并且刚抽出两片新芽，碧绿而芬芳，温暖而多血，镂饰着奇异的脉络和纹路，一叶在左，一叶在右，我是庄严地合着掌的一截新芽。

示例一：

方案一，写到"饺子"或"树叶"时，可摘录其中关于"指纹""手泽"

"叶脉"的细节描写。

方案二，链接生活，能否通过观察"纹路"寻找和发现世间万物的种种有情。

纹路细节一：我理好衣服和文具，正要走出房间时，看见书桌上一杯乳白的牛奶悄悄地站在那，淡金的阳光将它镶嵌在一片晨光中。隐约可见，杯壁上有着手指触过的柔和的纹路，一圈环着一圈。妈妈走进来的时候我并不知道，她捏着玻璃杯的手指一定有点烫手吧？我喝了一口，明明只是牛奶，心却跟着沉静下来，温暖而满足。

纹路细节二：中午，我在书房做了会功课，出来倒水。爷爷坐在大厅沙发椅上睡着了。老人家总是那么爱打盹。我轻手轻脚地，倒了杯热水，顺着看了一眼爷爷，我发现他眼角布满了皱纹。我怔怔地，突发奇想，就仔细一数，左边11条，右边9条，那里面都藏着哪些操劳呢？一定有关于我这个皮孩子的种种操心吧？伸出手，真想轻轻地把它们抹平。

原文片段二：

经过火车站的时候，我总忍不住要去看留言牌。

那些粉笔字不知道铁路局允许它保留半天或一天，它们不是宣纸上的书法，不是金石上的篆刻，不是小笺上的墨痕，它们注定立刻便要消逝——但它们存在的时候，它是多好的一根丝缕，就那样绾住了人间种种的牵牵绊绊。

我竟把那些句子抄了下来：

缎：久候未遇，已返，请来龙泉见。

春花：等你不见，我走了（我二点再来）。荣。

展：我与姨妈往内埔姐家，晚上九时不来等你。

每次看到那样的字总觉得好，觉得那些不遇、焦灼、愚痴中也自有一份可爱，一份人间的必要的温度。

还有一个人，也不署名，也没称谓，只扎手扎脚地写了"吾走矣"三个大字，板黑字白，气势好像要突破挂板飞去的样子。也不知道究竟是写给某一个人看的，还是写给过往来客的一句诗偈，总之，令人看得心头一震！

示例二：情境置换为教室角落的"心愿树"留言墙。

经过教室角落的"心愿树"留言墙的时候，我总忍不住要去看那些挂的"树"上的留言。它们不是宣纸上的书法，不是金石上的篆刻，不是小笺上的墨痕，它们注定不久就会消逝，或者换掉。但它们存在的时候，是多好的一根根丝绦，就那样绾住了心中的种种愿景，心中种种的牵牵绊绊。

我仔细读那些句子：

××一中，等着我。

每天进步一点点。

别跟我讲游戏，谁讲我跟谁急！

新年到了，先许一个小愿望，赚它一亿分就好了。

字体不一。看到那样的字总觉得好，在压力重重的初三，那些追梦路上的不安、焦灼、愚痴中也自有一份可爱，一份成长的美好。

策略说明：一、原文"火车站""留言牌"的年代特征现在已经不存在，从中学生的角度链接，教室后墙的许愿树有相似之处，符合"六合"原则；二、"火车站"的留言表达的是不能相见的亲友之间的牵挂，教室的心愿树表达的是学业有成的不同愿望。据此灵活调整部分用词。

6号素材：《偶遇》／中考阅读文本

策略：《偶遇》是2018年黑龙江省哈尔滨市中考阅读文本。文中叙述了人生旅途中三次美好的偶遇。借鉴笔法，链接生活中的偶遇，启动真心去体会和发现，作文素材会有更广阔的天地。

原文片段一：

小城有家卖饰品的小店，店名极有意思，叫"偶遇"。小店开在一条古旧的街道上。店里卖的都是小饰品：精美的钥匙扣、拙朴的香水瓶、会唱歌的玻璃小人、五颜六色的发圈……每一样，都是精致小巧的。一间再普通不过的小屋，被装点得像童话。让人颇感意外的是，店主是个六十开外的老妇人，穿大红的衫，戴贝壳串成的手链，笑容灿烂，举手投足间，自有一段风情。年轻时，她迷恋小饰物，一直没有机会开这样的店。退休了，她重拾旧梦，天天守着一堆"宝贝"，把日子过得如花似玉。

那条街道我不常去，自然不知道这间"偶遇"。那天突然撞见，欢喜莫名。这样的相遇，不约定，带来惊喜。后来的一些天，我脑子里不时会蹦出那家小店来，一屋的小饰品，丁丁当当，丁丁当当。与老妇人的优雅，竟十分的般配。我不由自主地微笑，岁月里，我们会渐渐老去，梦想却不会。

示例一：情境置换为"超市收银台出口卖饰品的小店"。

　　新华都超市收银台出口的拐角处有家卖饰品的小店，店名极有意思，叫"小遇"。店里卖的都是小饰品：精美的钥匙扣、萌萌甜甜的各种水杯、闪闪发光的水钻发饰、五颜六色的发圈……每一样，都是精致可爱的。一间再普通不过的小屋，被装点得像童话。让人颇感意外的是，店主是个六十开外的老妇人，穿大红的衫，戴贝壳串成的手链，笑容灿烂，举手投足间，自有一段风情。我听说，年轻时，她迷恋小饰物，一直没有机会开这样的店。退休了，她重拾旧梦，天天守着一堆"宝贝"，把日子过得如花似玉。

　　策略说明：事实上，装点得像童话的饰品店是越来越多了，而有多少中学生都淡漠地走过？这里置换一下店里的陈设，仅是为了唤起某些回忆，引导学生关注店中的物，店中的人，他们可能有值得一说的"故事"。

　　原文片段二：

　　也是这样的偶遇，在武汉。好友拉我去逛光谷步行街。天桥之上，我被一朵一朵怒放的玫瑰花牵住了脚步。确切地说，那不是花，那是一堆橡皮泥。可它分明又是花，瓣瓣舒展，鲜艳欲滴。

　　捏橡皮泥的，是个矮个子男人。眼睛细小，皮肤黝黑，满脸沧桑。沧桑中却有种淡定的平和。他在眨眼之间，把一小坨橡皮泥，捏成一朵盛开的玫瑰。我蹲下去，看他捏。他十指扭曲，严重残疾，却灵活。手像被施了魔法似的，在橡皮泥上轻轻一按，一瓣花开了。再轻轻一按，一朵花开了。

　　我挑起一枝，紫色，典雅大方，想买。他说，这个不卖，人家预定好了的，你要买，我再给你捏。我惊讶了，我说，你可以重捏一个给预定的人啊。他却坚持不卖，说他答应过给人家留着的，就一定得留着。一会儿，他给我捏出另一朵来，洒上荧光粉。他关照：你回去对着灯光照上十来分钟，它会发光的，很美，很温暖的。

　　从武汉回来，别的东西没带，我只带了那枝花回来。看见它，我总要想一想花后的那个人，生活对他或许有诸多不公，他却能够做到心境澄清，让花常开不败！

　　示例二：情境置换为偶遇街头竹编艺人。

　　也是这样的偶遇，在小城街道。好友拉我去逛街，说刚放寒假，街上都热闹起来了，好多外地人来摆摊子，去看个新鲜。

　　天桥之上，我被一只只振翅欲飞的绿蜻蜓牵住了脚步。确切地说，那不是蜻蜓，那是一片片竹叶。可它分明又是蜻蜓，双翅舒展，细须飘飘，呼之欲出。

编竹叶的，是个矮个子男人。眼睛细小，皮肤黝黑，满脸沧桑。沧桑中却有种淡定的平和。他在眨眼之间，把一片片竹叶，编成三朵盛开的黄玫瑰，绽放在绿叶间。我蹲下去，看他扎编。他持剪刀的右手手指与左手配合着，撕、捡、折、扣、捏、扎，再用剪刀修去边边角角，十分灵活。手像被施了魔法似的，伴随着最后那轻轻一按，一瓣花开了。再轻轻一按，一朵花开了。

我是女生，当然喜欢这嫩黄的竹叶编织的黄玫瑰了。想买。他说，这个不卖，人家预定好了的，你要买，我再给你扎。我惊讶了，我说，你可以重扎一个给预定的人啊。他却坚持不卖，说他答应过给人家留着的，就一定得留着。说完，把扎好的黄玫瑰用细竹绳挑起来，和小蜻蜓们同挂在一根竹竿上。一会儿，他给我扎出另一束来，他关照：你回去放在室内阴凉的地方，它会保持更久，很美，很特别的。

逛街半天，别的东西没带，我只带了那束黄玫瑰回来。看见它，我会想起花后的那个人，生活对他或许有诸多不公，让一个外地人春节期间还飘零至此卖艺谋生，他却能够做到心境澄清，让花常开不败！

策略说明：笔者确实在节日遇到街上竹编动物的手工艺人。会扎编蜻蜓、孔雀、黄玫瑰、鸟儿、青蛇等。链接生活，调整情境，设计以绿蜻蜓吸引我，再点黄玫瑰扎编，再表现手艺人的清心守信，原文的好立意就嫁接过来了。

原文片段三：

还是这样的偶遇，在云南。夜晚的广场上，一群人围着篝火在跳舞。不断有人加入进去，天南地北，并不熟识。不要紧的，笑容是一样的，快乐是一样的，心灵因一团篝火，在瞬间洞开。我站在圈外看，有人跟我招手，来呀，一起来跳啊。我笑着摇摇头。手突然被一女子牵了，她不由分说把我牵进那欢乐的人群中。灯光暗影里，她脸上的笑容明明暗暗，如星星闪烁。她说，跳吧，一起跳吧，很好玩的呀。她很快踩上音乐的节奏，身体像条灵活的鱼，看得我眼热，跟在她后面跳起来。那是我平生第一次跳舞，完全不得章法，欢乐却像燃着的篝火，把人整个点燃。曲终，转身寻她，不见。满场的欢声笑语，经久不散。

人生还有多少这样的偶遇？在时间无垠的荒野里，我们都是跋涉的旅人，却因这偶然的相遇和眷顾，布下温暖的种子。日后，于某一时刻，不经意地想起，那些温暖的种子，早已在记忆深处，生根发芽，抽枝长叶，人生因此变得丰盈。

示例三：情境置换为在一场篝火晚会上偶遇陌生同学。

还是这样的偶遇。学校运动会的最后一天晚上，学校为我们准备了一场篝火晚会。夜晚的大操场上，从初中到高中，六个年段，燃起了六丛篝火，一群群人围着一丛丛篝火在跳舞。到后来，初中的同学有的加入到高中的人群，高中的也加入初中的，不断有人互加入进去，不同年段，并不熟识。不要紧的，笑容是一样的，快乐是一样的，心灵因一团篝火，在瞬间洞开。我站在圈外看，有人跟我招手，来呀，一起来跳啊。我笑着摇摇头。手突然被一高年级的同学牵了，她不由分说把我牵进那欢乐的人群中（以下内容"灯火暗影里……"同上文）。

策略说明：笔者亲眼见过由学校组织的全校六个年段参加的篝火晚会。链接生活，调整情境，原文的好立意、好语言就嫁接过来。

7 号素材：《鸥小姐》／中考阅读文本

策略：《鸥小姐》是 2018 年湖北随州中考阅读文本。小说表达了网络社交带给人们困惑和思考，很有现实意义。当中的心理描写更是精彩纷呈，具有很强的代入感。

如果直接摘录，会遇到一个问题，那就是"人称问题"。小说是以"鸥小姐"，第三人称为叙述视角的。转为备用素材时，为了体现文章的真切感，就要调整叙述人称。这又产生一个新问题，如果人称调整为"我"，文中所写的朋友圈发布的内容、状态、心理，大部分都是附属于"鸥小姐"这个成年人，这就不合乎中学生的年龄和身份了。所以如果直接摘录，人设可以是我的某位上班族大姨或舅妈。如果调整情境，"鸥小姐"一定要换成"我"，那么文中不合中学生身份的内容都要调整。

小说通过人物形象表现生活，但记叙文文体中需要更清晰地表达一点思考，所以还可拓展组合本文的阅读题答案，来表达对社会现象的一些思考。

原文片段一：

如果微信朋友圈是一场艺术展的话，那么半年前的鸥小姐一定是这个圈子中的达·芬奇。

她的手机中装有十个图片编辑软件，内置上百种不同的字体和滤镜，让她第一时间将灵感转化为点赞数。比如，她能把蛋炒饭拍出米其林三星大餐的效果，把小区游泳池拍出希尔顿大饭店的气势……

但她说她自己并不喜爱这种生活，这么做是迫于互联网社交时代的大势所趋。如果一个周末过去，"达·芬奇"不秀秀自己"过得有多好"，那就会有"拉斐尔"或者"米开朗琪罗"抢占高地。

于是她除了精心处理自拍照片，还统筹规划发送时间，认真回复每一条评论，同时不忘偶尔也给"拉斐尔们"点个谦逊而不失自信的赞，在心中默默给每一条最新动态打一个分，见贤思齐，见不贤而内自省也。

通过如此心思缜密地经营，鸥小姐的朋友圈可以说是自成一片风景，其中的内容可谓雅俗共赏、包罗万象。时而关心社会民生，时而放眼国际格局；时而午后闲笔三行小诗，时而长篇抒发人生感怀；当然也少不了最吸引眼球的自拍美照——美术馆、图书馆、博物馆，高雅大气品位佳；海滩、椰树、下午茶，阳光流水笑春花。

示例一：将"鸥小姐"置换成"我"，写我与朋友圈的故事。

如果微信朋友圈是一场艺术展的话，那么半年前的我一定是这个圈子中的达·芬奇。

我的手机中装有十个图片编辑软件，内置上百种不同的字体和滤镜，让我第一时间将灵感转化为点赞数。比如，我能把妈妈做的蛋炒饭拍出米其林三星大餐的效果，把小区游泳池拍出希尔顿大饭店的气势。

并不是很喜爱这种生活，这么做是迫于互联网社交时代的大势所趋。当周末到来，被父母收管的手机好不容易回到自己手中时，我这个"达·芬奇"不秀秀自己"过得有多好"，那就会有"拉斐尔"或者"米开朗琪罗"抢占高地。

于是我除了精心处理自拍照片，还统筹规划发送时间，认真回复每一条评论，同时不忘偶尔也给"拉斐尔们"点个谦逊而不失自信的赞，在心中默默给每一条最新动态打一个分，见贤思齐，见不贤而内自省也。

周末在朋友圈里逛，有时会发现大人们在朋友圈里玩得更嗨、更炉火纯青。这也难怪，他们一方面在周一到周五很严肃地没收我们的手机，一方面自己无时不刻不在埋头微信或朋友圈。我的表舅妈就很会心思缜密地经营朋友圈，她的朋友圈可以说是自成一片风景，其中的内容可谓雅俗共赏、包罗万象。时而关心社会民生，时而放眼国际格局；时而午后闲笔三行小诗，时而长篇抒发人生感怀；当然也少不了最吸引眼球的自拍美照——美术馆、图书馆、博物馆，高雅大气品位佳；海滩、椰树、下午茶，阳光流水笑春花。

原文片段二：

不过如果现在点开她的朋友圈，这些视觉盛宴都已经不见踪影——她自认已经是个"圈外人"了。

鸥小姐偶然得知可以设置"关闭朋友圈"的那一天，距今已有5个月了。小半年来，"刷朋友圈"这个事儿逐渐变得矜持而精简，曾经的追捧评论、跟风留言、争抢首赞，如今已变为每周日晚睡前的规律性"开圈"。说来也怪，自从关圈，鸥小姐的心态似乎上升了好几个层次：以前她是粉丝心态，每分每秒关注着所有人的风吹草动，身处争奇斗艳的漩涡中，被动而焦灼；现在却像圈中前辈一样定期视察，举手投足全是从容，慢悠悠翻过这一周的悲欢离合，点赞率控制在百分之十以下。更别提那些好几天前的热点朋友圈，唯有她迟来的一句精炼点评，才算为这条状态收了尾、点了睛。

关圈更大的好处在于，鸥小姐自己的朋友圈面对来访者时，只能让他们看见一幅精心挑选、含义百转千回的封面图片，一个赏心悦目的头像，以及一行小字"该朋友已关闭朋友圈"，这些元素共同组合，就像蒙娜丽莎的神秘微笑。好事窥私者在此遭到当头一棒，仰慕追求者则在冥思苦想与不得其解中更为之沉醉倾倒。鸥小姐对这件事越想越高兴，她感觉自己撇开一团缠绕鸡毛蒜皮芸芸众生的乱麻，而后打开了一片直指蓝天的窗。

示例二：情境置换为我关闭朋友圈的故事。

当你心情沮丧的时候，你可能会在朋友圈里发一些莫名其妙的句子，以此来告诉你的微信好友，你心情不好，需要安慰。但是当这种情绪"过期"了以后，那条朋友圈便显得很多余，所以现在很多人都在朋友圈里面设置了"最近半年"或者"最近三天"的查看范围。

我设置"关闭朋友圈"，距今已有5个月了。小半年来，"刷朋友圈"这个事儿逐渐变得矜持而精简，曾经的追捧评论、跟风留言、争抢首赞，如今已变为每周日晚睡前的规律性"开圈"。说来也怪，自从关圈，我的心态似乎上升了好几个层次：以前我是粉丝心态，每分每秒关注着所有人的风吹草动，身处争奇斗艳的漩涡中，被动而焦灼；现在却像圈中前辈一样定期视察，举手投足全是从容，慢悠悠翻过这一周的悲欢离合，点赞率控制在百分之十以下。

关圈更大的好处在于……（以下内容同上文）

示例三：拓展组合与主旨有关的阅读答案（见划线句），表达对朋友圈现象的思考。

就这样圈内圈外的来来回回。其实到头来，什么"圈"也没进过，也什么"圈"都没出过。只剩下某个周末的暗夜里我和荧荧发亮的手机屏幕对望着，却再也按不动刷新键了。

偶尔抬起头，绝望地问自己：<u>人是不是应追求更真实美好的生活？</u>

8 号素材：《门前》/现代诗

策略：顾城的《门前》表达对生命中出现的哪怕是短暂美好的极其珍惜。链接生活，最容易想到的是现在"生二孩"的现象非常普遍，不少家庭出现了大孩已上中学，二孩刚出生的情况。于是就有了上中学的哥哥或姐姐对新出世的弟弟或妹妹表达特殊心情的作文素材。这首诗可就此转为备用素材（划线处为引用的诗句）。

诗句：

我多么希望，有一个门口/早晨，阳光照在草上/我们站着/扶着自己的门扇/门很低，但太阳是明亮的/草在结它的种子/风在摇它的叶子/我们站着，不说话/就十分美好/有门，不用开开/是我们的，就十分美好

示例：

写给弟弟的一封信

亲爱的小豆包：

你好呀！

当你看懂这封信的时候，已经不知是何年何月了呢。说实在的，在你出生之前，我曾未幻想过将来会有一条"小尾巴"跟在身后。但得知你将会来到这个世界，我也是开心得不行，日日盼着你快点来到这世上和我一起生活。

随着妈妈的肚子越来越大，你终于降临到了世上，我也终于见到了日思夜想的你——我亲爱的小豆包。但见到你的第一眼我着实吓了一跳，红红的、皱巴巴的你完全超出我的想象。然而，不管如何和我相差十二岁的你开始住入了我们的家。

时间宛如一只哑了的闹钟，静悄悄地转着，蓦然抬眸，已过两载……渐渐地，你混世小魔王的性格开始显露，初生时那乖巧可爱模样早已荡然无存，每天都想着为非作歹。记得有一次我正在客厅悠哉地看书，看着你屁颠屁颠地从我面前经过，转身没入拐角，而我却丝毫没有在意，紧接着"砰"的一声门响让我心中警铃大作，放下书飞奔到房间，伴着开门声传来的是稀里哗啦的响声。

果不其然，我的房间已经一片狼藉，桌子上的东西此刻已经七零八落地堆在了地上。而你正站在那堆东西中间嬉皮笑脸地看着我，手上还拿着本破破烂烂的书，我顿时气不打一处来，却只能把你"拎"出房间，开始认命地收拾。唉，你以后当真需要知道你小的时候是多么像个"歹徒"。在我愁眉苦脸地收拾东西时，外面又传来"唰啦唰啦"的声音，一出门发现你已经开始和大米"玩"起来了，我气得大叫："小豆包你在干什么？"而你却仍笑嘻嘻地叫着："姐姐，快来和我玩吧。"小豆包你看你小时候"混世小魔王"可是响当当的。

当然了，你暖心起来也是能像一个小天使一样。在我又一次因为学习的事情与爸妈吵架时，独自坐在黑暗的房间里，是你，静静推开那扇门，一边叫着"姐姐"一边走进来，当外面的光线投射进来，我才发现你竟然带来了我喜欢的糖果。你找到了我，竟走上来轻轻抱住了我，我惊了一吓，感受到你小小的身子的温暖，眼泪忍不住滑落。你知道吗，当时我脑海中飘过一句话"草在结它的种子，风在摇它的叶子，我们站着，不说话，就十分美好。"谢谢你幼小单纯的心灵温暖了我。

好了，纸短情长，写不完的话留着以后再告诉你吧。只要时间不会停止，你就要记住，我是最爱你的姐姐，我们会陪伴一辈子。

愿平安顺遂。

最爱你的姐姐

2018 年 12 月 1 日

9 号素材：歌词《生活不止眼前的苟且》

策略：由高晓松作词，许巍演唱的《生活不止眼前的苟且》精准地击中了现代人对自己现状不满，寄希望于未来的软肋和泪点。而由中学生解读，则可以简化为"不停留于眼前的得过且过，心中怀有远方的希望和梦想"。借鉴主题，据此可以写写自己人生经历中"眼前的苟且"，从而表达对远方的愿景。

歌词：

少年一天天长大，有一天要离开家/看他背影的成长，看他坚持与回望/我知道有一天，我会笑着对他说/生活不止眼前的苟且，还有诗和远方的田野/你赤手空拳来到人世间，为找到那片海不顾一切待升格文：

没想到，真没想到

没想到，真没想到，青涩的橄榄也有甘甜的时候。

哥哥又从他的魔术抽屉中变出一本书来。哥哥每周都会买一本内容精彩，故事生动的书回来，这次也不例外。我跳起身来，伸手要去抓那本书，可是哥哥又提起了一点，让我扑了个空："想看，做道数学题吧，做出来就让你看。"这不是刁难我吗？哥哥比我大，出的数学题肯定也难许多。

虽然得知青橄榄会酸会涩，但对于别人嘴中说的青橄榄最后的甘甜的期待，我还是决定品尝一下。怀着对书的期待，我答应了。接过题，只看了一眼，我就一阵恍惚，掉进题中，周围的人消失，周围的墙都消失，周围的窗户都打开，射进一道强烈的白光，闭眼又睁开的瞬间，几个字母小人围着我绕圈圈，把我绕得头晕。没错，正是一道字字母题，根本没有任何数字，我毫无头绪。一入口，青橄榄的酸涩一下充满了我整个嘴，让我想要吐出来。

这时，又恰好几个朋友邀我出去玩。是放弃嘴中的青橄榄苦后的甘甜来品尝甜到尾的糖果，还是坚持？

我静下心来。认真地思考题目。用"火眼金睛"来寻这"敌人的弱点"，两个相同的字母相加得到另一个字母，由于那另一个字母在前面已经得出了，那这两个字母只有两种可能了。我放下托着下巴的手，不再挠头了，嘴角微微扬起，手中的笔沙沙作响。

经过了一会儿的酸涩，我仿佛感觉青橄榄甘甜了。只剩下最后个字母，再由上一个字母一推，嘿，出来了。我大舒口气，瘫在床上，虽然累，但是心中却是无比的舒畅，在哥哥惊讶的眼光中接过书，我的心情更加舒服。经过熬过了苦涩，嚼出了一丝甘甜，虽然没有糖的甜，但比糖果的甜更有意义。

没想到，真没想到，我能体会到青橄榄的甘甜。不过，其实我应该想到，只要勇敢做了，坚持，克服艰辛，世界上便只有想不到的事而没有做不到的事。

简评：此文讲了一个抵抗诱惑解出数学题的故事，并用青橄榄的比喻贯穿始终，有一定的文采。但诱惑来临时的纠结过程太简，青橄榄的比喻常有人用，不新鲜。

升格文：

为了心中的那片海

屏幕上，许巍如仗剑天涯的沧桑浪子，正仰天长啸：生活不止眼前的苟且/

还有诗和远方的田野/你赤手空拳来到人世间/为找到那片海不顾一切。

屏幕下，听众中有一个我，平日里为了种种琐事纠缠烦累的我，仿佛瞬间被点燃了青春的激情，当听到"诗和远方"四个字，我有一种想要泪流满面的冲动。

我心中的那片海，你是否还在远方？歌声中，时间倒流到初三的开学初。

一上初三，就觉得空气中有一股无形的压迫感在逼近，这是开学季！中考季！毕业季！所有的人仿佛都时时在提醒我这九个字，以致于走在眼前这条熟悉的上学路上，从前的那份自在从容肆意自动消失，这九个字不时冒出来在眼前晃着跳着。于是路过的人，路过的道旁树，路过的商铺，再也无心细看，连左顾右盼都匆匆忙忙。虽然匆忙，虽然每天跟着人群吃饭、上学、放学、自习，虽然日复一日随波逐流地忙碌着，我的内心却是一片茫然的荒野，不知所要到达的远方。

周末，我到学长兼哥哥家玩。

厮闹了一阵后，哥哥从他的魔术抽屉中变出一本书来。哥哥每周都会买一本内容精彩，故事生动的书回来，这次也不例外。我跳起身来，伸手要去抓那本书，可是哥哥又提起了一点，让我扑了个空："想看，做道数学题吧，做出来就让你看。"明知道我这次月考数学遭遇了滑铁卢，正在极度怀疑自己和极度不自信中，这不是刁难我吗？而且哥哥是学长，出的数学题肯定也难许多。

按捺不住对那本故事书的好奇，我还是答应了做题。接过题，只看了一眼，我就一阵恍惚，掉进题中，周围的人消失，周围的墙都消失，周围的窗户都打开，射进一道强烈的白光，闭眼又睁开的瞬间，几个字母小人围着我绕圈圈，把我绕得头晕。没错，正是一道字母题，根本没有任何数字，我毫无头绪。

这时，微信里跳出了一个个表情，一个招我去打球，一个招我骑车逛街，一个招我去他家——去了，就是嗨手游，你懂的。我心里顿时痒痒："生不逢时啊亲！我在做道数学题呢！""你当真要做学霸的梦呢？真是矫情！""天堂有路你不走，眼前有乐你不享，傻啊你！"

往日，我一被这样挑逗，是必定放下一切先玩个痛快的。而眼前，是放下手中棘手的数学题去放纵一回还是忍住坚持住？

可是，我那心中的远方之所以模糊，不就是因为曾经无数次地只顾眼前得过且过吗？一次次地放纵，让我与心中的那片清明的海，渐行渐远。

毕竟心怀对远方的期待，我还是定下心神，静下心来。认真地思考题目。用"火眼金睛"来寻这"敌人的弱点"，两个相同的字母相加得到另一个字母，由于那另一个字母在前面已经得出了，那这两个字母只有两种可能了。我放下托着下巴的手，不再挠头了，嘴角微微扬起，手中的笔沙沙作响。

煎熬……苦战……过了一会儿，只剩下最后一个字母，再由上一个字母一推，嘿，出来了。我大舒口气，瘫在床上，虽然累，但是心中却是无比的舒畅，在哥哥惊讶的眼光中接过书，我的心情更加舒服。熬过了眼前的苦涩，忽然有一丝滋润的淡淡的甘甜从心底泛起，顿时心清气爽。

从哥哥家出来，我又走在这条熟悉而又陌生的小路上。路过的人，路过的道旁树，路过的商铺，我的眼光一一掠过，此刻，心中有了份底气，有了份信心，虽然前路依旧未知，心中的那片海此刻却是一片清明，似乎正在远处召唤。

不为眼前的苟且而得意；也不再去嘲讽那些比自己更勇敢热情的人们，也许诗和远方是我永远到不了的彼岸，但是为了心中的那片海，此刻，我依然愿意逆水行舟。

10 号素材：来自影视微信杂志等各类文本

1. 表达要唤醒沉寂的上进心

"当你不去旅行，不去冒险，不去拼一份奖学金，不过没试过的生活，整天挂着QQ，刷着微博，逛着淘宝，玩着网游，干着我80岁都能做的事，你要青春干嘛？"你是否也曾被这句网传的流行语唤醒了心底那一丝早已沉寂的上进心？恰如同学少年，在最能学习的时候你选择恋爱，在最能吃苦的时候你选择安逸，错过了人生最为难得的吃苦经历，对生活的理解和感悟就会浅薄。

《马云：不吃苦，你要青春干嘛？》

2. 表达体会爱并学会爱：《爱，这样画出来》

曾有一个献给母亲节的沙画视频走红：一双手在画板上划动，幻化出一幕幕动人的场景。镜头一，窗户里，灯光下，沙发下，母亲陪着孩子讲故事；镜头二，树的剪影，一条长绳从树腰划出，上面晾着的儿童衣服一件件在风中飘展，鸟儿正在树巢里哺育几只幼雏；镜头三，校园上操场上，孩子们在挥着绳子欢快地跳跃。校门外，母亲推着自行车从夕阳中走来……就这样，一直演绎到年轻的母亲成为一个白发苍苍的母亲。

配乐：时间都去哪儿了/还没好好感受年轻就老了/生儿养女一辈子/满脑子都是孩子哭了笑了。

3. 设置情境：我经过二十多天的努力，成绩有了很大进步，但还远达不到自己所定的目标。我很沮丧，班主任叫我到办公室谈话，引用素材。

（1）"你的问题呀，就是太关注自己，你在拼了命地努力，你的同学不努力吗？谁都知道中考重要，都进入冲刺的阶段，都在玩命学，凭什么你一拼命就比别人强那么多啊？你是爱因斯坦啊还是柯南啊？"

《读者：一百天超人养成计划》

（2）2012年伦敦奥运会最重要的口号，叫"影响一代人"。有记者提问："体育如何影响一代人？"伦敦奥组委的一位官员回答："体育教会孩子们如何去赢。"这句话很正常，在中国，很多事都能教孩子们如何去赢，但是他的下一句话让我格外感动："同时，教会孩子们如何体面并且有尊严地输。"

《读者：漂亮的失败是另一种成功》 白岩松

4. 当表达几分心酸几分孤独几分坚定的复杂心情，而有扇窗，成为坚强的理由。

披星戴月地奔波／只为一扇窗／当你迷失在路上／能够看见那灯光／只是偶尔难过时／不经意遥望远方／说不出的诺言／一直放心上／有许多时候／眼泪就要流／那扇窗是让我／坚强的理由

《异乡人》张磊

第三讲　备用素材化为写作内容

一、待升格文例解与评析
有时，我也想飞翔

开篇：新学期开始了，我们开始了节奏极快的初三毕业班。短短三个礼拜过去，同学们早已适应了学习节奏，只留我一个人还在起跑线，不知所措。刚刚下来的小测成绩让我对自己更加灰心。

评析：节奏极快，怎么个快法？同学们什么表现体现适应了？我不知所措时是什么样的？小测是哪一科的？还是所有学科？为什么灰心？是没考第一名灰心还是没考第三十名灰心？莫言说："我是一个讲故事的人。要时刻警惕，我们是要讲故事的。"你的开篇要点题，要有温度有热度要让人触摸到你的心跳感知到你的冷暖：不具体，就失真切；不点题，就易跑偏。

铺垫：于是，在一个午后，我逃课了，跑到了学校后山，望着深蓝的天空发呆，暖风阵阵吹来，午后的阳光早已没有八月那般毒辣，学校后山已经荒废了许久，小草儿和花儿们也就在废弃建筑中肆意生长，快乐地迎着风四处摇摆，远处传来同学们朗朗的读书声，而我却无心学习。

曾经的我也是一个品学兼优的学生。可是就在几个月前，我开始接触电脑游戏，并被它吸引得无法自拔，暑假的两个月，别的同学都在衔接初三知识，想要一个好的开始，而我却窝在家浸泡在虚无的网络世界中，等到新学期开始时，我仍无法自拔，我也开始厌倦了这种生活，我望着天空的鸟儿，羡慕它们的自由，不禁说了一句："我也好想飞翔啊！"

评析：这一段充分代表和体现了惰性思维。因为写作时懒得想，所以一逃课，肯定是跑后山。就读的学校真的就有后山吗？后山就一定是废弃的吗？接着，跑到后山，一定有小草儿花儿，就一定有风，然后，一定有只鸟儿飞过，勾起我的羡慕忌妒恨；因为写作时懒得想，所以，不去细想，玩电脑游戏，什么电脑游戏？玩到无以自拔是什么样子的？声嘶力竭地喊了两次无法自拔，还是不知道你无法自拔的样子是啥样的？跟吸毒一样的？还是跟醉酒一样的？作为读者，恐怕拼命读，也读不出来！习惯了写现成的写老旧的，是因为太懒得想了！叙述代替了描写，铺垫就苍白无力。

逆转："那就应该从现在开始，放下一切，努力学习。"声音从我背后传来，我吓了一跳，往后看去，发现原来是班主任，我望着班主任，低下了头。"想飞就应该扎实学习，哪只鸟不是经过漫长的学习才学会飞翔的？"

我用力地点点头，班主任从接班开始就一直很关注和器重我，我却做出这种事情，辜负了老师对我的期望。

班主任见我好像明白了，便什么也没再说，带我回到了班级。

后来我才知道，班主任为了找我，专程请了假，我更加不敢再不认真学习了。

评析：这一段更代表和体现了惰性思维。从小学到现在，我们有多少次，做错事的时候，考砸的时候，一个班主任就出现了，要不然就是爸爸妈妈爷爷奶奶或者远方不知哪里冒出来的表哥就出现了，或者是看见竹子了，小草了，蝴蝶了，再写到班主任出现了，还是像幽灵一样从背后出现了，然后还会一本正经地说一番神神叨叨的话，然后老师一说话，不管那句话有多老套，现实生活中听得倒胃口了，听腻了，听得没感觉了，都有了免疫力了的话，一说完，一定马上就明白了，从今往后，就浪子回头了。从小学到现在，我们写过多少这样的作文？这是生活的真实吗？这是人心的真实吗？恰恰相反，这样写下去，文章永远是没有灵魂的，因为写着写着把自己的心给丢了。想当然代替了真性情，逆转就一潭死水。

　　结尾：回到家，我不再是打开电脑，而是翻开书本，复习知识。每当我的网瘾蠢蠢欲动时，我就会想起班主任的那番话。那番话激励着我前进。

　　想要飞翔，就应该扎实学习，才能飞向天空，飞向成功！

　　评析：套话的浅薄代替了思考的深刻，结尾就成走过场。

二、化用素材修改与升格
升格文（三个版本）

有时，我也想当一回"学霸"

初三了？初三了。初三了！初三了……

　　一周，两周，三周，每天，我跟着人群走进教室，走出教室。身边仿佛都是"精英"们急促的脚步，空中似乎弥漫着"学霸"们强势的呼吸。我不由得紧张起来。有时，我也想当一回"学霸"，融入那样的脚步，拥有那样的强势。哪怕只有一回！可是为什么，我想迈开脚，却跟不上节奏；我想朝前走，却总是找不到方向？

　　修改说明：开篇点题，要有温度有热度有心跳知冷暖。

　　想当数学"学霸"是吗？眼前是一张数学月考卷，最后一题共有三步，从第二步起就是我永远的噩梦，就是我跟学霸永远无法逾越的距离！每当目光落在这片血色中，空中就如传来冷冷的笑："就你，也想当学霸？再怎么努力，你也是痴人说梦！"好吧我承认，成则霸，败为寇，我近一个月的付出就是终于把这个梦做灭了，梦醒了，我是该干嘛干嘛去了。

　　可是，我到底该干嘛去？关在房间再一次面对做不完的数学题，数学的面目变得狰狞可恶，我变得更加迷茫。于是我逃，我的心带着我逃开老师和爸妈的视线，来到手机里：一开始，一个晚上在微信朋友圈里逛个三五来回，点开一个个"深度好文"的段子，漫不经心地看完，又漫不经心地遗忘；渐渐地，我边刷屏边和一个个微信好友斗斗嘴皮，八卦八卦名星；到后来，干脆一头扎进英雄联盟，扎进王者荣耀，哈，在这虚拟的游戏世界，我再也不是从考场落败的草寇，而是指挥调动千军万马的英雄和王者！

修改说明：第一、考砸，是哪一种砸法？语文？语文的选择题？还是阅读题？还是作文题？英语？完形填空？数学呢？要具体，才能真切。第二、逃课，虽有可能，却不具有代表性，当前最有代表性的情节是玩手机。所以改为逃到手机里，并且，怎么个逃法？要用细节体现，这才是讲故事。第三、也想当学霸，这一个题目关键词要渗透整个过程。第四、这是故事情节的铺垫部分。设计思路来自将要运用的励志素材，从反面用细节分层展开。反面，指不好的一面，先把自己往坏里整，往纠结里整，往悲催里整，情节的翻转才有震撼力才能更走心。这里，围绕整天挂着QQ，刷着微博，逛着淘宝，玩着网游，不去拼不去试来设计，化为细节。

逆转第一版：用群文文本10号素材之《马云：不吃苦，你要青春干嘛？》

每次疯狂的沉沦之后，回到现实，我却无法逃避内心的空虚、失落和沉重：那个"也想当一回学霸"的梦呢？我是不是就要把它丢了？我还是有些不甘心，不甘心。

逆转第一步：过渡。从心理角度设计。

那天，照例习惯性地刷屏。无意间在朋友圈里点开了热转的一段演讲，作者是马云。

"当你不去旅行，不去冒险，不去拼一份奖学金，不过没试过的生活，整天挂着QQ，刷着微博，逛着淘宝，玩着网游，干着我80岁都能做的事，你要青春干嘛？"

第二步：引出。设计合理情境，引出所用素材。

对着这句话，我一下子怔住了！挂着QQ，刷着微博，逛着淘宝，玩着网游，每一字每一句，说的不就是我吗？我干的是什么事？80岁老人也能做的事！而我才几岁？我真的去拼过了吗？我拿我的青春都用来干嘛了？

第三步：思考。挑句中和铺垫有关的语词，做真诚的反思。

不过是网传的一段话，却唤醒了我心底那一丝早已沉寂的上进心。是啊，恰同学少年，在最能学习的时候不能选择逃避，在最能吃苦的时候我不能选择安逸，在最富有激情和梦想的时候，我应该做的，是去拼，是从实现"当一回学霸"的梦开始，这样，才对得起我的青春。

第四步：感悟。把素材的思考句改造成自己的感悟，题目关键词始终渗透。

曾经我以为我梦醒了，于是沉沦在虚拟的世界里；而今我从沉沦的梦中醒来，我想，我要继续做一个"也想当一回学霸"的梦。

结尾：在思想转变前后的对比中点题。

逆转第二版：用10号素材之《读者》杂志（1）（2）。

每次疯狂的沉沦之后，回到现实，我却无法逃避内心的空虚、失落和沉重：那个"也想当一回学霸"的梦呢？我是不是就要把它丢了？我还是有些不甘心，不甘心。如此纠结的学习状态，当然逃不过班主任的法眼。月考后某天，按照校园剧剧情的发展，我被班主任叫进办公室。

第一步：合情合理地过渡。

一番询问对话后，老班说："你的问题呀，就是太关注自己，你在拼了命地努力，你的同学不努力吗？谁都知道中考重要，一开学就都进入冲刺的阶段，都在玩命学，凭什么你一拼命就比别人强那么多啊？你是爱因斯坦啊还是柯南啊？"

我"呵"的一声笑了出来。老班接着说：

A版：就因为这次考试没有预想的好，你就把自己当做失败者自甘沉沦吗？你把自己当失败者，你在众人眼中，就真的会当你是失败者。要知道，只有当你改变了怎么看待自己时，其他人才会改变怎么看待你。所以，就算是输，你也要学会体面而有尊严地输。

B版：你想赢当然好，但是知道吗，有一种输，叫做体面并且有尊严地输。那就是，当失败与挫折来临，你应该怀着好奇心去看待它，试图弄明白它的目的：难道这是一次提醒？难道我应该做出一个更有利的决定？然后，你懂的，你一定会找到一条新的路去走，你，就会把失败变成一个漂亮的而不是愚蠢的失败，要知道，漂亮的失败就是另一种成功。

第二步：根据对话情境灵活改造素材。

一席话，如醍醐灌顶，惊醒梦中人。我终于明白，当不成一回学霸，我就选择沉溺在刷屏里，躲藏在游戏世界里，是把失败变成了世上最愚蠢的失败。而我接下去所要做的，就是，重拾"也想当一回学霸"的梦，用漂亮的失败迎来下一个成功。

第三步：以上片段是结尾，也是逆转后的领悟。注意照应铺垫部分和渗透关键词。

逆转第三版：用10号素材之"《爱，这样画出来》"和"张磊《异乡人》"。

其实在每次疯狂的沉沦之后，回到现实，我都无法逃避内心的空虚、失落和沉重：那个"也想当一回学霸"的梦呢？我是不是就要把它丢了？但是，即使有些不甘心，我还是在一次次近乎疯狂的游戏中沉沦，不知所措。直到那一天，是妈妈的生日。同学转发了一个献给母亲的视频给我，让我发给老妈当作生日礼物。我觉得这个创意不错，多么能显示我的拳拳孝心啊。于是转发之前，我点开了看。

原来，是配乐沙画视频《时间去哪儿了》：

只见一双手在画板上划动，幻化出一幕幕动人的场景。镜头一，窗户里，灯光下，沙发下，母亲陪着孩子讲故事；镜头二，树的剪影，一条长绳从树腰划出，上面晾着的儿童衣服一件件在风中飘展，鸟儿正在树巢里哺育几只幼雏；镜头三，校园上操场上，孩子们在挥着绳子欢快地跳跃，校门外，母亲推着自行车从夕阳中走来……就这样，一直演绎到年轻的母亲成为一个白发苍苍的母亲。

整个过程，伴随着那段如泣如诉的音乐：时间都去哪儿了/还没好好感受年轻就老了/生儿养女一辈子/满脑子都是孩子哭了笑了。

修改说明：设计情境，引出素材。

看着听着这段视频，我忽然一阵的心酸、心痛和心寒。这就是我送给妈妈的生日礼物，这个礼物真的很好，可是，为什么正要送出这个礼物的我，是如此的心虚无力呢？正要送出这个礼物的我，真的读懂了这份沉甸甸的爱了吗？在我沉沦的这段日子里，我，早已完全无视，也许有双眼睛，在亲眼见证我的荒唐、荒废和荒度；早已完全无视，也许有种眼神，一直在焦灼痛苦地追逐着我，在一个个无眠的夜里，那双眼睛又是如何熬到天明？

我不能再想下去，也不敢再想下去了。

修改说明：从沉沦是因为无视母爱的角度去反思，就把貌似无关的素材和文章的铺垫部分的情节联结起来了。

不久后的某一天，我与母亲一起点播《中国好声音第四季》，屏幕里，为了音乐梦想而流浪的张磊正深情地唱着：

有许多时候/眼泪就要流/那扇窗是让我/坚强的理由

我看见屏幕里有的听众在拭泪，侧头再看，母亲已然泪奔。我一阵心酸。

回想曾经沉沦的日子，在心里告诉自己：梦，是该醒了。我要从沉沦的梦里醒来，重新拾起那一个"也想当一回学霸"的梦。因为我心里也有一扇窗，有一份爱，是我坚强的理由，是我重拾梦想的理由。

三、策略运用与升格训练

1. 以待升格文《也想当一回学霸》为例，若选用课内文本备用素材入文，将选用哪个素材？运用哪些策略？怎样修改升格？

2. 以待升格文《也想当一回学霸》为例，若选用群文文本备用素材入文，将选用哪个素材？运用哪些策略？怎样修改升格？

3. 若选用多个素材、或者自己个性积累的相关素材入文，将选用哪些素材？运用哪些策略？将怎样修改升格？

（可片段训练，亦可成文）

第五章

思想光芒

选材依据：收录与科学原理、情趣理趣、思想智慧、观点评论、真知灼见、艺术鉴赏、辩证思维有关的课内文本与群文文本。

第一讲 课内文本转为备用素材

1号素材：《时间的脚印》／八下第二单元

策略：《时间的脚印》科普了岩石记录时间的科学原理，字里行间充满神奇和理趣，极大地激发读者探索自然奥秘的热情。特别是那些形形色色、大大小小的岩石记录时间痕迹的过程，足以使读者在面对大自然的鬼斧神工之时，能够少一份走马观花的到此一游，多一份深得其趣、深得其理的研学旅行。链接生活，调整情境，表现这样的理趣，转为备用素材。

示例一：游三峡，见证岩石风雨和时间（划线句为原文素材）。

去年暑假，我们一家和大姨一家去重庆游。我很不愿意去，因为两年前，我刚小学毕业那会儿，爸妈已经带我去过了。这一次，是因为大姨在重庆那里有同学和朋友在召唤，我们陪着大姨一家去的。好不容易旅行，又要去曾经去过的地方，我真的是一百个不乐意。"就一个景点会重复走，其它都是没去过的"，老爸安慰着。小孩终究作不了大人的主，只好随大部队走了。

那个重复走的景点就是小三峡。

那天，游船缓行于峡谷中，从龙门峡到巴雾峡，一路上就是青山绿水大峡谷，很幽深静美，很赏心悦目，但我感觉处处都是差不多一样的景色，只有偶尔闪现的正纵跃欢跳猿猴让我一阵兴奋。

第一次跟表哥远游，同样的风景看久了，就想跟表哥搭话。表哥比我大三岁，高中生，是个典型的"理工男"，热爱天文地理，热爱物理生物，每次他往脸上一托他的"酒瓶底"（眼镜），我就知道他又要开启对着世间万物说一番"道理"的模式了。我虽然天生没有理科细胞，却很喜欢跟哥哥聊天。表哥的视线正锁定前方，我顺着他的视线望过去，原来是在看崖壁下端聚集的一块块大岩石。"太神奇了！"表哥回头对我说。

"那不就是岩石么？"我说。

"在我看来，这些岩石都有着千万年的故事。你注意看，这峭壁下的岩石跟咱们老家的山石是不是很不一样？它们像书页一样平卧着，一层层地叠在一起；有的就算线条是倾斜的，也是一层层地叠在一起，次序丝毫不乱。"

"肯定是流水常年冲刷的结果吧。"我拼命脑补相关的地理知识也只能想到这个原因。

果然，表哥往脸上一托他的"酒瓶底"，开始给我科普：

"那我说还是刀斧劈的呢。真实的故事比这神奇多了！

"你看上面山崖有裂缝的地方，看见了没有？故事从这里开始。

"第一集：整个山崖，特别是有裂缝的地方，无时无刻不经受着从各方面来的"攻击"：炎热的阳光烘烤着它，严寒的霜雪冷冻着它，风吹着它，雨打着它，空气和水中的酸类，腐蚀了它。水流和风还不断地冲刷、吹拂着它，水和空气还能够进入岩石内部的孔隙中造成破坏它……

"第二集：部分石块开始从山崖上崩落下来，所以你会看见，在那悬崖绝壁下面，往往堆积着一大摊碎石块。

大块的石头破碎成小块的石子，小块的石子再分裂成细微的沙砾、泥土。狂风吹来了，洪水冲来了，冰河爬来了，碎石、沙砾、泥土被它们带着，开始了旅行。

"第三集：那些轻小的沙砾被风吹向高空，被水带入大海。在山麓、沟壑、河谷、湖泊、海洋等比较低洼的地方，有许多泥沙不断地被留下来，它们填充着湖泊，垫高了河床。

"第四集：再接下来，泥沙越积越厚。堆得厚了，对下层泥沙的压力也逐渐加重，泥沙中的水分被压出了许多，颗粒与颗粒之间压得很紧。在受到重压的时候，有一些物质填充到泥沙中的孔隙里去，就使泥沙胶结得更紧密了。经过长期的重压和胶结，碎石和泥沙重新形成了岩石。

"第五集：大约3000～10000年的时间，可以形成一米厚的岩石。

"第六集：你说说，要多少时间，才形成你眼前的一块一层层地叠在一起的岩石？"

218

听着听着，只觉得大脑中不断有弹幕飘过：这是我来过的那个小三峡？还是一部石头记？

那么复杂的知识，被表哥说得像一部电视连续剧一样。只不过，这部电视剧剧情太长，太曲折、太丰富、太惊心动魄，即使我没有全听懂，我也不由得对着一块岩石肃然起敬。什么叫作"智者乐山"？什么叫作对大自然的敬畏？此中有真意，欲辨已忘言。

策略说明：一、删改词句。将科普内容调整为"表哥"的语言之后，要适当删减长句、适当口语化。可比对原文调整了哪些词句。二、适当增补过渡，调整段落次序。在深度阅读的基础上，将原文的长长的解说过程重新整理出顺序，化繁为简，变成"一块岩石"的形成过程。三、借鉴主题。原文写岩石纪录时间的脚印，这里进一步深化为对大自然鬼斧神工的敬畏。

2号素材：《应该有格物致知的精神》／八下第四单元

策略：丁肇中先生在《应该有格物致知的精神》中阐明了格物致知精神在今天的重要性和真正意义。借鉴文章观点，再链接生活，会发现当前的学校教育确实还不同程度地存在着重理论轻实践的问题；就中学生群体来说，也不同程度存在着"功课好而动手能力弱"的问题，于是产生作文备用素材。

示例一：写一次物理实验课表现中学生学习高分而缺少"实验精神"的故事。

丁肇中先生说：研究科学，<u>应该有格物致知的精神，"格物致知"就是从探察物体而得到新知识</u>。格物致知的精神就是实验精神。

道理我们都懂。可是，要从我身边的同学、包括我自己在内，找几个数理化学霸是有的，但要找几个具备"实验精神"的，恐怕就难说了。

从上学期到这学期初，我们物理老师经常对我们强调实验操作的重要性，理由是："教师进修学校要来抽查实验操作。"于是我们的实验课多了起来。所谓实验课，有一大半是老师让我们背操作的流程，一小半是去实验室操作。原因是，全校那么多年段，实验室不够用，实验课只能排队上。不过，大家一上实验课，就很兴奋，感觉好玩。可惜的是，全班四五十人，没法所有人都做一遍，只能有的做，有的看。一下课，亲手做的和围着看的，都说太简单了！

终于到了抽查的日子。"初二年四班，号数带'6'的，到实验室迎检！"

我们几个"中奖"的都兴奋又不安地到了实验室。抽查题目是"用天平和量筒测定固体的密度"。

老师们在一旁观看。我们操作步骤早就背得烂熟，一把拨动天平游码到零刻线处，就开始"按部就班"起来。吱吱呀呀，丁丁当当，一会儿就都做完了，把操作结论写好了交上去。

第二天，物理老师就来公布结果。有百分四十的人结论错误，我居然也错了！这怎么可能！上一单元，我物理可是考了满分呢。

"×××，听好，负责检查的老师备注你的错误，你知道是什么吗？"

我拼命地回想。"平衡螺母，我调了……加减砝码……量筒的水读了数……小石块放入量筒也读数了……这样计算的结果怎么会错？"

我越回忆越茫然。摇头。

"你，从一开始就错了！要将天平放在水平台上再称，可是你呢？当时那天平的一端下面故意垫着一张不显眼的纸板！你一上来就拨螺母！太简单粗暴了，太想当然了！"

我一听，肠子都悔青了！

那节课，物理老师还给我们讲了一个故事：1826年，"有机化学之父"李比希读到了法国19岁青年波拉德的论文《海藻中的新元素》，吃了一惊！波拉德由于发现溴，名字载入了化学史册。而李比希看完论文，直跺脚，后悔莫及！因为两年前有德国一家厂商寄给他一瓶红棕色的液体请求鉴定。他想当然地认定瓶里的液体是氯化碘，没有再做实验，坐失良机，错过了发现新元素的机会！

我感到脸红耳赤。那100分的物理卷面成绩更照见了我的"不及格"。从实验精神的角度来说，我，真的是不及格！

我想起丁肇中先生说的那句话：第一，寻求真理的唯一途径是对事物客观的探索；第二，探索的过程不是消极的袖手旁观，而是有想象力的有计划的探索。

3号素材：《庄子与惠子游于濠梁》／八下第六单元

策略：《庄子与惠子游于濠梁》记叙庄子与惠子二人在濠水桥上游玩时展开了一场人能否知鱼之乐的辩论。辩论无关是非，两人在辩论中反映出来的敏捷和睿智，让人读后会心一笑而沉思良久。

辩论围绕一个问题展开，但判断角度却不同。惠施是从认知规律的角度，人和鱼是两种不同的生物，人不可能感受到鱼的喜怒哀乐；庄周则是从艺术规律的角度，人乐鱼亦乐，把自己的快乐移栽到鱼的情绪上，反过来更衬托出庄周的快乐。可见，懂得看出"判断"角度的不同，是一种思维能力。链接生活，借鉴笔法，可描写某一辩论场合，当事人辩而无果，"我"出面一针见血地指出矛盾所在。据此转为备用素材。

原文：

庄子与惠子游于濠梁之上。庄子曰："儵鱼出游从容，是鱼之乐也。"惠子曰："子非鱼，安知鱼之乐？"庄子曰："子非我，安知我不知鱼之乐？"惠子曰："我非子，固不知子矣；子固非鱼也，子之不知鱼之乐全矣！"庄子曰："请循其本。子曰'汝安知鱼乐'云者，既已知吾知之而问我，我知之濠上也。"

示例一：针对长辈爱拿自己和"别人家的孩子"比较这个现象调整情境。

同学 A，母亲 B，父亲 C 三人。

B：你这次考试又输给你同桌了。人家怎么那么厉害。

A：老妈，连毛主席都说："一个人能力有大小"嘛。但只要有毫无自私自利之心这点精神，就是一个高尚的人，一个纯粹的人，一个有益于人民的人……

B：还狡辩！人家就是比你有能力！

C：二位，请听我说，你们这样辩论是没有结果的。

"人的能力有大小"这句话不是绝对的。我们只能说在某一方面人的能力有大小，一个失败的数学家可能成为一个出色的教师，一个失败的企业家可能成为一个出色的作家。

你说，姚明、赵本山、莫言谁更厉害？诸葛亮、吕布谁更厉害？

我们只能说，打篮球，姚明的能力很大；演小品，赵本山的能力很大；写小说，莫言的能力很大；用兵，诸葛亮很厉害；武功，吕布很厉害……我们不能脱离特定范围一般地讲谁的能力大小。

所以，你的同桌考试赢了你，代表他的某些方面的学习能力比你大；你不是刚得过演讲竞赛一等奖吗？说明论起表达能力，你就在一定程度上超过他！

"高手在民间啊！"我和老妈无言以对，甘拜下风。五体投地。

示例二：拓展组合，掌握从不同角度去认识事物的思维能力，还可以防止给事物、人或现象简单"贴标签"。

第一种，在我们的学校教育中习惯于给历史事件和历史人物"贴标签"：某某是"爱国英雄"，某某"汉奸"；某某是"坚定的马克思主义者"，某某是"野心家"，某某是"反帝战士"，某某是"帝国主义者"……实际上，世界并非那样简单。袁世凯虽然是窃国大盗，但在推翻清廷方面却有功劳；汪精卫虽然是汉奸，但也曾经为革命事业舍生忘死；杨森虽然是一个抢男霸女恶行累累的军阀，却是一个不惜拼光自己军阀资本的抗日英雄……

第二种：给身边的人"贴标签"。社会一说中年妇女就说油腻，学生一提"理工男"就是呆板木讷瘦削戴眼镜。用简单的直线思维看人，就忽略了人真实的立体的多方位的特征。

曾有一个发生在英国校园的真实故事。

霍布是一个几十年勤勤恳恳、恪尽职守的学校清洁工。新上任的学校校长偶然发现他没有文化。校长说，我不能容忍自己的学校中有一个没有文化的人。在校长的观念中，没文化的人，就约等于是无能或者没教养的人，于是，冷酷地将霍布解雇了。为了谋生，霍布只好去卖腊肠。故事结局是："若干年以后，在英国有人不知道莎士比亚，但没人不知道'霍布的腊肠'。"

4 号素材：《敬业与乐业》／九上第二单元

策略：梁启超在《敬业与乐业》一文中提出：今日所讲，专为在职业及正在做职业上预备的人——学生——说法，告诉他们对于自己现有的职业应采取何种态度。链接生活，对中学生来说，"业"就是学业。那么中学生如何认识"敬业乐业"这四个字？据此调整情境，转为备用素材。

原文片段一：

我确信"敬业乐业"四个字，是人类生活的不二法门。

本题主眼，自然是在"敬"字、"乐"字。但必先有业，才有可敬、可乐的主体，理至易明。所以在讲演正文以前，先要说说有业之必要。

孔子说："饱食终日，无所用心，难矣哉！"又说："群居终日，言不及义，好行小慧，难矣哉！"孔子是一位教育大家，他心目中没有什么人不可教诲，独独对于这两种人便摇头叹气说道："难！难！"可见人生一切毛病都有药可医，惟有无业游民，虽大圣人碰着他，也没有办法。

示例一：中学生要敬"学业"乐"学业"。

梁启超说"敬业乐业"四个字，是人类生活的不二法门。中学生还没有进入社会就职，是不是就不用理会这四个字了呢？我们说，中学生也有"业"，只不过这个"业"不是职业，而是"学业"。从这个角度看，"敬业乐业"的道理同样适用于中学生。

首先，先要有业，才有可敬、可乐的主体。

孔子说："饱食终日，无所用心，难矣哉!"又说："群居终日，言不及义，好行小慧，难矣哉!"孔子是一位教育大家，他心目中没有什么人不可教诲，独独对于这两种人便摇头叹气说道："难! 难!"可见人生一切毛病都有药可医，惟有心中无学业之人，虽大圣人碰着他，也没有办法。

策略说明：调整为谈中学生之"业"，就要将调整的理由作一个说明，所以增补过渡句为第一段；将文中专指成人之"职业"的内容，置换为"心中有学业"，就适用于中学生。

示例二：删改部分内容，用来表达什么是"敬"，为什么对学业要"敬"。

（1）凡做一件事，便忠于一件事，将全副精力集中到这事上头，一点不旁骛，便是敬。

（2）凡可以名为一件事的，其性质都是可敬。当大总统是一件事，拉黄包车也是一件事。事的名称，从俗人眼里看来，有高下；事的性质，从学理上解剖起来，并没有高下。只要当大总统的人，信得过我可以当大总统才去当，实实在在把总统当作一件正经事来做；拉黄包车的人，信得过我可以拉黄包车才去拉，实实在在把拉车当作一件正经事来做，便是人生合理的生活。这叫做职业的神圣。中学生之"学业"，也是同样的神圣。

示例三：拓展组合（名言＋解释），用来谈敬业的道理：一是专志，二是不祈求本分以外的事情。

（1）曾国藩说："坐这山，望那山，一事无成。"说的就是一心二用，分心事外，将一事无成。

（2）庄子说："用志不分，乃凝于神。"运用心思，专一而不分散，精神便会集中起来。

（3）孔子说："素其位而行，不愿乎其外。"按与他平素所处的地位，做他所当做的事，而且不祈求本分以外的事情。

示例四："职业"调整为"学业"后，可畅谈怎么对待学习之苦，怎么乐业。

对学业来讲，怎样"乐业"？"读书好苦呀好累呀!"这种叹气的声音，经常都会从我们口边喊出来。

……

我想天下第一等苦人，莫过于无业游民，终日闲游浪荡，不知把自己的身子和心子摆在哪里才好，他们的日子真难过。

第二等苦人，便是厌恶自己本业的人，这件事分明不能不做，却满肚子里不愿意做。不愿意做逃得了吗？到底不能。结果还是皱着眉头，哭丧着脸去做。这不是专门自己替自己开玩笑吗？

我们说："学习其实都是有趣味的，只要你肯继续学下去，趣味自然会发生。"为什么呢？第一，因为所有的学习，总有许多层累、曲折，倘能身入其中，看它变化、进展的状态，最为亲切有味。第二，因为每一分学业之成就，离不了奋斗；一步一步的奋斗前去，从刻苦中将快乐的份量加增。第三，学业性质，常常要和同学比较并进，好像赛球一般，因竞胜而得快感。第四，专心学业时，把许多游思、妄想杜绝了，省却无限烦闷。

孔子说："知之者不如好之者，好之者不如乐之者。"中学生能从学业中领略出趣味，生活才有价值。

5号素材:《论教养》/九上第二单元

策略:《论教养》文中列举了许多"有教养"及"无教养"的细节。对照自省，最容易嫁接到自己的生活中来，转为备用素材。

原文片段一:

我确信，一个人是不是真正有教养，首先要看他在自己家里、在自己亲属之间的表现，看他和亲人们的关系究竟怎么样。

一个男人，假如他在街道能为陌生的妇女让路，让她先行，乘坐公共汽车时，能让妇女首先上车，甚至亲手为她把车门打开，可是他在家里，却懒得帮助疲惫不堪的妻子刷洗餐具——那么，我们可以断定这个男人还存在着教养上的缺陷。

假如一个男人跟朋友和熟人见面时彬彬有礼，可是在家里对妻子儿女动不动就大发雷霆——那就可以肯定他不是个有教养的人。

一个人，如果对自己亲人的性格、心理缺乏了解，对他们的习惯和愿望总是漠不关心，那就不能说他是个有教养的人。

假如一个人已经进入成年，仍把接受父母的关爱看作理所当然的事情，与此同时却看不到父母也需要关爱和帮助，那么同样不能说他是个有教养的人。

示例一：教养体现在与"亲人"的关系中。链接生活，调整情境，将原文中的"社会人"置换为"中学生"，相应细节也做合情合理地调整。

我确信，一个人是不是真正有教养，首先要看他在自己家里、在自己亲属之间的表现，看他和亲人们的关系究竟怎么样。

一个男生，假如他在学校能为陌生的老师让路，让他先行；班级的公共事务，出板报、打扫卫生、收发作业等积极主动地要求去做，可是他在家里，却懒得帮助疲惫不堪的父母刷洗餐具或者饭来张口吃饱喝足之后将饭碗一放就走——那么，我们可以断定这个男生还存在着教养上的缺陷。

假如一个女生跟朋友和熟人见面时彬彬有礼，可是在家里对爸爸妈妈动不动就大发雷霆——那就可以肯定她不是个有教养的人。

一个人，如果对自己亲人的性格、心理缺乏了解，对他们的习惯和愿望总是漠不关心，那就不能说他是个有教养的人。

假如我们当中有的人，上了中学后仍把接受父母的关爱看作理所当然的事情，与此同时却从来看不到、感受不到哪怕一丝丝的父母也需要关爱和帮助的地方，那么同样不能说这是个有教养的人。

原文片段二：

假如一个人在家里，不管是不是有人在看书或者在做功课，即便做功课的是他年龄幼小的孩子，他都不管不顾地打开收音机或者电视，并且把音量放得很大，或者随心所欲地高声说话——那么，可以断定这个人缺乏教养，而且他永远也不会把自己的子女培养成有涵养的人。

假如一个人喜欢跟妻子或者孩子们开玩笑，却不顾及他们的自尊心，尤其是当有外人在场的时候，还要一意孤行，恕我直言，这样的人简直蠢到了极点！

一个有教养的人，必定从心里愿意尊重别人，也善于尊重别人。对他来说，礼貌待人不仅习以为常，轻松自然，而且能让他心情愉快。有教养的人对别人一律谦让和礼让，无论接触的人年长还是年幼，是社会贤达还是平民百姓。

示例二：教养体现在同学之间。链接生活，调整情境，将原文中的"成人"置换为"中学生"，"家里"置换为"教室"，相应细节也做合情合理地调整。

假如一个学生在上自习的教室里，不管有人在看书、在做作业，他都不管不顾用力推动椅子发出声响，并且旁若无人地来回走动，或者随心所欲地高声说话——那么，可以断定这个人缺乏教养，而且他还完全没有意识到自己是个缺乏涵养的人。

假如一个同学喜欢开别人的玩笑，尤其是嘲笑别人"胖子""白痴"之类，甚至揭开别人不愿为人知的隐私之类，不顾及他们的自尊心，尤其是当同学集体在场的时候，还要一意孤行，恕我直言，这样的人简直蠢到了极点！

一个有教养的人，必定从心里愿意尊重别人，也善于尊重别人。对他来说，礼貌待人不仅习以为常，轻松自然，而且能让他心情愉快。有教养的人对别人一律谦让和礼让，无论接触的人年长还是年幼，是社会贤达还是平民百姓，是班级的"三好学生"还是"吃瓜群众"。

原文片段三：

（1）一切优雅风度的基础其实是一种关照态度——时时刻刻要记住：一个人不应该妨碍他人的生活，要让大家都有良好的自我感觉。

（2）必须以尊重的态度对待别人。如果你懂得了这一点，再加上几分随机应变的智慧，那么风度就会自动来到你的身边。

示例三：借鉴此句的立意，链接生活，写一个关于"文明与教养"的故事。

待升格文：

素质文明的重要

教室里，同学们正在专心听课，忽然一声闷响，原来是小明同学的爸爸一脚踢开了门，全班同学的目光投向了他，老师也惊讶得愣住了。走向小明的爸爸。

一看，小明的爸爸满头大汗，气喘吁吁的，肯定是跑过来的。到底是为了什么事，让他如此心急呢？原来是小明丢三落四，把作业给落在家里了。他的爸爸怕他受到老师的惩罚，所以连门也不敲，就一脚踢了进来。可见他是多么关心小明，多么爱他呀！可怜天下父母心。每个父母都是非常关爱自己的子女的。但他的父亲这一踢，却让小明发生了一个巨大的改变，他父亲来到教室还说了脏话，让原来活泼快乐的小明变得无地自容忧郁无语。这能怪谁呢？还不得怪他的父亲，要不是他没素质，没文明能这样吗？可见文明与素质多么重要了，断送了一个孩子的前程。

这时，老师讲了一个故事：有三个大学生去面试，第一个进去看见地上有张纸，不理不睬，马上就被宣布淘汰了；第二个进去只是把那块纸给踢到一边，也被淘汰了；第三个进去把纸给捡到了垃圾筒，被录取了。第三个大学生疑惑地问：还没面试怎么就被录取了呢？经理就说：从你刚才的行为就能看出你是一个有文明的人了。

现在的企业大部分是这样的，不是真正面试，而是在考验他，如有一次我听到了爸爸的朋友说的：他大学毕业去面试，走进办公室，老板没叫他坐下，他就自作主张坐下，还翘起二郎腿，就被淘汰了。老板说他没素质，他现在也后悔莫及了。

从这两个事例中，我们可以看出，当今社会都是要有文明、有素质的人。"文明、素质"，说也简单，做更难。不能时常挂在嘴边。要用实际行动去证明，证明我们是有文明、有素质的，不是只会粗言野语的，未来的社会，没文明，没素质的人就不是人了。

从现在做起，从小事做起，让我们一起创建一个文明、素质的大家庭，让我们携手共进，让我们一起加油、努力吧。

简评：这篇习作中存在中学生作文的诸多典型问题：1. 文体不明；2. 主题分散；3. 故事不完整；4. 叙述代替描写；5. 部分语言表达夸张。

升格文：借鉴"时时刻刻要记住：一个人不应该妨碍他人的生活，要让大家都有良好的自我感觉"的立意，以"教养"为核心，修改此文。

做一盏温暖的灯

教室里，同学们正在专心听课，忽然一声闷响，"砰——"教室门突然打开了，准确地说，是被人用脚使劲踹开的。

同学们顿时大惊，眼睛齐往大门方向望，老师也惊住了，停了讲课，把头转向门口。

是小 A 的爸爸！他简直是冲进来的，手里抓着一黑色塑料袋，他径直冲向小 A 的课桌，把袋子往桌上一摔，吼道："你个臭小子，笨小子，什么时候改改你丢三掉四的毛病！给！作业！"

"啪！"，又一声闷响，作业本被甩在小 A 的课桌上，"啪"，一声闷响，有一个本子被甩出，飞落在课桌下。

"以后少让老子着急！听到没有?！"

"老师你继续上课，继续上课！走了！"

"砰！"虽然这一声关门，似乎没那么刺耳了。但从这一声闷响中回过神来的老师和同学们，都不约而同把目光投向了小 A。

而坐在小 A 侧边的我，分明看到了，小 A 正低着头捡起本子，低着头很机械地把课桌上的书和本子挪过来又挪过去，低着头不说话。在教室瞬间的沉默中，他那低着的脸似乎已经绷成了酱紫色，又转而变得惨白。一张脸就这样一直深深地埋着，如千斤重一般再也抬不起来。

小 A，在我们班老师、同学心目中一直很优秀的小 A，此刻，陷入了无限的窘迫之中。这窘迫的气息传染到了我。我明白，换成是我，这样一个父亲，哪怕他是那样为我着急，那样爱我，当他以如此不文不雅、粗鲁无状的形象出现在老师和同学面前时，除了低头，我还能做什么？

在窘迫的气息中，老师又继续讲课了，课堂又恢复了常态。而那"砰"的一声闷响，却在我耳边挥之不去。

那一声闷响，让我想起了杂志上写的，一个大学生因在面试时顺手把地上的废纸捡起放垃圾筒，而PK掉两个视废纸而不见的竞争对手被录取的故事。

那一声闷响，让我想起了爸爸曾经讲起的，他的朋友在见客户时因不打招呼就坐下还翘起二郎腿而把生意谈黄了故事。

我终于懂得了，在这个世上，无论是亲人，是朋友，还是陌生人之间，文明与素养四个字，就如一盏灯。灯光黯淡，会把人推向冰河，心门紧闭；只有灯光温暖，才能照亮四周，点燃笑容。

"同学们，下课时间到了……"，广播里，下课钟声响了，是伴随着柔和的音乐声和柔和的广播女声响起的。我知道，那一声闷响逐渐远去了，我和小A，和我的同学们，都明白了一个人不应该妨碍他人的生活，必须时刻记住以尊重的态度对待别人，我们都愿意看到有更多讲文明、有教养的人，为这世界平添更多的和谐之音，温暖之光。

策略说明：一、将"把"不文明、没素养"化为细节描写，增强镜头感。二、以"一声闷响"为线索组织全文，使内容集中，主题突出。三、所有构思，紧紧围绕主题"要做个文明有素质的人"来展开。例如题目以"温暖的灯"做比喻，感悟部分也以"灯"为喻。四、将《论教养》的素材句化成全文的主题句。教养的底线是"不妨碍他人"。

6号素材：《精神的三间小屋》/九上第二单元

策略：在物欲横流的时代，呵护自己的心灵、构建自己的精神世界是一件可贵而必要的事情。为自己的精神建造三间小屋，安放自己的爱恨、事业以及精神，在自己的精神小屋中，没有旁人，我们只与自己真实的心灵相对。在这样的空间中，真善美的花朵才会璨然开放，我们的灵魂才会更加圣洁而高雅。毕淑敏《精神的三间小屋》形象地表达关注自我关注精神世界的思想。其中有不少可以直接摘录的素材；对照自我，反躬自省，也能产生新的素材。

示例一：直接摘录，并梳理运用方向，表达做不到精神世界的博大，也要为自己修建精神的小屋安放自己。

1. 面对那句——人的心灵，应该比大地、海洋和天空都更为博大的名言，自惭自秽。我们难以拥有那样雄浑的襟怀，不知累积至哪种广袤，需如何积攒每一粒泥土，每一朵浪花，每一朵云霓？

甚至那句恨不能人人皆知的中国古话——宰相肚里能撑船，也让我们在敬仰之余，不知所措。也许因为我们不过是小小的草民，即便怀有效仿的渴望，也终是可望而不可及，便以位卑宽宥了自己。

2. 身体活动的空间是可以计量的，心灵活动的疆域，是否也有个基本达标的数值？

有一颗大心，才盛得下喜怒，输得出力量。于是，宜选月冷风清竹木萧萧之处，为自己的精神修建三间小屋。

示例二：以下片段的立意，与普希金"心儿永远向往着未来/现在却常是忧郁/一切都是瞬息，一切都将会过去/而那过去了的，就会成为亲切的怀恋"相近，都表现坚强、积极、阳光的人生态度。但毕淑敏的表达特别形象可感，读来更"走心"。若能选用句子转为素材，更符合素材的"陌生化"原则。

(1) 精神小屋第一间，盛着我们的爱和恨。对父母的尊爱，对伴侣的情爱，对子女的疼爱，对朋友的关爱，对事业的热爱，对万物的慈爱，对生命的珍爱……对丑恶的仇恨，对污浊的厌烦，对虚伪的憎恶，对卑劣的蔑视，对艰辛的抱怨……这些复杂对立的情感，林林总总，会将这间小屋挤得满满，间不容发。

(2) 你的一生，经历过的所有悲欢离合喜怒哀乐，仿佛以木石制作的古老乐器，铺陈在精神小屋的几案上，一任岁月飘逝，在某一个金戈铁血之夜，它们会无师自通，与天地呼应，铮铮作响。假若爱比恨多，小屋就光明温暖，像一座金色池塘，有红色的鲤鱼游弋，那是你的大福气。假如恨比爱多，小屋就阴风惨惨，厉鬼出没，你的精神悲戚压抑，形销骨立。

(3) 如果想重温祥和，就得净手焚香，洒扫庭院。销毁你的精神垃圾，重塑你的精神天花板，让一束圣洁的阳光，从天窗洒入。

(4) 无论一生遭受多少困厄欺诈，请依然相信人类的光明大于暗影。哪怕是只多一个百分点呢，也是希望永恒在前。所以，在布置我们的精神空间时，给爱留下足够的容量。

策略说明：虽然是直接摘录，但要基于对文本的深度阅读。素材进入作文时才有可能灵活的转化。以上片段，(1) 是写小屋里有什么；(2) 是写小屋是什么状态；(3) 是写怎么经营；(4) 经营的意义。

原文片段：

第二间小屋，盛放我们的事业。

一个人从 25 岁开始做工，直到 60 岁退休，他要在工作岗位上度过整整 35 年的时光。按一日工作 8 小时，一周工作 5 天，每年就要为你的职业付出 2000 个小时。倘若一直干到退休，那就是 70000 个小时。在这个庞大的数字面前，相信大多数人都会始于惊骇终于沉思。假如你所从事的工作，是你的爱好，这 70000 个小时，将是怎样快活和充满创意的时光！假如你不喜欢它，漫长的 70000 个小时，足以让花容磨损日月无光，每一天都如同穿着淋湿的衬衣，针芒在身。

我不晓得一下子就找对了行业的人，能占多大比例？从大多数人谈到工作时乏味麻木的表情推算，估计这样的幸运儿不多。不要轻觑了事业对精神的濡养或反之的腐蚀作用，它以深远的力度和广度，挟持着我们的精神，以成为它麾下持久的人质。

……

我们的事业，是我们的田野。我们背负着它，播种着，耕耘着，收获着，欣喜地走向生命的远方。规划自己的事业生涯，使事业和人生，呈现缤纷和谐相得益彰的局面，是第二间精神小屋坚固优雅的要诀。

示例三：以上原文片段从成人的角度谈事业与人生。调整情境为中学生角度，从中学生的角度，也算一笔时间账。其中的数字计算过程，会成为特别有新意的素材。

我们从 8 岁开始上学，直到 20 岁高中毕业，要在学校里度过整整 12 年的时光。假设按一日平均学习 8 小时，一周上课 5 天，每学期 4 个月，每年我们至少要为学业付出 1280 个小时。倘若一直读到大学，甚至研究生，那就是 20480 甚至 24320 个小时。在这个庞大的数字面前，相信大多数人都会始于惊骇终于沉思。假如我们热爱学习，从中有获得感和成就感，这 20480 个小时，将是怎样快活和充满创意的时光！假如我们不喜欢它，漫长的 20480 个小时，足以让花容磨损日月无光，每一天都如同穿着淋湿的衬衣，针芒在身。

我不晓得真正喜欢上学的人，能占多大比例？从大多数人谈到上学时乏味麻木的表情推算，估计这样的幸运儿不多。不要轻觑了学业对精神的濡养或反之的腐蚀作用，它以深远的力度和广度，挟持着我们的精神，以成为它麾下持久的人质。

……

我们的学业，是我们的田野。我们背负着它，播种着，耕耘着，收获着，欣喜地走向生命的远方。规划自己的学业生涯，使学业和人生，呈现缤纷和谐相得益彰的局面，是第二间精神小屋坚固优雅的要诀。

原文片段：

（1）第三间，安放我们自身

……

（2）在我们的小屋里，住着所有我们认识的人，惟独没有我们自己。我们把自己的头脑，变成他人思想汽车驰骋的高速公路，却不给自己的思维，留下一条细细的羊肠小道。我们把自己的头脑，变成搜罗最新信息网络八面来风的集装箱，却不给自己的发现，留下一个小小的储藏盒。我们说出的话，无论声音多么嘹亮，都是别的喉咙嘟囔过的。我们发表的意见，无论多么周全，都是别的手指圈画过的。我们把世界万物保管得好好，偏偏弄丢了开启自己的钥匙。在自己独居的房屋里，找不到自己曾经生存的证据。

（3）如果真是那样，我们的精神小屋，不必等待地震和潮汐，在微风中就悄无声息地坍塌了。它纸糊的墙壁化为灰烬，白雪的顶棚变作泥泞，露水的地面成了沼泽，江米纸的窗棂破裂，露出惨淡而真实的世界。你的精神，孤独地在风雨中飘零。

……

（4）当我们把自己的精神小屋建筑得美观结实、储物丰富之后，不妨扩大疆域，增修新舍，矗立我们的精神大厦，开拓我们的精神旷野。因为，精神的宇宙，是如此地辽阔啊。

示例四：以上原文片段适用于所有个体和人群。如果进一步链接自己生活中的细节，勇敢地反省自己，解剖自己，则可以转为新鲜不俗的素材。此文形象深刻，值得中学生背诵。可在引用精华的基础上，在上文片段（1）（2）之后，（3）（4）之前，增加以下内容。

还记得语文老师曾经这样点评我们月考的年段作文吗？100篇作文里，有14篇写考砸了就看蝴蝶小鸟蜘蛛蚂蚁小草小花，或听别人说一句"失败了不要放弃，努力了就会成功"之类的话就振作起来的；有6篇写学骑自行车摔倒、学炒菜炒糊、第一次自己待在忽然停电的小屋恐惧后就长大了的；有8篇是通篇写别人的或媒体上的心灵鸡汤励志故事的？

当我们这样写作的时候，试问，我们真的去凝视过一只蝴蝶吗？我们的心真的悸动过吗？如果真的悸动过，那蝴蝶破茧而出的瞬间我们的心跳在哪儿？如果没有，那就是我们写着写着就把自己丢了。难怪老师说，我们总是在"用自己的舌头唱别人的歌"。

7号素材：《怀疑与学问》/九上第五单元

策略：《怀疑与学问》一文阐述了怀疑之于学问的重要意义。文中处处是至理臻言，可以直接摘录。而链接生活，则要用生活中的实例来印证怀疑对于做学问的意义。据此转为备用素材。

示例一：以下片段可直接摘录，阐述重点分加别是：（1）（2）句，怀疑的重要性；（3）句，什么是怀疑精神；（4）句，怀疑的作用一：辨伪去妄；（5）句怀疑的作用二：建设新学说、启迪新发明；（6）句综述怀疑的意义。

（1）学者先要会疑。——程颐

（2）在可疑而不疑者，不曾学；学则须疑。——张载

（3）我们对于传说的话，不论信不信，都应当经过一番思考，不应当随随便便就信了。我们信它，因为它"是"；不信它，因为它"非"。这一番事前的思索，不随便轻信的态度，便是怀疑的精神。这是做一切学问的基本条件。

（4）我们不论对于哪一本书，哪一种学问，都要经过自己的怀疑：因怀疑而思索，因思索而辨别是非。经过"怀疑""思索""辨别"三步以后，那本书才是自己的书，那种学问才是自己的学问。否则便是盲从，便是迷信。孟子所谓"尽信书不如无书"，也就是教我们要有一点怀疑的精神，不要随便盲从或迷信。

（5）怀疑不仅是消极方面辨伪去妄的必需步骤，也是积极方面建设新学说、启迪新发明的基本条件。对于别人的话，都不打折扣地承认，那是思想上的懒惰。这样的脑筋永远是被动的，永远不能治学。只有常常怀疑、常常发问的脑筋才有问题，有问题才想求解答。在不断地发问和求解中，一切学问才会发展起来。

（6）一切学问家，不但对于流俗传说，就是对于过去学者的学说也常常抱怀疑的态度，常常和书中的学说辩论，常常评判书中的学说，常常修正书中的学说：要这样才能有更新更善的学说产生。

示例二：链接生活，例举怀疑精神如何辨伪去妄、建设新学说。以一道议论文的写作题为例。

对于不少年轻人来说，若没有日历的提示，一些传统佳节到底是哪天可能并不清楚。诸如"寒食节""重阳节""腊八节"，其起源、内涵、习俗早被淡忘。而感恩节、圣诞节等西方节日，却得到不少人的热捧；像11月11日"双十一"，5月17日"吃货节"等人造节日，也已成为大众购物消费的狂欢节。

我们究竟需要怎样的节日？请综合材料内容及含意作文，表明你的态度，阐述你的看法。一习作写到"我们需要怎样的节日"部分，是这样表述的：

那些现代才创造出的节日，如"双十一""吃货节"等，就更是一些只图快乐，而没有营养的节日了。我们应该学会舍弃。

我们运用"层层质疑"的方法，来尝试辨伪去妄、建设新学说。
反思与质疑一：从这句话是"谁"说的角度质疑。

你是以学生的身份说这句话的，你确信你的话能代表和概括过人造节的所有成年人的感受吗？

质疑引发反思一：

作为学生，只图快乐过人造节是不错；成年人呢？好像有不少是为了省钱。

修整判断一：

"只图快乐"改为"求取省钱消费和满足口腹的快乐"或"让大多数人只图一时的快乐"。

反思与质疑二：从"快乐""营养"这两个概念的内涵上质疑。

"快乐"的内涵有很多。你说的"快乐"是指哪一种？"营养"的内涵有很多，你说的"营养"指哪一种？

质疑引发反思二：

快乐，有精神的，物质的，有高雅的，有释放的，有轻松的，购物完跟众人交流狂欢的心得也是快乐；营养如果指物质的营养，等同于认定"吃货节"这一天的食物都是垃圾食物，显然简单粗暴了。

修整判断二：

"只图快乐"改为"求取省钱消费和满足口腹的快乐，以及从众社交的快乐";"没有营养"改为"缺少精神营养"。

反思与质疑三：从这句话是在"什么地点""什么情况"下说的来质疑。

你是在考试、或交作业的情况下写作文的，你的这些话主要是为了完成任务而写的吗？主要是给老师看的吗？你可以为你的话负责任吗？

质疑引发反思三：

我是为学给老师看的，所以当然说传统节日好，人造节不好啦。我从来没想到要为我说的话负责。

修整认识三：

作为一个合格的公民，而不仅仅是学生来说话，要本着为自己的言论负责的态度说话。

反思与质疑四：从"为什么"要舍弃人造节的角度来质疑。

既然你认定人造节是"只图快乐，而没有营养"的节日，所以要舍弃人造节，那么，你自己真心会这样做吗？你能确认所有过人造节的成年人会被你说服从此"舍弃"了吗？

质疑引发反思四：

这好像不是我内心真实的想法，我有时也会过人造节的，只是相对理智一点。我可不敢保证所有成年人都会被我说服！

修整判断四：

"要舍弃"三个字改为"过过可以，只是不要太沉溺其中"。或"可以加入狂欢的行列，但请在心里保留对传统节日的一份敬畏之心。"

反思质疑五：从到底应该"怎么做"的角度来进一步提出思考。

我的姑姑曾经在双十一网购东西给小侄子吃，既省钱又表达关爱。你说她"只图快乐"吗，我不服；我自己很喜欢"吃货节"推出的中华美食，你却说没"营养"，我也不服。对此，你怎么解释？

质疑引发反思五：

啊，经不起这样的推敲，原来我的表达有这么多漏洞。确实也有情感的成份，也不是没有精神营养。汗！

修整判断五：

那些人造节，如"双十一""吃货节"等，除去一小部分人是通过购物表达亲情与关爱、体验中华的美食文化之外，更多的是……

综合判断：辨伪去妄、建设新学说，形成相对理性的判断。

人造节的意义，如"双十一""吃货节"等，除去一少部分人通过购物表达亲情与关爱、体验中华的美食文化之外，更多是的带给我们省钱消费的快乐，口腹满足的快乐，更多的是物质层面的享受，它带来的满足感是短暂的，也是取代不了任何一个传统节日的。所以，当人造节到来之际，我们可以加入狂欢的行列，但请在心里同时保留对传统节日的一份敬畏之心。

策略说明：一、初中阶段写议论文，一般是举各种例子来证明一些本来已经相对正确的道理。比如，议论"面对挫折要坚强"，就举名言或事例来证明坚强的意义。但这不是写议论文的正方向。从议论文的文体上看，议论文不是论点文，也不是论据文，而是论证文。论点是靠论证"辩"出来"逼"出来的。抛出一个观点或一个关键词，主动寻求漏洞与不足，主动寻求不利于己的潜在观点，利用漏洞或不足为弹跳点，跃入下一个层次；通过瓦解显在或潜在的反对观点，消解对立面，使观点的成立可能性达到最大。当然，初中生不要求这么复杂，但进行简单的思维训练还是必要的，至少可以不再那么"想当然"地抛出观点和议论，至少让议论显得有点逻辑，经得起一点儿推敲。并不是把《怀疑与学问》文章读完，就置之不理，继续盲从，继续迷信，这绝不是做学问的正途。相反的，以这篇文章为出发点，给学生上点逻辑思维课，便有可能产生创造的火花。上述观点的更正过程，就体现了思维的力量，体现了思维创造的快乐。

二、"质疑"是一种能力，是有路径可以到达的。上文依次从"六个角度"去一一质疑，也就是英语中的 Who、What、Where、When、Why、How，尤其是"What、Why、How"，只要尝试着去问，就能发现不足，发现漏洞，然后再尽量调整和修改，就有可能辨伪去妄，就有可能建设新学说。

8 号素材：《山水画的意境》/九下第四单元

9 号素材：《一滴水经过丽江》/八下第五单元

策略：《山水画的意境》着重阐述"意境"二字的内涵和"造境"的艺术。从美学的角度，对中学生是很好的启蒙；从语文学科诗歌鉴赏的角度，也是很好的启蒙。文学和艺术在此文中是打通了的。阅读的过程重在有"我"的参与，有"我"就一定有联想想象或生活的链接，据此转为备用素材。

原文片段一：

在我们的古诗里，往往有很好的意境。虽然关于"人"一句也不写，但是，通过写景，却充分表现了人的思想感情，如李白《送孟浩然之广陵》的诗句：

故人西辞黄鹤楼，烟花三月下扬州。孤帆远影碧空尽，惟见长江天际流。

这里包含着朋友惜别的惆怅，使人联想到依依送别的情景：帆已经远了，消失了，送别的人还遥望着江水，好像心都随着帆和流水去了……情寓于景。这四句诗，没有一句写作者的感情如何，尤其是后两句，完全描写自然的景色，然而就在这两句里，使人深深体会到诗人的深厚的友情。

示例一：置换原文诗句为岑参《白雪歌送武判官归京》去鉴赏意境。

在我们的古诗里，往往有很好的意境。虽然关于"人"一句也不写，但是，通过写景，却充分表现了人的思想感情，如岑参《白雪歌送武判官归京》诗的末句：

轮台东门送君去，去时雪满天山路。山回路转不见君，雪上空留马行处。

这里包含着朋友惜别战友的惆怅，使人联想到依依送别的真情：马已经远了，消失了，送别的人还站在雪地里，望着山路的尽头，望着战友远去的马蹄印，好像心都随着山和雪花去了……情寓于景。这四句诗，没有一句写作者的感情如何，尤其是后一句，完全描写自然的景色，然而就在这两句里，使人深深体会到惜别战友的依依深情。又如白居易的《琵琶行》，也有异曲同工之妙：琵琶女一曲虽终，而回肠荡气、惊心动魄的音乐魅力并没有消失。诗人用"东船西舫悄无言，唯见江心秋月白"的景物描写，将听者"沉醉音乐而不自知、久久地回味"的情绪都烘托出来。

原文片段二：

意境的产生，有赖于思想感情，而思想感情的产生，又与对客观事物认识的深度有关。要深入全面地认识对象，必须身临其境，长期观察。例如，齐白石画虾，就是在长期观察中，在不断表现的过程中，对虾的认识才逐渐深入了，也只有当对事物的认识全面了，做到"全马在胸""胸有成竹""白纸对青天""造化在手"的程度，才能把握对象的精神实质，赋予对象以生命。我们不能设想齐白石画虾，在看一眼画一笔的情况下能画出今天这样的作品来，而是对虾的精神状态熟悉极了，虾才在画家的笔下活起来的。对客观对象不熟悉或不太熟悉，就一定画不出好画。

示例二：以上片段链接到八下五单元的《一滴水经过丽江》，意义在于，阅读了《山水画的意境》这样的文章，提高了对美的鉴赏能力，加大了对艺术创造的理解深度，这时候，回头再观照阅读过的文章，就可以进一步用审美的眼光，去探究出文章更多的艺术魅力。这就是以读促写，以写促读，再以读带写。

意境的产生，有赖于思想感情，而思想感情的产生，又与对客观事物认识的深度有关。要深入全面地认识对象，必须身临其境，长期观察。

例如，阿来写《一滴水经过丽江》，对丽江进行了几乎全景式的介绍，用一个又一个小小的镜头，串起了丽江的地理位置、自然风景、历史发展、当代风貌、文物古迹、民俗民风。有了全局的统筹，作者又把握住重点，较少有具体详细的刻画，而是着重抓其神髓，那就是表现丽江的人文内涵，无论是历史还是现状，都突出人的要素。有了人的创造，城市才有了厚度，这也正是丽江吸引游客的地方。而正是基于以上对丽江认识的深度，字里行间，我们都能看到作者的喜爱和赞美。我们从作者运用第一人称，以一滴水的行踪为线，跳跃整个丽江，"借水抒情"的写法，可以充分体会到作者内心的思想感情。

可见，作者就是在长期观察中，在不断表现的过程中，对丽江的认识才逐渐深入了，也只有当对事物的认识全面了，做到"全马在胸""胸有成竹""白纸对青天""造化在手"的程度，才能把握对象的精神实质，赋予对象以生命。我们不能设想阿来写此文时，在想起一点才写一点的情况下能写出今天这样的灵动而有内涵的作品来，而是对丽江的人文内涵熟悉极了，丽江在作家的笔下才有了神韵。对客观对象不熟悉或不太熟悉，就一定写不出有意境的佳作。

10 号素材：《驱遣我们的想象》／九下第四单元

策略：叶圣陶在《驱遣我们的想象》中几乎是手把手地教我们打开想象的路径。想象，是进行诗歌鉴赏所应具备的基本素养。以此为引，将文中的想象化为更直观的路径，引导我们去鉴赏其它的诗歌。

原文片段：

王维的一首诗中有这样两句：大漠孤烟直，长河落日圆。

……

要领会这两句诗，得睁开眼睛来看。看到的只是十个文字呀。不错，我该说得清楚一点：在想象中睁开眼睛来，看这十个文字所构成的一幅图画。这幅图画简单得很，景物只选四样，大漠、长河、孤烟、落日，传出北方旷远荒凉的印象。给"孤烟"加上个"直"字，见得没有一丝的风，当然也没有风声，于是更来了个静寂的印象。给"落日"加上个"圆"字，并不是说唯有"落日"才"圆"，而是说"落日"挂在地平线上的时候才见得"圆"。圆圆的一轮"落日"不声不响地衬托在"长河"的背后，这又是多么静寂的境界啊！一个"直"，一个"圆"，在图画方面说起来，都是简单的线条，和那旷远荒凉的大漠、长河、孤烟、落日正相配合，构成通体的一致。

像这样驱遣着想象来看，这一幅图画就显现在眼前了。同时也就接触了作者的意境。读者也许是到过北方的，本来觉得北方的景物旷远、荒凉、静寂，使人怅然凝望。现在读到这两句，领会着作者的意境，宛如听一个朋友说着自己也正要说的话，这是一种愉快。读者也许不曾到过北方，不知道北方的景物是怎样的。现在读到这两句，领会着作者的意境，想象中的眼界就因而扩大了，并且想想这意境多美，这也是一种愉快。

示例一：依据原文，理出驱遣想象的直观路径。

看到文字，读到字面意思。

↓

看到文字当中的"物"所构成的图，紧扣"物"（也叫意象）想象形状、大小、颜色、远近、添加声音、明暗、味道、软硬质感等，最后构图，选词来表达形成的印象（意境）。

↓↓

看到诗句当中的修饰词，紧扣修饰词想象动态、情态等，从"为什么"会有这样的情态动态中看见构图中的隐藏的特点。

↓↓↓

看到所有景物叠加组合后的全景，有主有次、有远有近、有高有低、有明有暗、有粗有细、有柔有刚、有动有静、有声无声等，选词句表达整体的感受。

看到诗人当时的境遇和内心，体会诗中的情与思，说说自己作为读者想象的感受，或结合自己读其他文字的经历说，或结合自己的生活体验说，或从诗人的角度设身处地换位体验着说。

示例二：链接一写景词句，尝试驱遣想象，沿着路径来鉴赏和表达。如《渔家傲·秋思》。

四面边声连角起。千嶂里，长烟落日孤城闭。

看见：千嶂、四面、孤城、长烟、落日——层层淡黑的起伏的山岭环绕，孤烟直上，无风无息，日将西落，远天一抹残红，一座塞外孤城，紧闭城门，壮阔旷远又萧瑟荒凉。

听见：萧瑟秋风从层层山岭中，从四面八方阵阵呼啸而过，连着军队"呜呜"的沉郁和低长的号角声，一齐在边漠中传响。令人感到一种悲凉肃杀之气正在逼近。

组合：词人率军镇守西北边疆，守军力孤，孤城孤立无援地在秋风中静默，太阳一落山，城门就紧闭，词人内心是否也充满着孤独？与边塞将士一同孤绝艰苦地守城，词人更有身负重任，防守危城的悲壮吧？

第二讲　群文文本转为备用素材

1号素材：《重新创造艺术的天地》/人教版高中教材

策略：《重新创造艺术的天地》是人教版高中语文教材阅读文本。如何通过合情合理地想象去解读一首诗？这是诗歌鉴赏的初始训练，是语文学科素养的一个重要指标。以下各例，可用于作文中表达读诗带来的美好感受。

1. "君家在何处？妾住在横塘。停船暂借问，或恐是同乡。"

崔颢《长干曲》

想象：长江上两舟相逢，一个船家女，主动问迎面而来的男子家住何处，是哪里人？不等对方答话，想极力掩饰自己的羞窘："停船相问，别无他因，也许你我是同乡……"长江滔滔，两舟邂逅，一对青年男女友好相遇，那么新鲜、亲切与美好。

2. 最是那一低头的温柔/像一朵水莲花不胜凉风的娇羞/道一声珍重，道一

239

声珍重/那一声珍重里有蜜甜的忧愁—— 沙扬娜拉！

徐志摩《沙扬娜拉》

想象：女郎温柔缱绻，她低下头，如一朵水莲花在凉风中婀娜地娇羞着，一声"珍重"，一声"沙扬娜拉"，美丽、多情、柔情似水又充满了离别的轻愁。

3. 属于你的是/光明与黑暗交替/黑夜逃遁/白日追踪而至的时刻/群星已经退隐/你依然站在那儿/期待着太阳上升/被最初的晨光照射/投身在光明的行列/直到谁也不再看见你

艾青《启明星》

赏析：启明星出现在"光明与黑暗交替"的时候，在"黑暗逃遁/白日追踪而至的时刻"，此时"群星已经退隐"，是黎明前最黑暗的时候，你却"站在那儿"，以自身的光亮和坚守的姿态启示人们，让人明白：黑暗是暂时的，光明终将到来！终于，朝阳升起来了，你"投身在光明的行列"，悄无声息地消失在光明之中——"谁也不再看见你"。启明星，在黑暗中闪亮，在光明中消隐。

4. 君问归期未有期，巴山夜雨涨秋池。何当共剪西窗烛，却话巴山夜雨时。

李商隐《夜雨寄北》

赏析：旅居巴蜀，寄怀妻子。前一个"巴山夜雨"，是思念此时此地的；后一个"巴山夜雨"，跳到了想象中的未来，夫妻团聚后的彼时彼地。那时节，西窗闪着烛光，他们一起回想如今这个令人情思绵绵的雨夜。

策略说明：当诗中跳跃的奥妙被我们所理解时，当跳跃之间的关联为我们所连缀时，我们因创造性的艺术欣赏所获得的愉悦是难以形容的。

2 号素材：《精神明亮的人》/中考阅读文本

策略：《精神明亮的人》是 2017 年山东省德州市中考阅读文本。王开岭的文字很能激发对社会、人生、自然和爱的一切纯洁的情感以及对美好、质朴、纯净、正义与忠诚的记忆与向往，能得美文的鉴赏，更能得精神的启蒙。引用佳句，或链接情境，都是难得的文本素材。

原文片段一：

十九世纪的一个黎明，在巴黎乡下一栋亮灯的木屋里，居斯塔夫·福楼拜在给最亲密的女友写信："我拼命工作，天天洗澡，不接待来访。不看报纸，按时看日出（像现在这样）。我工作到深夜，窗户敞开，不穿外衣，在寂静的书房里……"

"按时看日出"，我被这句话猝然绊倒了。

一位以"面壁写作"为誓志的世界文豪，一个如此吝惜时间的人，却每天惦记着"日出"，把再寻常不过的晨曦之降视若一件盛事，当作一门必修课来迎对……为什么？

示例一：如何让阅读的素材进入作文，其打开方式是怎样的？链接生活，借鉴笔法，此文前三段可作为范本（划线句链接课内文本之 6 号素材《精神的三间小屋》）。

2019 年的某一天，我在书房一边刷手机一边看老师推荐的毕淑敏散文集，一心二用多用，我已成习惯。眼睛顺着篇章看到一句话："在我们的小屋里，住着所有我们认识的人，惟独没有我们自己……"

"惟独没有我们自己"，我被这句话猝然绊倒了。

是啊，我们自己的精神住所，不住着自己，又住着谁呢？可为什么我读到这个句子会如此心虚？再往下读，越发的脸红耳热："我们把自己的头脑，变成他人思想汽车驰骋的高速公路，却不给自己的思维，留下一条细细的羊肠小道。我们把自己的头脑，变成搜罗最新信息网络八面来风的集装箱，却不给自己的发现，留下一个小小的储藏盒。我们说出的话，无论声音多么嘹亮，都是别的喉咙嘟囔过的。我们发表的意见，无论多么周全，都是别的手指圈画过的。我们把世界万物保管得好好，偏偏弄丢了开启自己的钥匙。在自己独居的房屋里，找不到自己曾经生存的证据。"

每一句，每一句，每一句，都刺向我，是什么时候起，在我的小屋里，我把自己丢了？

策略说明：这种引出素材的方式是，描写特定情境下遇见素材句——提取素材句中的某一词表达震撼——扣这个词从"为什么"作为思考的入口，结合自己的现状做真诚的反思。

示例二：当你要表达某一清晨，你经过奋斗与蛰伏后，带着满满的能量出门或上学或上考场时，可以选摘以下片段，描写这样的晨景以衬托憧憬、希望、光明和蓬勃的美好生命状态。

（1）从词的意义上说，黑夜意味着"偃息"和"孕育"；而日出，则象征着一种"诞生"，一种"升蠢"和"伊始"，乃富有动感、汁液和青春性的一个词。它意味着你的生命画册又添置了新的页码，你的体能电池又充满了新的热力。

（2）黎明，拥有一天中最纯澈、最鲜泽、最让人激动的光线，那是生命最易受鼓舞、最能添置信心和热望的时刻，也是最能让青春荡漾、幻念勃发的时刻。像含有神性的水晶球，它唤醒了我们对生命的原初印象，唤醒体内某种沉睡的细胞，使我们看到远方的事物，看清了险些忘却的东西，看清了梦想、光阴、生机和道路……

（3）"按时看日出"，乃生命健康与积极性情的一个标志，更精神明亮的标志！它不仅仅代表了一记生存姿态，更昭示着一种热爱生活的理念，一种生命哲学和精神美学。

示例三：链接生活，调整情境，用来表现初中生观看同校高三毕业班高考百日誓师大会的情景。

百日誓师，为梦想举旗

2019 年 3 月 3 日，星期日。早就听说我们学校高三年毕业班要在操场举行高考百日誓师大会。我们几个初中部班干部，哪里会错过这种机会，早早地到操场远远地在边上观望。

队伍果然壮观，上千名高三的学长学姐们，走过"状元门"，红白相间的校服，形成方阵齐列在绿白相间的大草坪上，红白相间的八百米塑胶跑道围成一个巨大的圈环绕着队伍，红绿白方阵形成的强烈视觉冲击让人莫名地兴奋，当然更兴奋的是站在孩子的后方形成"加油"方阵的家长们。

是天公作美还是不作美，下起了雨。但学生方阵不乱，家长方阵不乱。

音乐声、国歌声、校长励志发言声、一个女学生代表的决心表态声，声声入耳。

终于到了誓师的时刻！

主席台上所有的老师都披着红色的大围巾，就像激情燃烧的火焰。

领誓的老师果然声音洪大响亮："让我们用最强的声音向父母宣誓，向老师宣誓，向我们自己宣誓。现在同学们高举右拳，和我一起郑重宣誓——"

声音停顿，方阵里的手高高地举起，出奇地静默。

突然，一个洪亮的声音响起，千个豪壮的声音紧随，如银瓶乍破水浆迸，铁骑突出刀枪鸣：

"一九高考，谁与争锋？英雄少年，唯我南一！冲刺百天，卓立巅峰！决战百天，我必成功！"

誓言荡气回肠，仿佛已冲向云霄，扶摇直上。湿润的空气顿时燥热起来，心中的热血顿时沸腾起来！

在这样一个初春，在这样一个清晨，千名学子齐声发出"一九圆梦"的最强音。

我仿佛看到了日出，<u>象征着一种"诞生"，一种"升蠱"和"伊始"的日出，那么富有动感、汁液和青春的日出。它意味着你的生命画册又添置了新的页码，你的体能电池又充满了新的热力。</u>！

我仿佛看到了日出。<u>拥有一天中最纯澈、最鲜泽、最让人激动的光线，那是生命最易受鼓舞、最能添置信心和热望的时刻，也是最能让青春荡漾、幻念勃发的时刻。像含有神性的水晶球，它唤醒了我们对生命的原初印象，唤醒体内某种沉睡的细胞，使我们看到远方的事物，看清了险些忘却的东西，看清了梦想、光阴、生机和道路</u>……

我仿佛看到了日出。<u>穿过飘飞的雨丝，透过橙红的大地，高照在千名学子的身上。</u>我触摸到了一幅优美的巨大剪影：一个即将上战场的队伍正在给自己的梦想举行升旗！

策略说明：一、首先在誓师大会和"按时看日出"之间找到链接点，那就是梦想、光明、生机和信念。二、在誓师场面铺垫作足之后，用一个短语"我仿佛看到了日出"，将原文素材的精华内容转进来，适当调整情境，成功实现转化。

3号素材：《涵养几分静气》/中考阅读文本/《诫子书》/七上第四单元

策略：《涵养几分静气》是2018年广东深圳中考阅读文本。关于静的故事，静的意义，可直接摘录；链接生活，调整情境，拓展组合，可用来表现自己涵养静气的故事。

示例一：引用精华

（1）"静而后能安，安而后能虑，虑而后能得"。一事当前，苦恼抱怨无济于事，烦躁惊慌也于事无补，唯有稳住阵脚、静下心来、凝神细思，方能寻觅解决之道。

（2）"不奋发，则心日颓靡；不检束，则心日恣肆。"涵养静心功夫，离不开严格的自律。毛泽东同志在湖南一师求学时，特意到最喧闹的地方读书，目的就是锻炼意志，让自己能够胸怀静气，心绪不受外界所扰。

（4）苏轼《书舟中作字》记载，一次乘船途中，滩险舟危，舟中士子面无人色，唯独他"作字不少衰"。这份从容盖因其"更变亦多矣"，所以能临事不惧，处变不惊。可见，不悼于在难事、烦事、急事、苦事上多磨炼，就能将内心打磨得成熟豁达，沉稳有定力。

（5）读书以养性，书画以养心。"静心功夫"，还可从读书中来。寂寞忧愁时读一阕《定风波》，心会变得豁达敞亮；委屈不平时读一卷《宽容的哲学》，能收获"既忍且耐"的智慧。身处低谷之时，从书中汲取前行的力量，纵使"山重水复"也终将迎来"柳暗花明"；得意之时，时常读书以自省，才能"不忘初心，方得始终"。

（6）涵养几分静气，绝非暮气沉沉，而是多一些沉潜、少一些浮躁，多一些从容不迫、少一些进退失据。

示例二：链接诸葛亮《诫子书》，拓展组合，组合"原句+翻译"进入文中，表现"静"的力量。

静思，使我长大

推开窗子，伸了个懒腰，阳光悄悄地趴在了我的身上。

眼前是一张凌乱的书桌，"叮咚！叮咚"手机响着，准是好友们的火热聊天吧！作业堆积如山，书桌凌乱不堪，朋友们聊得热火朝天，我该如何？是写作业还是和朋友们一同聊天呢？越想越烦。

坐在桌前凝思，随手抓起一支散落在桌上的笔，顺手开始转笔，转一次掉一次，再转一次又掉一次。空荡荡的房间里只有这笔掉落的清脆的响声。手越来越不听使唤，像是被哪根神经给牵制住了，怎么都接不住笔。把笔重重一扔，"啪"地弹到了地上，手腕上留下了一道道的笔痕。

阳光似乎变得更亮一些了，抬头一看，太阳毫不吝啬地散发出她那灼人的光芒，把我照得眼疼。这疼似乎刺激了我的心灵，冥冥之中好像有一个声音在促使着我去完成作业。只要写完作业了，我就可以心安理得地去玩啦。

抓起笔，拿出书，翻开本子，行如流水地赶作业。早已安静的手机这时又响了起来。我一会儿龙飞凤舞，一会儿字迹工整；一会儿是二次函数的应用，一会儿又是定语从句的仿写；一会儿拿起报纸囫囵吞枣，一会儿又收拾桌子。时间分分秒秒过去了，作业仍没动几个。看着没有动过的作业，心情又开始烦闷起来，把笔一扔。烦人的手机似乎很配合我似的也安静了。

原本寂静的房间，变得更加安静。阳光似乎越来越暗，光线越来越弱，我不禁打了个寒颤。

不知不觉地一页页翻开作业本，忽而瞥见抄写的《诫子书》中的一句话：

"淫慢则不能励精，险躁则不能治性。"放纵自己、消极怠慢就不能勉励心志使精神振作；冒险草率、急躁不安就不能陶冶性情使节操高尚。诸葛亮告诫孩子要用静来修养自己的身心，嗯……静？

噢，有时候太急于追求成功，反而一塌糊涂，静能生慧。太过浮躁了，去做一件事情也是一塌糊涂，同样得静下心来，因为静能生慧，因为静才会专心，才会成功，使自己变得更加强大。

是的，淫慢则不能励精，险躁则不能治性。我将它工整地抄到便签纸上，贴在桌前。因为静，我高效率地完成了作业；因为静，我不再淫慢、险躁；因为静，我变得更加专注；因为静，我离成功越来越近；因为静，我知道了静下心来的重要性。

一瞬间太阳光又亮了，我朝着它微微一笑，张开五指，它从指缝中丝丝缕缕的落下来，在我的肩头张开大朵的美丽的花，馥郁芳香。

4 号素材：《翻开动漫书还要关上》／中考阅读文本

策略：《翻开动漫书还要关上》是 2018 年四川省凉山州中考阅读文本。文章的思辨性体现在，承认"看电视上网看动漫"存在的合理性，在此基础上提出"可以看"，但要"记得关上"的观点。启发中学生表达思想言论时忌偏激主观，而要入情入理，令人信服。链接生活，运用调整情境之"调整运用方向"，转为备用素材。

示例一：表达对"经典"的认知。

（1）语文教材的文章是经典，教育部规定的 30 部中学生必读书是经典。

（2）圣洁的、美感的、雅致的、庄重的、忧郁的、悲悯的东西，便是经典。经常听人家说"我正在重读"而不是"我正在读"的书，便是经典。

示例二：表达对"不是经典"的认知。

卡通书和动漫书大约不叫经典。当红影视明星写的书不是经典。正吵得火爆的书难成经典。而据说一读就可变得聪明成为天才考到高分，这样的书肯定不是经典。

示例三：表达为什么要读经典的思考。

议论文体中的表述如下：

社会是这么浮躁和功利。文化也要快餐，道德也要速成，这是急功近利的毛病，是脚痛医脚的错误。思想贫乏、情感苍白，几乎是人文上的不治之症，是癌症；词不达意、语言千瘪，成为我们（原文：终将成为同学们）发展道路上跨不过的铁门槛！

媒体的多元和出版业的发达，有时也是坏事。我们的眼球和脑半球常常被换来换去的频道控制了，或者，是网站，是卡通动漫书，是时尚的花花绿绿的书。我们消遣，感到快捷和轻松，却也感到乏味和无聊，轻浮和浅薄。

策略说明：如果是在记叙文中引用，则可将内容置于"我发现"之后；或成为同学之间的对话，或设置为老师在课堂上的发言。

示例四：表达沉醉而投入的阅读、用充裕的时间和安宁的心境阅读。

（1）像叶灵凤在《书斋趣味》中说的，"在这冬季的深夜，放下了窗帘，封了炉火，在沉静的灯光下，靠在椅子上翻着白天买来的新书，我是在寂寞的人生旅途上为自己搜寻着新的伴侣"。

（2）像冰心女士在《寄小读者》中说的，"夜渐长了，正是读书的好时候。愿隔着地球，和你们一同在晚餐后用功"。

（3）像林语堂先生说的，"或在暮春之夕，与你们的爱人，携手同行，共到野外读《离骚》《诗经》；或在风雪之夜，靠炉围坐，哲学经济诗文，十数本狼籍横陈于沙发之上，然后随意取之，取而读之"。

（4）打开电视还要记得关上，开机上网还要记得关上，翻开动漫书还要关上。于是，读书就有了时间和空间，有了心境和氛围。

（5）我自己也常常庆幸，自己少年时双手不是操作遥控和鼠标，而是翻开发黄或洁白的书页，行走在唐诗深处，融化在宋词里边，曾在《三国演义》里金戈铁马，曾在《红楼梦》中陨泪齿怀。

5 号素材：《人生因阅读而气象万千》/中考阅读文本

策略：《人生因阅读而气象万千》是 2018 年山东省威海市中考阅读文本。聚焦阅读的意义，文中多有可借鉴与链接现实生活之句。

原文片段一：

每至世界读书日，这样一张照片所定格下的历史瞬间总会被人提起：1940 年 10 月 22 日，英国遭受空袭，位于伦敦的荷兰屋图书馆也难以幸免，几乎被炸成废墟，墙壁倾颓，砖石满地，但有 3 名男子竟不顾敌机刚刚离去，又在尚未倒塌的书架前翻捡书籍，战火的残酷与读书所展现的不屈意志，两相对比，不仅给人以强烈的视觉冲击，更给人以持久的感动。

或许，也会有人不解：战火纷飞，还不忘阅读，为的是什么？"很多人被生活的艰难折磨得心灵枯萎，但有书香滋润的灵魂不会。"不久前，在一家书店里看到的一则读者留言，或许可以作为解答，对于那3名男子而言，阅读绝非是暂时忘记战乱的"镇定剂"，而是勇敢面对现实，让精神再次振奋、让意志战胜泪水的方法和途径。

示例一：因学习不顺心绪不平一时想放纵自己或放弃努力时，可设计遇见一张特殊的照片，通过反省获得前行的力量。

照片上：1940年10月22日，英国遭受空袭，位于伦敦的荷兰屋图书馆几乎被炸成废墟，墙壁倾颓，砖石满地，但有3名男子竟不顾敌机刚刚离去，又在尚未倒塌的书架前翻捡书籍。

我不由诧异：战火纷飞，还不忘阅读，为的是什么？

我努力思考：对于那3名男子而言，阅读绝非是暂时忘记战乱的"镇定剂"，而应该是勇敢面对现实，让精神再次振奋、让意志战胜泪水的方法和途径。所以才有了这照片里战火的残酷与读书所展现的不屈意志的两相对比，才给人以如此强烈的视觉冲击，更给人以持久的感动。

我明白了，很多人被生活的艰难折磨得心灵枯萎，但有书香滋润的灵魂一定不会。而对于一个正想停下前行脚步的人来说，如我，此刻，最需要书香来滋润那几乎萎缩的灵魂。

原文片段二：

人生如果远离了阅读，就等于一间房子没有窗户。曾国藩一生饱览群书，文章笔力雄厚，就连梁启超都称赞他"可以入文苑传"。然而，即使有如此深厚的功底，他依然认为自己有"三耻"，居第一位的，就是对天文和算学"毫无所知"。一物不知，便深以为耻，曾国藩们之所以会有如此的认识，就因为他们深刻地知道，读书"能养人精神"，书籍并非是装点门面的饰品，而是精神的营养品。不能与书籍独处，只会让人生之路走向狭隘，甚至禁锢心灵；浸润书香，才能让我们驶向无限广阔的海洋。

示例二：因学习静不下心来总是心浮气躁或者阅读某本书热度三五天就坚持不下来时，可设计"遇见"曾国藩的故事，通过反省获得前行的力量。

看语文学霸小A一有时间就捧本《曾国藩传》在看，好"高端大气上档次"的感觉，我一时兴起，等他看完了，就赶紧借过来，下决心好好读一读。

断断续续读了几天，我有点读不下去了，加上作业考试多起来，就把书搁一边，几乎忘了。

好像过了一两周，小A突然问我，书看完没？我有点尴尬："那么大本书，没什么时间看完哦。"小A的表情一下子严肃起来："我可不是向你讨书的，我是觉得其实你是看不下大部头的书。很可惜，你不知道，书里的世界太丰富了！"

他接着说："比如这本《曾国藩传》，曾国藩一生饱览群书，文章笔力雄厚，就连梁启超都称赞他'可以入文苑传'。即使有如此深厚的功底，他依然认为自己有'三耻'，就是'三大耻辱'，你知道吗？居第一位的耻辱，就是对天文和算学'毫无所知'。只有一物不知，他便深以为耻，更何况我们呢？听到这样的话，难道我们还能不多多读点书？"

我讪讪地，不知如何作答，只是"呵呵"，然后无语，然后脸有点烫，耳有点热起来。

后来我"拼着一口气"把书读完了。果然感觉经受了一场精神的洗礼：人生如果远离了阅读，就等于一间房子没有窗户。曾国藩们之所以会以"无所知"为耻，就因为他们深刻地知道，读书"能养人精神"，书籍并非是装点门面的饰品，而是精神的营养品。不能与书籍独处，只会让人生之路走向狭隘，甚至禁锢心灵；浸润书香，才能让我们驶向无限广阔的海洋。

示例三：如果学习上付出没有相应的收获，开始"怀疑人生"，如果悟不出读书的意义是什么，可引用佳句。

（1）读书多了，容颜自然改变，许多时候，自己可能以为许多看过的书籍都成过眼烟云，不复记忆，其实它们仍是潜在的，在气质里、在谈吐上、在胸襟的无涯，当然也可能显露在生活和文字中。

（2）两季《中国诗词大会》的冠军，惊艳国人，一位是第二季的武亦姝，另一位是第三季的雷海为，令人动容的，并不仅仅是武亦姝2000多首诗词记忆量的才情，也不全是雷海为以外卖小哥身份成功逆袭的不凡，更是因为他们身上散发的那种"闲看花开花落，漫随云卷云舒"的从容淡定，这样一份独特的气质，正源于阅读的滋养。读书或许并不必然导向外在的成功，但它必然指向内在的丰沛。

6 号素材：《阅读是有重量的精神运动》/中考阅读文本

策略：《阅读是有重量的精神运动》是 2018 年山东省潍坊市中考阅读题。文中关于当前阅读的现状、关于"有重量的精神运动"的表达，都值得深思与借鉴。链接生活，调整情境，转为备用素材。

示例一：描写当前的阅读现状（去掉与"描写"表达方式不合的词句）。

（1）人工智能时代以疾风暴雨之势降临人间，严峻地冲击着人们传统阅读的习惯。

（2）眼睛在网上快速、便捷的"暴走"，逐渐替代了以往细嚼慢咽似的传统阅读。

（3）市场上卖得好的书往往是更靠近生活的、实用的书：养生、美容、商战、股票、英语……书海已经"茫茫"。各取所需的阅读已不再承载精神的重负，而是直奔主题，要的是立竿见影。

示例二：借鉴"无功利的阅读"带来的感受和思考。

（1）法国作家罗曼·罗兰的《约翰·克利斯朵夫》扉页的题记是这样两句话："真正的光明决不是永没有黑暗的时间，只是永不被黑暗所淹没罢了；真正的英雄决不是永没有卑下的情操，只是永不被卑下的情操所屈服罢了。"

不期然地撞见这两句话，我深深感动，我生出想要为这个世界做点什么的冲动。那一瞬，我初次领略到阅读的重量，它给了我身心的沉稳和力量。

（2）"无用"的阅读，更多的是缓慢、绵密、恒久的渗透。这样的阅读不是生存甚至生计所必需的，但它让我们看到了生活的美好、温暖以及自身的价值。它的"无用"本身便是更大的作用。这何尝不是一种更高的阅读境界呢？这种自然存在的阅读状态，或许更能体现人生的精神价值吧。

7 号素材：《可以"低头"，别丧失专注》/人民日报

策略：《可以"低头"，别丧失专注》发表在《人民日报》"人民论坛"。原文副标题是"写在移动互联网的边上"。文章有极强的现实针对性。

初中生学写议论文，可以学习此文的"思辨"。第一，此文不同于"用诸多例子来证明一个道理正确"的一般写法。这种写法在锻炼学生运用"议论"这种表达方式上有一定作用，但在训练学生的逻辑思维上却不算是正途，这类文章训练的功能主要是用论据证明论点，比较单一。

　　第二，此文的思辨性体现在，不是用"非黑即白"的思维来评判断现象，而是客观地辩证地去承认它的合理性，再指出正确的态度和做法。从文章题目《可以"低头"，别丧失专注》就可以看出，文章不是完全否定低头，而是说"可以低头""节制低头"；在此基础上提出捍卫我们的专注力。比起简单地说要抬起头来，反而更现实，更理性，也更容易让读者接受。这才是初中议论文写作的方向：千方百计地突破公式化的惯性思维，化简单思维为辩证思维，化线性思维为多元思维。

　　原文片段一：

　　今日中国的一大景观，就是人人成为"低头族"。无论在地铁里、马路上，还是在大学的自习室、医院的候诊区，到处都是低头看手机的人。智能手机似乎成了一个魔盒，人们像贪心的猎人般不停追逐魔盒里释放出的兔子，最后被带入幽暗的森林深处，四顾茫然。

　　这片一望无际的信息森林，叫做移动互联网。这是一个崭新的领地，历史和经验无法给我们太多指导。专家说，人类从直立行走到2003年所创造的知识，总计才5艾字节（1艾字节=10亿GB）；而2015年，全球网络数据流量每年就将达到966艾字节。当信息的汪洋大海呈现在方寸之间的手机上，无处不在地环绕于我们周围，又怎能不带来生活方式的冲击？

　　示例一：借鉴笔法，调整情境，将原文一、二段转为备用素材。

　　（1）借鉴笔法。理出这两段的议论思路是：以"低头现象"起笔，从人类历史发展角度，用数据说明"低头"的原因。关键词：现象→原因（一）。

　　（2）调整情境。当表现自己或身边人沉迷于手机的时候，摘录这两段，特别是"智能手机似乎成了一个魔盒，人们像贪心的猎人般不停追逐魔盒里释放出的兔子，最后被带入幽暗的森林深处，四顾茫然"这个比喻句表现沉迷的状态。

　　原文片段二：

　　对"低头族"最严厉的批评，来自忧心忡忡的人文主义者。他们认为，智能手机破坏了人的主体性，使人丧失了全神贯注的能力。美国小说家冯尼格曾在上世纪的一篇科幻作品中描述：未来的人们为了弥补智力上的不平等，要求高智商的人在耳中佩戴微型干扰器，每隔20来秒便放出刺耳声响，使他们无法深入思考任何问题。而现在，手机仿佛是每个用户的干扰器，每一次提示音的响起，都像一个强行插入的休止符，无论你此刻是刚端起一杯沏好的茶，还是正沉浸在思接千载的阅读中，都需要停下来，查看新的信息。

不可否认，移动互联给我们带来了极大的便利，驾驭技术、适应时代而不是消极躲避，才是正确的态度。事实上，历史上任何一种新技术的出现，都会有人以各种各样的借口批评它。当印刷术带来报纸的普及、当电视机开始占领客厅时，都能听到这些被称为文化保守主义者们的愤怒谴责。而同样不可否认的是，迄今为止，尚未有哪种技术像移动互联一样，对人们的注意力产生如此大的影响。拥抱新技术，同时捍卫我们的专注力，是移动互联时代降临时需要一起出击的两条战线。

示例二：借鉴笔法，调整情境，将原文三、四段转为备用素材。

（1）借鉴笔法。理出这两段的议论思路是：举科幻作品的描述为例，从心理层面形象分析低头分散专注力的原因，再例举"新技术"的例子从正面提出正确的态度和方法是拥抱和捍卫。关键词：原因（二）→态度。其中，原因分析由表层到深层，由数据层面到心理层面。

（2）调整情境。用以下这句来表现自己或他人无法控制地使用手机的心理：

手机仿佛是每个用户的干扰器，每一次提示音的响起，都像一个强行插入的休止符，无论你此刻是刚端起一杯沏好的茶，还是正沉浸在思接千载的阅读中，都需要停下来，查看新的信息。

用以下这句来表现对待手机的理性态度：

不可否认的是，迄今为止，尚未有哪种技术像移动互联一样，对人们的注意力产生如此大的影响。拥抱新技术，同时捍卫我们的专注力，是移动互联时代降临时需要一起出击的两条战线。

原文片段三：

专注力是健全人格得以发展的前提，也是人类创造任何一项文明的基础。《庄子·达生》里记载了一个小故事：孔子到楚国去，在林中看到一位驼背老人正用长竿粘蝉，如臂使指。孔子惊讶之下向老人求教，老人说，我一心只注意蝉的翅膀，从不左顾右盼，绝不因任何事情改变对蝉翼的注意，经过长期练习，自然会成功。孔子听后，对弟子说了一句流传久远的话：用志不分，乃凝于神。这八个字，后来也有人用在围棋大师吴清源身上，意谓心志不被分散，才能凝神聚气。对需要专注工作的每一个人来说，这句话都值得听取。

智能手机只是信息化社会的一个符号或者缩影，怎样在碎片化的时代思考，如何涵养宝贵的专注力资源，才是真正要紧的问题。早在30多年前，当代艺术家谢德庆就曾完成过一系列惊世骇俗的行为艺术作品，其中一项是：每小时打一次卡，一天打24次，坚持一年。他试图以这种方式提醒人们，现代生活可能被切割成怎样的碎片。我们在生活和信息的碎片中穿行，也需要在碎片中补缀生命的意义，拼凑完整的价值图景，让时光不必像斑驳芜杂的马赛克一样填满我们的回忆，让人文精神不会在大数据的冲天巨浪下摇摇欲坠。做到这一点，请从节制使用手机开始。

示例三：借鉴笔法，调整情境，将原文五、六段转为备用素材。

1. 借鉴笔法。

理出这两段的议论思路是：承上文"专注力"一词分别讲一个故事、举一个例子来阐述专注力的内涵是"用志不分，乃凝于神"，再以信息化社会、碎片化时代为背景，从人文精神的高度指出捍卫专注力的意义，从而得出"节制使用手机"的结论。关键词：概念内涵→背景意义。

综合这种含有思辨性的议论文写作思路：现象→原因（一）→原因（二）→态度→"态度"内涵→背景意义。

2. 调整情境。

如果自己或他人静不下心，注意力不集中，出现另一个人来劝诫，可引用"老人粘蝉"的故事和孔子"用志不分，乃凝于神"、以及解释句"意谓心志不被分散，才能凝神聚气"。

如果用形象的语言表达"节制使用手机"的理由，可引用这个比喻句。

我们在生活和信息的碎片中穿行，也需要在碎片中补缀生命的意义，拼凑完整的价值图景，让时光不必像斑驳芜杂的马赛克一样填满我们的回忆，让人文精神不会在大数据的冲天巨浪下摇摇欲坠。做到这一点，请从节制使用手机开始。

8号素材：苏轼/梭罗/一例多用

策略：中学生初写议论文，常举一些名人为例子来证明观点。由于初中记叙文写作占主导地位，议论文写作缺少较为系统的训练，不少学生处于"不自知"状态，即大多时候凭感觉去写。所以常出现两个问题：例子与观点不够匹配、例子和观点之间缺少分析来链接。可以做"同一个人物事例运用于不同的作文"的片段训练来加以改善。

示例一："苏轼"一例三用。

（1）《稀释痛苦》关键词：稀释。

稀释痛苦便是把痛苦的盐水放入自己广阔的心灵之湖，既然痛苦的量无法为我改变，那我就努力拓展心灵的容积。

一代文豪苏轼一生辗转，乌台下狱，九死一生，贬居的日子里他不但要忍受物质上的匮乏，还经历了精神上的抑郁；壮志难酬的苦闷，故交旧友的疏远，人生路上的风雨一并袭来。

既然苦涩的盐水不断注入心河，苏子就以他博大的襟怀，坦荡的心胸将刺入生命的痛升华成了一种晶莹。"回首向来萧瑟处，也无风雨也无晴"，是品尽沧桑后以俯视的姿态看待一路风雨崎岖；"试问岭南应不好，却道此心安处是吾乡"是心存一份旷达与坦荡来安放自己多舛的命运。

"大肚能容，容天下可容之事。"天下之事都了然于胸，又何惧那一把痛苦之盐！

（2）《弯道超越》关键词：弯道、超越。

苏东坡，走过人生一个又一个弯道，从仕途的高峰辗转跌落到低谷，从宋主欣赏的才子变成迁客，贬往黄州、又往颍州、又往惠州。就在这一个又一个弯道上，苏子饮尽孤独，洗尽浮华，留下《念奴娇·赤壁怀古》和《赤壁赋》流芳百世，又造福一方百姓，年近六旬千里迢迢赴贬所，疏浚西湖，"东坡处处筑苏堤"，令岭南"父老喜云集，箪壶无空携，三日饮不散，杀尽村西，欢庆不已"。人生弯道又如何，心有天地与黎民就有继续前行的方向和力量。苏子在人生的弯道上走过，越过，留给后人一个绝美而永恒的背影。

（3）《逆商越高的人走得越远》关键词：逆商、走得越远。

古典诗词研究专家叶嘉莹说过一句话：苏轼是在苦难之中完成了自己的一个人物。读苏轼文集发现，"闲"，是他常用的一个字，在一个个"闲"字背后，是他各种苦难与坎坷的人生，苏轼却用不可救药的乐天与始终如一的自持完成自己，实现自我，在俗世尘埃里妙笔生花。正如董卿在中国诗词大会上提到苏轼时所说的评语——在最低的境遇，活出最高的境界。

示例二："梭罗"用例修改升格。
待升格片段：《弯道超越》

写作《瓦尔登湖》的梭罗曾经身陷囹圄。面对四面高墙及来回巡逻的狱卒，他这样写道："他们以为这样就困住我了，殊不知，就在他们一转身，我就穿过了厚厚的围墙，到外边广阔的天地去了……"

肉体被禁锢，但他的灵魂却依然自由地徜徉于天地之间。身陷苦难中，梭罗看到的并不是肮脏的监狱，丑恶的狱卒。他看到的是外边广阔无垠的天地，他的心中仍然盛满了对生活的希望！

升格示例

写作《瓦尔登湖》的梭罗曾经身陷图圄。四面是高墙，狱卒来回巡逻。人生的这个弯道隔断了他来时的路，更看不见前行的道。然而，他这样写道："他们以为这样就困住我了，殊不知，就在他们一转身，我就穿过了厚厚的围墙，到外边广阔的天地去了……"

读罢此句，心生震撼。当人生被逼上弯道，梭罗却让精神来了一个充满智慧的拐弯，拐出了一条美丽的弧线，盛满对生活的热望，让灵魂依然自由地徜徉于天地之间。这是怎样的一种超越！他超越了肉体的禁锢，更超越了精神自由所能达到的最高境界！

策略说明：一例多用适合初学议论文者训练。一、将所举名人的基本信息和文题的关键词结合起来展开叙述和议论。二、文题关键词要成套地贯穿渗透到底。三、将文题关键词拆开或换成比喻形象再现，如"逼上弯道""让精神来了一个充满智慧的拐弯""拐出了一条美丽的弧线"。四、将情感融入叙述和议论中。

9 号素材：《流浪地球》中的"中国文化元素"/影评

策略：2019 年寒假，应该有不少中学生观看了电影《流浪地球》。无论是出于对科幻的喜爱、口碑的吸引还是从众心理而观影，观看之后多读读各种影评，对认识自我、自然、社会、人生、世界，对提高鉴赏力、审美力和判断力等都有助益。从语文学习的角度，聚焦影片中的"中国文化元素"来认识影片。

来源：北美留学生日报（2019 年 2 月 7 日）；新华社（2019 年 2 月 7 日）《我们为什么需要科幻？》；人民日报（2019 年 2 月 13 日）。

1. 关键词：安土重迁。

《流浪地球》是中国科幻，当然有着中国人的老传统。

安土重迁的中国人，怎么能舍得丢下这生活了 300 多万年的"祖宅"地球呢？

走！咱们带着家一起走！连房子都一起搬走！于是，中国人想出一办法，把地球上安装上上万个发动机。把地球推走。这就是行星发动机。

2. 关键词：天下大同

电影没有强调什么"犯我中华者虽远必诛"，也没有强调什么"中国人拯救世界"的情节。最终的任务虽然是由中国人提出并实施完成，但是整个流浪地球计划是全人类群策群力的结果。

中国的科幻，一直都有着有别于欧美科幻的不同的文化内核。

我们看惯了"一人开挂，拯救人类"的欧美好莱坞科幻片，看腻了各种"不到最后一秒绝对不剪断炸弹电线"的俗套剧情，也看烦了各种"不，为了爱情，我可以不要一切"的男主救女主而把全人类置于危险境地的恶俗情节。在《流浪地球》里我们看到了一种理念，一种将全人类团结在一起"集中力量办大事"的理念。我们也看到一种一直期待的场景，全球各地区各民族的人们，为了同一个目标"让地球和人类活下去"，团结在一起。

"天下大同"，是中国人对美好社会的一个共识，也是最期待的努力方向。在中国人理解的未来世界，不应该是充满分歧和斗争的，而是求同存异，共同发展。

3. 关键词：灾难面前，拼!。

当毁天灭地的灾难来临的时候，中国人在想什么？

从大禹治水，到98抗洪，再到汶川地震，中国人一直在努力去应对灾难，克服灾难。《流浪地球》里也是这样的做的。光是建造1万个大如山峰的行星发动机，就能看出中国科幻作家的思想有多硬核。不服就干，一个发动机不行，就造一万个。

为了解决南北运输不便的问题，挖了上千公里的京杭大运河。

为了解决洪水问题和灌溉问题，造了都江堰，一用就是2000多年。

为了抵御外敌，建了长城。一里长不够用，那就修一万里……

所以，造一万座行星发动机，就不要惊讶了。5000年了，依旧活得如此硬核的民族，怎么会让自己和地球一同灭亡？拼了！

4. 关键词：家国情怀

《流浪地球》表面上是一部科幻片，其实承载着许多中国文化的内核。

当冰封的上海和北京出现在荧幕上的时候，镜头转而就是忙碌的人流，兢兢业业工作的人们，是一种"国破山河在"的悲怆；而当太空员视死如归牺牲自己拯救人类的时候，又是一种"匈奴未灭何以家为"的气魄。

5. 关键词：流浪与回家

在这个电影世界中，我们能看到许多熟悉的中国元素。不仅是地下的北京、冰封的上海，甚至是对"流浪"与"回家"这一组关系的理解，都充满了中国式的对家的向往、对故土的眷恋——面对危机的人类，竟然带着地球这个家园一起去往远方。这或许也是很多人对这样一部电影开启的世界更为期待的原因。我们期待能看到更多中国价值、东方理念，在人类想象力的疆域里延伸，在更为极端与特殊的情况下处理人类面临的永恒拷问。

中国硬核科幻就只问这一句话：我们是否有勇气，带着地球去流浪？这部科幻电影在引发"宇宙级乡愁"的同时，更撬动了人们对中国科幻作品未来的期待。

10 号素材：思辨类文本

策略：单线思维：也叫一元思维。对多个矛盾的存在视而不顾，只知其一，不知其二，常表现在写作时因审题不全而跑偏；对事物的认识只有两种，不是黑就是白、不是对就是错。常表现写作时立意粗浅，描写简单。多元思维：看到事物都具两面性、多面性。会一分为二地想、横向纵向地想。表现在审题时能够通过兼顾题目所有要素，分析内在联系来确定立意；表现在行文中能够展现纠结与矛盾的心理，能在对比与变化中突出主题。据此，积累含对立矛盾内容的素材，带我们领略思想光芒，启发我们进行辩证的思考。

1. 仓央嘉措《见或不见》：变与不变。面对人生中的"变"，保持在原来的状态，淡定安宁而执著。

你见，或者不见我 我就在那里 不悲不喜 你念，或者不念我 情就在那里 不来不去 你爱或者不爱我 爱就在那里 不增不减／你跟，或者不跟我／我的手就在你的手里／不舍不弃／来我怀里／或者／让我住进你的心里／默然相爱／寂静欢喜

2. 海桑《阳光早餐》：小与大。虫很小，仍知世界与我有关，也在努力争取享用阳光的权利。

世界很大，我很小／我躺在世界的掌上，躺在光中／像一只虫子，心中一片宁静和宁静／我那么小，可世界全与我有关／我不忧也不惧，闭上眼也能知道／明天的早餐是一枚阳光晨露的秋叶

3. 励志视频《为凤凰花开传递正能量》：成与败；痛苦与惊喜；结束与开始；奋斗与挣扎。

回首过去的三年时光，它像是一条值得浅忆深思的河流，雕刻了回忆，洗

涤了青春。慢慢地，我们开始适应了初中的生活。我们开始摹仿老师们的口头禅，开始说起课堂上的悄悄话，开始传起晚自习的小纸条，我们在学校的怀抱里，体验成长，嬉笑着一步步探索新生活的乐趣。

你和题海斗法，和成绩较真，在分数的波动下时悲时喜，也许你一时无法摆脱这样的状态，但请铭记，每一次的破茧成蝶，都是痛苦后才有的惊喜。

挥汗如雨有时/兀自冲锋有时/梦有时/醒也有时/成有时/败也有时/既已溯游从之/何顾道阻且右。

4. 几米《世界别为我担心》：残缺与美好

屋顶破了一个洞，刚好白云飘过/墙壁破了一个洞，刚好清风吹来/地板破了一个洞，刚好茉莉花开——

5. 熊顿《滚蛋吧肿瘤君》：残缺与美好。

听一场摇滚，和耳朵一起一醉方休。种一次昙花，守望着它盛开。做一桌丰盛的晚餐给爸妈，哪怕色不香，味不美。来一次夜钓，吸取月光静谧的能量。仰望喀纳斯的星空，寻找属于我的星座。沐浴漠河的极光，感受它的神秘。去山顶看一次日出，然后大喊：滚蛋吧，肿瘤君!!

6. 媒体报道《凌晨四点的洛杉矶》：量变与质变

曾经有记者问科比："你为什么能如此成功呢?"科比反问道："你知道洛杉矶凌晨四点钟是什么样子吗?"记者说不知道。科比说："我每天都看到。"

"凌晨四点满天星星，灯光寥落，行人很少；而我行走在黑暗的洛杉矶街道上。一天过去了，两天过去了，十多年过去了，洛杉矶黑暗没有丝毫改变；但我却已变成了肌肉强健，有体能、有力量，有着很高投篮命中率的运动员。"

7. 媒体报道：安逸与吃苦

A、孙俪面对媒体说道："十年来，我几乎没有休息过一天。"十年付出，换来身价暴涨，拍摄《玉观音》时，片酬为5000元一集，《甄嬛传》时30万一集，《芈月传》时片酬涨到了85万……出道10年身价暴涨了170倍，要知道这十年孙俪没休息过一天!

在完全可以拼"颜值"的时代，孙俪却在拼实力，拼吃苦精神。人生有两条道路可以选择：要么向孙俪那样吃苦十年，精彩五十年；要么安逸十年，吃苦五十年。

B、现在有些同学谈到读书，谈到吃苦，避之唯恐不及。

一帮不学无术的女孩聚在一起，号称所谓的姐妹，以为有了姐妹就有了全世界。她们在一起聊好吃的、聊穿的、聊化妆品、想的是网上购物、刷微信、刷微博，追韩剧。

而一帮无所事事的男孩聚在一起，号称所谓的哥们，以为有了哥们就有了天下。他们在一起逃课、抽烟、打扑克、玩游戏、看玄幻甚至约架……以为这就是疯狂，这就是该有的青春。

他们看不起那些不会化妆、不会打扮、一天到晚只知道读书的好学生。还骂那些好学生是书呆子，骂他们傻，只知道读书，殊不知，两三年后，好学生上一本，上211，上985，甚至上清华北大，而他们却要考虑去三本，去高职高专甚至考虑要不要外出打工。

8.《劝学》片段：积蓄力量与释放能量

积土成山，风雨兴焉；积水成渊，蛟龙生焉。
不积跬步，无以至千里；不积小流，无以成江海。

示例：

充电

××一中，是我中考的梦想；多才多艺，是我成就优秀的梦想。

为了梦想释放的那一天，我，持续不断地为自己充电，我，就在路上。

我知道，数学是我的短板。所以我每天、每周有计划地加做习题和上网自学，不断挑战一个个新的高度，持续地为自己充"学业之电"，我的数学成绩不断进步。

我知道，学习之外还有广阔的天地。所以我有计划地安排假期，去学习油画、书法、阅读……我不断学习新技能，为自己不断"充技能之电"，为生活多添一种底色，丰富的元素才足以撑起一个远行的人。

就这样，一步又一步地丈量脚下的土地，我正行走在到达梦想远方的路上；

而一路上，纳入一条又一条河流，我正飞奔在汇聚梦想之海的路上。

荀子在《劝学》中写道："不积跬步，无以至千里；不积小流，无以成江海。"我深明其中深意。

为了梦想释放的那一天，我，持续不断地为自己充电，我，就在路上。

附：2018年福建省中考作文题为《充电》。材料内容是：

习技艺，修品行，读万卷书，行万里路……每个人都会经历不同方式的"充电"。习近平主席就曾经提出一个"蓄电池理论"：人的一生只充一次电的时代已经过去，只有进行不间断地、持续地充电，才能不间断地、持续地释放能量。

策略说明：在素材备用阶段，如果有精彩句烂熟于胸，对其调整出的运用方向也烂熟于胸，那么这两树"在胸"的"成竹"，就有可能成为写作思路困阻时的灵感，构建行文思路时的支点。

一、2018年福建省中考作文题材料关键词有"技艺、品行、读书、行路、充电、持续、释放"等，其中，"技艺、品行、读书、行路"等，是"充电"的方式；"持续"是"充电"的状态；"释放"是"充电"的结果。而备用素材"劝学"的运用方向是：积累成就目标。二者都与一对关键词紧密相关：积蓄力量与释放能量。

二、链接生活。以《劝学》的关键词为构思支点，将"不积跬步，无以至千里"化为"充学业之电"的故事；将"不积小流，无以成江海"化为"充技能之电"的故事。

三、拓展组合，以《劝学》的关键词为感悟的原点，将"不积跬步，无以至千里"的翻译化为"一步又一步地丈量脚下的土地"的感悟；将"不积小流，无以成江海"的翻译化为"一路上，纳入一条又一条河流"的感悟。

第三讲　备用素材化为写作内容

一、待升格文例解与评析

以2016年泉州市中考质检作文题为例。

温度低为冷，温度高为热。温度不高不低才是暖。

析题：

材料话题是"温度"。特点是三个，"低""高""不高不低"，主题有三个词：冷、热、暖，重心在"暖"。

通常，审题流程是：一、根据对立双方"物的特性"分别找到对应的"人的特性"或"情境的特性";二、发散思维,找到尽可能多的角度,想出尽可能多的对应词,再精心选择其中一角度立意。

例如,角度一:朋友之间。"冷"对应"冷漠,高冷,漠不关心";"热"对应"一盆火,无视他人感受,自顾自喋喋不休;不注意场合,过分热情,关心过度,影响他人空间"等;"暖"对应"平时不一定亲热,若即若离。朋友需要时,朋友情绪低落时,就来到身边"等。

例如,角度二:父(母)子之间。"冷"对应"放手不管,不闻不问、过份严格,只负责批评和打击";"热"对应"一看成绩,反应过激,态度粗暴、火冒三丈;或关爱不微不至,溺爱无度,什么都管,都操心,让人透不过气来";"暖"对应"尊重与理解,允许犯错误,宽严相济"等。

例如,角度三:恋人之间。"冷"对应"冷漠,只求得到,不言付出";"热"对应"激情燃烧,轰轰烈烈,如胶似漆,海誓山盟";"暖"对应"在柴米油盐的生活中相互关心照顾,知冷知暖,时时牵挂"等。

例如,角度四:对待学习。"冷"对应"无力,没干劲,被动,痛苦,提不起精神";"热"对应"三分钟热度,三天打鱼,考前打鸡血一样拼";"暖"对应"持久的耐心,不紧不慢的节奏,张弛有度,稳中求进"等。

待升格文:

此刻的温暖

(1)温度低为冷,温度高为热。温度不高不低才是暖。在家里,我妈妈对我总是很严厉,严厉到让我觉得心里很冷。

(2)有一天放学回家,看妈妈饭菜还没做好,我就进了书房。本想做一会儿作业,可实是安不下心,"反正也快吃饭了,看看手机时间也就到了。"

(3)开机,玩起"消消乐"。正起劲,手机突然被一把抽走,吓得我小心脏快跳出来。又被老妈抓了现行。"没收!"妈妈一声断喝,我顿时浑身无力。

(4)"快出来吃饭,整天玩手机,难怪你的成绩,成天下降。"妈妈说道。我垂着那似千万吨的手脚,慢慢地移出来。晚上,晚自修回来后,妈妈给我端了一杯热牛奶,我看了看那牛奶,用手触摸那杯壁,瞬间心都暖了。

(5)我走出房门,向妈妈走过去说:"妈妈,对不起,我不应该成天玩手机,让成绩下降,让您伤心。是我不对,请您原谅我。""傻孩子,妈妈当然原谅你,而且你还知错就改,妈妈怎么忍心不原谅你,牛奶有味道吗,没有你端过来,我再给你加点糖。"在这一瞬间,我感觉我全身暖暖的。

（6）现在我知道，温度低为冷，温度高为热。温度不高不低才是暖。

评析与修改策略：文章将冷与暖与妈妈对我的态度简单对应，思想态度的转变是因"一杯牛奶"的烂俗桥段，点题句的思考也相对肤浅。选用思辨类素材，从"描写纠结与矛盾的心理，展现对比与变化过程"的角度来升格作文。

二、化用素材修改与升格

修改第一步：铺垫部分，展示矛盾冲突的过程，刻画微妙的心理变化，为引出素材设计合情合理地情境。

（4）"我又没玩手机，我刚才是在拿它充电！"我下意识地竖起全身的刺保护自己，几乎歇斯底里地冲老妈喊。

（5）老妈愣住了，脸直发青，眼睛瞪着我，我隐约感觉到她呼吸急促，气喘不匀。瞪完这一眼，我暗自心惊，却故意拿赌气地表情甩了一下头，扭过去不理她。空气凝结了几分钟？不知道。只记得双方僵持的感觉好难熬，熬得我渐渐心虚发慌。过了好一会儿，妈妈沉着脸说："这次不对你严厉点不行，手机我一定要没收！"然后，她似乎叹了口气，转身出去了。我悻悻地收拾书包去学校晚自习，心中若有所失。

（6）晚自习回来，我不知是不是故意，反正一头扎进房间，貌似在看书复习，也不知自己有没有读进去。

（7）过了一会儿，妈妈照例端着一杯热牛奶，几片面包进来，放下，又把手机递给我，说："我转发了一个微信给你，我要对你说的话，都在里面。手机，你可以继续拿，但是，怎么用，什么时候用，你自己再好好想想吧。"

（8）反正书也读不下去。我点开微信，一段话跳跃出来：

修改第二步：逆转部分，启动多元思维，选用相应素材。多角度思考："我"迷恋手机的 N 种原因。

1. 假设是因沉迷玩游戏打电动到无法自拔，导致成绩越来越差，直到全线不及格后自暴自弃。

2. 假设是因一直挺努力，却总是在中游徘徊没进步，或某次又考砸导致心灰意冷放弃而玩手机。

3. 假设是认定自己天赋不高，或认定自己天生不是读语文（数学）的料，没信心而干脆玩手机逃避现实度日，消磨时间。

4. 假设是一向成绩优秀，正要大展手脚却在一次大考中遭遇滑铁卢，产生自我麻痹的念头而玩手机。

慈严相济才是暖

修改说明：题目改为"慈严相济"更扣题，更有思辨色彩。

升格第一版：对应原因1，选用群文文本10号素材之7。

（9）A（女生）：一帮不学无术的女孩聚在一起，号称所谓的姐妹，以为有了姐妹就有了全世界。她们在一起聊好吃的、聊穿的、聊化妆品、想的是网上购物、刷微信、刷微博，追韩剧。

（9）B（男生）：一帮无所事事的男孩聚在一起，号称所谓的哥们，以为有了哥们就有了天下。他们在一起逃课、抽烟、打扑克、玩游戏、看玄幻甚至约架……以为这就是疯狂，这就是该有的青春。

（10）孙俪出道10年身价暴涨了170倍。她对媒体说道："十年来，我几乎没有休息过一天。"在完全可以拼"颜值"的时代，孙俪却在拼实力，拼吃苦精神。人生有两条道路可以选择：要么向孙俪那样吃苦十年，精彩五十年；要么安逸十年，吃苦五十年。

（11）我读着信息，觉得脸上阵阵发热。"不学无术""无所事事"说的是我吗？我也还从来没有想过，我是要选择"吃苦十年，精彩五十年"？还是要选择"安逸十年，吃苦五十年"？

修改说明：提取素材中的关键词，化作问句表达真诚的反思，体现思想"变化的过程"。

升格第二版：对应原因2，选用群文文本10号素材之6和之3。

（9）A：科比曾对记者说："我每天都看到洛杉矶凌晨四点钟的样子。"

"凌晨四点满天星星，灯光寥落，行人很少；而我行走在黑暗的洛杉矶街道上。一天过去了，两天过去了，十多年过去了，洛杉矶黑暗没有丝毫改变；但我却已变成了肌肉强健，有体能、有力量，有着很高投篮命中率的运动员。"

（9）B：你和题海斗法，和成绩较真，在分数的波动下时悲时喜，也许你一时无法摆脱这样的状态，但请铭记，每一次的破茧成蝶，都是痛苦后才有的惊喜。

（10）A：关于"凌晨四点的科比"的故事，其实我听说过。此刻妈妈为什么又让我看这个故事呢？我想，她是用科比的故事告诉我，长久坚持的力量是如此强大，足以让一个人脱胎换骨，足以成就一个巨星科比的时代。也许，我不能再心灰意懒了，再坚持一点，再往前走几步，一切定会有所改变的。

（10）B：说得太对了！我此刻不正是陷入这样的状态中无法摆脱吗？妈妈这番话是不是要提醒我，即使一时无法摆脱，也不能忘记让自己做一次"破茧成蝶"的尝试？而我只顾着沉溺于心灰意懒之中，差点迷失了前进的方向。

修改说明：提取素材中的关键词，在与自己的现状对照中表达真诚的反思，体现思想"变化的过程"。

升格第三版：对应原因3，选用群文文本10号素材之2和之4。

（9）A：世界很大，我很小/我躺在世界的掌上，躺在光中/像一只虫子，心中一片宁静和宁静/我那么小，可世界全与我有关/我不忧也不惧，闭上眼也能知道/明天的早餐是一枚阳光晨露的秋叶。

（9）B：屋顶破了一个洞，刚好白云飘过/墙壁破了一个洞，刚好清风吹来/地板破了一个洞，刚好茉莉花开 ——几米《世界别为我担心》

（10）A：原来是一首小诗！在诗里，小小的虫子，面对大大的世界，可是它没有自惭形秽，没有妄自菲薄，它，再渺小，它也努力争取享用阳光的权利。相比之下，我却一任自卑把自己置于无边的"忧与惧"当中，失去了心的安宁。

（10）B：原来是一首小诗！言语之间似乎在提醒我，即使人生破了一个又一个的洞，也要努力去看见、发现和感受属于自己的"白云清风茉莉"。而此刻的我，却在一次次的失败中自惭形秽，不复自信。

修改说明：提取素材中的关键词，在与自己现状的对照中表达真诚的反思，体现"变化的过程"。

升格第四版：对应原因4，选用群文文本10号素材之5和之3。

（9）A：听一场摇滚，和耳朵一起一醉方休。种一次昙花，守望着它盛开。做一桌丰盛的晚餐给爸妈，哪怕色不香，味不美。来一次夜钓，吸取月光静谧的能量。仰望喀纳斯的星空，寻找属于我的星座。沐浴漠河的极光，感受它的神秘。去山顶看一次日出，然后大喊：滚蛋吧，肿瘤君！！

（9）B：挥汗如雨有时/兀自冲锋有时/梦有时/醒也有时/成有时/败也有时/既已溯游从之/何顾道阻且右。

（10）A：妈妈是一个句子迷。在这个句子的后面，她还告诉我，这句话，是19岁的乐天派漫画家熊顿在被男友劈腿后，在被老板辱骂而辞职后，在患上恶性淋巴瘤后，在病情恶化后和等待死亡之前所做的事，所说的话。

（11）A：我终于明白了，面对千疮百孔的命运，她却努力把治病的每一份痛苦都尽可能地化为欢乐。可是我呢？不过是在一次大考中遭遇滑铁卢，我却逃到了手机里，没法鼓起勇气走出来。妈妈是不是要告诉我，要像熊顿一样，也去山顶看一次日出，也对着群山大喊一声：滚蛋吧，我的失败君？！

修改说明：提取素材中的关键词，并结合素材的特定背景来表达真诚的反思，体现思想"变化的过程"。

（12）老妈什么也没说，手机也还到我手上了，可是这些话，让我触目惊心，也让我领会了妈妈的一番良苦用心：原来她教导我的方式，不是在抓到我玩手机时火冒三丈，更不是从此把我当作无可救药的孩子冷冷地放弃。先没收，后谆谆教导，一语点醒梦中人，严中有慈，慈中有严。想到这里，一种异样的温暖涌上心头。

修改说明：结尾部分表达感悟，在"对比"中扣题并点题。

三、策略运用与升格训练
思辨类材料作文题：据以下材料写一篇记叙文或议论文。

诚实的言谈不华丽，华丽的言辞不诚实。但是在特定的情况下，诚实的言谈可能华丽，华丽的言辞也可能诚实。

（一）运用辩证思维这个武器，思考在什么特定情况下，语言既华丽又实在？华丽和实在并存的条件是什么？何时实现二者的转换？

（二）若选用课内文本备用素材入文，将选用哪个素材？运用哪些策略？怎样修改升格？

（三）若选用群文文本备用素材入文，将选用哪个素材？运用哪些策略？怎样修改升格？

（四）若选用多个素材、或者自己个性积累的相关素材入文，将选用哪些素材？运用哪些策略？将怎样修改升格？

待升格文：

改变我的话
言语是一幅画。

华丽的言辞是一片花海，远远便能闻到沁人心脾的芳香。诚实的言谈则是一幕斑斓的星空，在黑夜的笼罩下生辉。但华丽而诚实的话语，却让人心服口服，有所感悟。

初三下学期的学习已经开始。我却仍不急不躁。妈妈看我每天悠哉游哉的样子，急在心头，每天催我学习。她常说："你再这个样子下去准不行。"我明白这个道理，但我的逆反心理总纠缠我的心，让我苦苦纠缠却无济于事。

那一天，中考倒计时牌耀武扬威的敲着警钟，下午的班队课上，大家听得格外认真。

老班早早来到教室，清了清嗓子便开始做起了动员："我们的时间过得很快啊，转眼只剩下一百天的时间了！中考就是一座独木桥，惟有你们自己披荆斩棘，才能走出这一片险境。"

说完后老班停顿了下。全场鸦雀无声，连落日的余晖掉在地上的声音都听得见。老班接着说："一百天，拼一下，每个人都能成功！"一席话让大家都陷入了思考。往日的嬉皮笑脸消失了，取而代之的是严肃和凝重。

第一次月考不期而至，老班的话果然有所成效。大家都或多或少有了进步，而我却收获甚微。老班看我整日愁眉不展，便主动找我谈话："这次考差了，还有下一次呀！害怕的不是你失败，而是你失败后不再重来！"一番铿锵有力的话让我又拥有了希望，梦想还是要有的，万一实现了呢？

老班的话不仅华丽，而且实在。谁说华丽的言辞不实在？我定要在这个紧要的时刻，扬帆起航，去拼杀搏击以赢得中考之战的胜利！

附：升格示例（划线句为第三章"志趣情怀"之群文文本10号素材）

那些华丽的励志语，我信了

爱拼才会赢！坚持就是胜利！失败是成功之母！

从小到大，我们无数次听过这样的励志语。虽然这些话都是真理，但是听得太多了，也审美疲劳了。听归听吧，你说你被这些话打动了，从此奋斗了，你自己信吗?！

可是，同样这些话，当老师用另一种华丽的形式说出来，我触动了，共鸣了，我，信了！

月考前，老班的那一番华丽的励志动员的话，我信了。

初三下学期的学习已经开始。我却仍不急不躁。妈妈看我每天悠哉游哉的样子，急在心头，每天催我学习。她常说："你再这个样子下去准不行。"我明白这个道理，但我的逆反心理总纠缠我的心，我又深陷于学习无状态的困境而无法自拔。

那一天，中考生倒计时牌带着耀武扬威的鲜红的"100"天来到了班级，似乎为大家敲响了警钟，下午的班队课上，教室里便有了一种不同寻常的气氛。

老班清了清嗓子，便开始做起了动员："我们的时间过得很快啊，转眼只剩下一百天的时间了！第一次月考也马上到了！"

　　老班顿了顿，又接着说："未来的一百天里，没有人能为你铺出一条康庄大道。中考就像是一座独木桥，惟有你们自己披荆斩棘，才能走出这一片险境。"

　　老班这话说的，可道出了我们的心声，明明是说"爱拼才会赢"的道理，却把我们一个个说成了战场上的战士，而且还像个孤军奋战的英雄战士！于是全场鸦雀无声，也许连落日的余晖掉在地上的声音都听得见吧？

　　老班接着说："未来的日子里，你们要管住你自己。不上网并不会折寿几年，你喜欢的书也不是只卖一年就会绝版，还有你的手机也不是长在身上的器官，离开这一些，你一样能活得好好的；还有你那时常泛起的烦躁情绪，请你不要继续挣扎了！一百天，拼一下，每个人都能成功！"

　　一席话让大家都陷入了思考。往日的嬉皮笑脸消失了，取而代之的是严肃和凝重。这明明说的就是"坚持就是胜利"的道理，可是，今天老班的话让我们明白了，原来"坚持"两个字，意味着要和令人丧志的"玩物"作斗争，要和所有的理由和借口作斗争。同样的道理，老班今天说得让我们心服口服。那一刻，我，信了！

　　月考后，老班那一番华丽的励志动员的话，我，又信了。

　　第一次月考不期而至，在大家的努力下，或多或少都有了进步，可毕竟还是有一些同学考砸了，一脸的颓唐沮丧提不起精神。老班要开总结会了，我以为老班对这些同学说的话，会是"失败是成功之母"之类的老生常谈，结果老班说到：

　　"考砸的同学，可能会认为你是付出了没有得到回报。可是对这些同学，我想问一句，你在拼了命地努力，你的同学就不努力吗？谁都知道中考重要，都进入冲刺的阶段，都在玩命学，凭什么你一拼命就比别人强那么多啊？你是爱因斯坦啊还是柯南啊？"

　　话语一落，"哈哈哈！"我们忍俊不禁。只听老班接着说到：

　　"再说，这次考差了，还有下一次呀！我们被焦虑困扰，也要为大学勇往直前；我们被分数羞辱，也要让它成为我们前进的动力；我们被成功漠视，也要为自己的成功保持骄傲！我们被梦想抛弃，却也要奋不顾身地去追逐！"

　　一番铿锵有力的话，让我们心中热血沸腾！我们心中又燃起了希望，是啊，梦想还是要有的，万一实现了呢？！

　　谁说华丽的言辞不实在？在决战中考这个特定的时刻，老班的那些励志语，带给我们坚定前行的力量，我们定要在这个紧要的时刻，扬帆起航，去拼杀搏击以赢得中考之战的胜利！因为老班那些华丽的励志语，我们，信了！

后　记

　　5 大主题，50 篇课内素材，50 篇课外素材，220 个示例，这里要进行文本的选择、要关注课内外的勾联、要带入初高中的衔接、要掌握丰富的写作学情、要全方位链接现实生活、要以教师的角色模拟中学生的身份"下水"原创素材转化与修改升格……一个月的时间，从形成思路到创作成型，不少人问我如何做到，书稿成型后我也自问自思，主要原因有二：一、有八年的摸索与实践作为积淀，"千淘万漉虽辛苦，吹尽狂沙始到金"；二、找到了一条实现"读写转化"清晰的路径，唤醒了"言语"生命。

　　这里着重谈"言语"生命的唤醒体验。

　　一、为将阅读与写作打通，将阅读与"我"打通，唤醒自己。

　　阅读与"我"打通，不仅仅是指通过语言理解文本或作者的思想情感，而是说，在对文本深度阅读的基础上，先通过换位思考和体验让自己"进入"文本，再将文本里的一切人、事、物、景、思等，与自己的生活经验、生命体验全方位链接，并将链接后产生的新的感受、体验、联想、思考等用语言表达出来。

　　无论成人还是孩子，我们一生都在经历成长，都在寻找精神的家。成长的途径之一，就是在阅读中成长与完善自己。可以说，读懂和理解文本还只是第一层次的阅读，它对于我们成长的主要意义，是"从他人的话语教堂中找到自己的精神归宿，向着他人顶礼膜拜，从他人的话语中企求安慰和安宁"[1]；而将阅读与"我"打

---

〔1〕　潘新和. 语文：表现与存在：上卷第一分册〔M〕. 福州：福建人民出版社. 2017：296.

通，全方位链接自己的精神世界，是更高层次的阅读，它对于我们成长的有着更重大的意义，它是"反求诸己"，与文本的所有接触，"最终都返回到内心，作心灵的反思和灵魂的叩问"[1]。

所以，做《老王》的素材，围绕"愧怍"，我反求诸己，就链接起我生活中的另一个"老王"，一个在南方的公路边拉一车橘子卖的北方老汉，叩问灵魂，剖析了一回心中的那份愧怍；

做《邓稼先》的素材，围绕"爱国与梦想"，我反求诸己，就链接起"天眼之父"南仁东，那份在和平日子里难得一现的爱国情怀与追梦热血找回来了，甚至会心酸欲泪；

做《陋室铭》的素材，围绕"有仙则名"，我反求诸己，就链接起当今社会的"名人"现象，为自己、为学生，重整了一回价值观；

做《祖国啊我亲爱的祖国》的素材，围绕"情感的表达"，我反求诸己，就求出它与《我爱这土地》惊人的相似，见证了求同求异思维之于审美鉴赏的力量……

这里，"转"为素材，"化"为写作，十二策略只是手段、工具，"唤醒"才是目标和终极意义。我们每天淹没海量信息中，遗忘的事太多。在阅读中一番番反求诸己，记忆的大浪淘沙之后，一些温暖的片段复苏了，一些久违的情怀复苏了，一些纷乱的思维清明了，记忆被唤醒，心灵被唤醒、思维被唤醒，生命的种种体验被唤醒。

我有理由相信，我的体验也可以成为孩子们的体验，这样的唤醒可以同样嫁接到孩子们的世界，达到同样的唤醒。

二、因为将阅读与写作打通，将言语与生命打通，创造自己。

中学生为什么写作？为什么要苦求写作技巧甚至秘诀？恐怕我们谁都无法否认，最大的动因是考试的需要。为了应试，所以师生、家长皆求写好作文的途径。这样的功利性动机是客观存在的现

---

[1] 潘新和. 语文：表现与存在：上卷第一分册［M］. 福州：福建人民出版社. 2017：296.

实，我们无法自欺。但如果只是把它作为唯一的或绝对的动机，我们写作的教与学，包括为了提高阅读分数而做的阅读教与学，恐怕只能深陷被兴趣、被表达、被指令、被训练的一系列无效、低效的被动循环中，那些弥漫在语文教学中师生的疲惫、无奈、痛苦、尴尬等情绪，正源于此。

所以正视应试动机的存在，利用应试动机，我们可以将阅读与写作导向"自我成长、自我实现"的动机，即尽可能地让学生在阅读中发现自我，观照自我与他人、与社会、与人生、与自然等的联系，并用言语表达。这时候的表达，虽源于功利而超越功利，它指向生命的意义、指向自我的存在。

所以，我在模拟学生身份下水做素材与修改升格中，发现因为这样的阅读，学生的写作不但可以很大程度地摆脱假话、俗话、套话、空话，更可以不再拘泥于自我的小天地，写作素材从此有了无限拓展的可能性。

例如——

读教材《叶圣陶先生二三事》，表达对六个近年逝世的文化名人的怀念；

读教材《故乡》，讲述与"闽南海边的生活风情"相关的人物故事；

读中考阅读文本《偶遇》，联想街头竹编艺人的故事；

读中考阅读文本《精神明亮的人》，状写"中考高考百日誓师大会"；

读教材《送东阳马生序》，思考当今社人的无处不在的攀比现象；

读教材《论教养》，反思自己与他人的文明素养；

读教材《社戏》，联想南安英都非物质文化遗产"拔拔灯"习俗；

读教材《怀疑与学问》，呈现一个用层层质疑修整判断的思维过程；

读教材《春望》与《雁门太守行》，鉴赏出爱国情怀的同与异……

这样，将阅读与写作打通，将言语与生命打通，我们可以自信满满地告诉学生，我们的写作从此有可能突破生活阅历的局限，突破"小我"的局限，拓展一方新天地：

通过阅读，我们可以写写自然万物，练习审美；

通过阅读，我们可以写写名人凡人，挖掘价值；

通过阅读，我们可以写写活动场景，发表感悟；

通过阅读，我们可以写写社会现象，表达发现；

通过阅读，我们可以写写民俗风情，体现内涵；

通过阅读，我们可以写写文人文化，传承理解；

通过阅读，我们可以写写哲理思考，展示深刻；

通过阅读，我们可以写写鉴赏评论，呈现素养；

……

这样，"我写故我在"，言语与生命可以打通，我们有可能通过这样的阅读与写作，发现自己和创造自己。这，也许就是这本书的价值所在。